ANDREAS RENZ
Dein härtester Gegener bist du selbst

Zum Buch

Mit brutalen Trainingseinheiten und einem unbedingten Siegeswillen pusht sich der Eishockeyprofi Andreas Renz zum Erfolg. Er schafft es bis zum Kapitän der deutschen Nationalmannschaft und Rekordnationalspieler, gilt als »unkaputtbar«. Seit seiner Kindheit wird er von der Angst angetrieben, nicht gut genug zu sein. Doch hinter der harten Schale versteckt Renz eine innere Leere, die er auch außerhalb des Spielfelds mit Kicks zu füllen versucht. Wie sehr er auf der Flucht vor sich selbst ist, wird ihm erst durch einen folgenschweren Trainingsunfall klar. Seiner beruflichen Perspektiven beraubt und in einem Beziehungschaos gefangen, muss er nun genauer hinschauen. In einem schmerzhaften Prozess löst er sich von seinen alten Überzeugungen und kann seine emotionalen Verwundungen heilen.

Andreas Renz erzählt vom Loslassen und der Kraft der Gefühle. Seine Geschichte zeigt, wie die Liebe zu sich selbst das Leben positiv verändern kann. Er ist überzeugt: »Wenn ich, einer der ehemals härtesten Typen des Profi-Eishockeys, der ›Eisen-Renz‹, zu meinen Gefühlen und in die Selbstliebe finden konnte, dann kann das jeder.«

Zum Autor

Andreas Renz, Jahrgang 1977, war viele Jahre lang als Eishockeyspieler erfolgreich. Er spielte für die Schwenninger Wild Wings und die Kölner Haie, mit denen er 2002 die Deutsche Meisterschaft errang. International nahm er an zehn Weltmeisterschaften und zwei Olympiaden teil. Mit 181 Länderspielen zählt er zu den Rekordnationalspielern in Deutschland. Im Jahr 2011 musste er seine Karriere verletzungsbedingt beenden.

Seit 2015 ist Andreas Renz ein gefragter Coach und Speaker. Er begleitet Menschen auf ihrem Weg der Selbstfindung und hilft ihnen Freude, Klarheit und Zufriedenheit zu finden. Zusammen mit seiner Partnerin Veronika Volke hostet er den Podcast »WE ARE«. Auf seiner Plattform Revolution-Now bietet er Coachings, Retreats und Online-Kurse an.

Weitere Informationen unter www.revolution-now.de

ANDREAS RENZ
mit Mirko Kussin

DEIN HÄRTESTER GEGNER BIST DU SELBST

Wie mich das Leben lehrte,
mich radikal selbst zu lieben

kailash

Penguin Random House Verlagsgruppe FSC® N001967

1. Auflage
© 2023 Kailash Verlag, München
in der Penguin Random House Verlagsgruppe GmbH
Neumarkter Str. 28, 81673 München
Lektorat: Angela Kuepper
Satz: Satzwerk Huber, Germering
Umschlaggestaltung: Daniela Hofner, ki 36 Editorial Design, München
Autorenfotos: © Frank Bauer
Druck und Bindung: GGP Media GmbH, Pößneck
Printed in Germany
ISBN 978-3-424-63245-3

www.kailash-verlag.de

Für all jene, die die Liebe ruft

*Dieses Buch ist meinen Kindern gewidmet. Es vergeht kein Tag,
an dem ihr vier mich nicht in der Tiefe meiner Seele berührt.
Ihr erinnert mich daran, warum ich hier bin. Miu, Otis, Silas,
Mattis, ihr seid mein größtes Glück. Mein ganzer Stolz.*

Ich liebe euch.

Euer Papa

Inhalt

Prolog

»Wie schön, dass ihr euch so zahlreich eingefunden habt. Ich möchte euch heute Abend zu einer Meditation in euer Herz einladen.«

Zeitverschwendung, Geldverschwendung, schießt es mir durch den Kopf.

»Bitte macht es euch gemütlich und beginnt, etwas tiefer ein- und auszuatmen. Loslassen und entspannen. Alles darf da sein. Spürt nochmals die Anspannung von heute Morgen, als ihr hier im Seminarhotel angekommen seid. Fühlt in euren Körper und nehmt euch selbst war. Wie waren die ersten Begegnungen mit den anderen Teilnehmerinnen und Teilnehmern? Seid ihr euch selbst vielleicht schon etwas nähergekommen?«

Zeitverschwendung, Geldverschwendung.

»Wenn ihr möchtet, dann sagt euch mit eurer inneren Stimme, dass es jetzt nichts zu tun gibt. Einfach nur da sein. Und aaaaaatmen.«

Zeitverschwendung, Geldverschwendung. Immer wieder kommt mir der Gedanke, wie ein Mantra. Und der passt zu dem ganzen Ambiente hier in diesem Konferenzsaal des Tagungshotels. Von meinem Platz in der letzten Reihe aus habe ich einen guten Überblick aufs Publikum. Alles in allem so um die einhundertfünfzig bis zweihundert Menschen.

Ich sehe Frauen in bunten Kleidern, Männer in Leinenhosen, aber auch ein paar Leute im Business-Outfit, die ich eher im gehobenen Management erwartet hätte als hier, auf dieser Veranstaltung namens »Woche des Neubeginns«.

»Versucht jetzt einmal, euch noch bewusster mit eurem Atem zu verbinden. Atmet tief eiiiiiiinnnn ... und wieder auuuuusssss.«

Die Trainerin auf der Bühne hat eine irre Präsenz, die mich total fasziniert. Wenn ich ehrlich bin: Sie ist der Grund, warum ich überhaupt noch hier bin und nicht bereits heute Morgen nach der ersten Seminareinheit das Weite gesucht habe. Ich fühlte mich komplett fehl am Platz. Als ob ich im falschen Kinosaal gesessen hätte. Aber es lief nicht nur der falsche Film, hier wurde auch kein Popcorn verkauft. Stattdessen entdeckte ich Verkaufsstände mit Büchern, Engelsfiguren, Räucherwerk und Yoga-Utensilien. *Spiri-Spiri* nenne ich das gerne. Dazu jede Menge Flyer für diverse Ausbildungen und Seminare. Das fühlte sich nach Esoterik-Kaffeefahrt an und nicht nach Neubeginn. »Die Reise in dein Herz – die Abendmeditation« stand auf dem Tagesplan. Kein Titel, der mich von der Abreise abgehalten hätte.

Die Koffer standen gepackt in meinem Zimmer. Doch dann sah ich sie und bekam mit, dass sie die Abendmeditation leiten würde. Sofort veränderte sich meine Stimmung. Irgendetwas an ihr zog mich an. Vielleicht war es ihre herzliche Ausstrahlung, vielleicht war es ihr Lächeln. Jedenfalls konnte ich mich auf einmal doch nicht ins Auto setzen und nach Hause fahren. Ich wollte sie näher kennenlernen.

Warum nicht?, dachte ich also. Der Tag heute ist eh verloren, dann kann ich auch bis zum Abend bleiben.

»Noch einmal! Eiiiiinnn ... und auuuuussss. Vielleicht folgt ihr eurem Atem und spürt ihn an einigen Stellen stärker. Dort könnt ihr gerne ein paar Atemzüge lang verweilen und dem Gefühl nachgehen.«

Einatmen und ausatmen. Super! Das mache ich seit meiner Geburt. Tag für Tag. Beim Einkaufen, auf dem Klo, im Kraftraum und beim Waldlauf. Ich kann das sogar im Schlaf, denke ich und muss über meinen eigenen Witz schmunzeln. Wie happy und beseelt einige Leute während des tiefen Atmens dreinschauen, ist für mich befremdlich.

»Und wenn es sich für euch richtig anfühlt, dann könnt ihr jetzt gerne eure Augen schließen und euch nach innen wenden.«

Die Stimme der Trainerin ist der Hammer. Warm, liebevoll und einladend. Ich schaue nach rechts und links durchs Publikum. Die meisten, deren Gesicht ich sehen kann, sind bereits ihren Anweisungen gefolgt und haben die Augen geschlossen. Kein Wunder, bei dieser Stimme.

Ich habe keine Ahnung, ob es Engel gibt, aber wenn, dann klingen sie bestimmt so wie diese Frau da vorne auf der Bühne.

Ich schließe ebenfalls die Augen. Zumindest so halb. Unsicher blinzele ich immer wieder ins Publikum. Einerseits aus Neugier, um zu sehen, was die anderen so machen, andererseits aus einem Wunsch nach Sicherheit. Beobachten, kontrollieren, überprüfen. Wissen, was um mich herum passiert. Damit verdiene ich mein Geld. Die meisten anderen hier sind lockerer. Die sitzen einfach tiefenentspannt mit geschlossenen Augen auf ihren Stühlen. Als wenn sie keine Angst hätten.

»Jetzt lenkt eure Aufmerksamkeit auf euer Herz. Spürt ihr, wie es schlägt?«

Ich zwinge mich dazu, die Augen nun auch geschlossen zu lassen, und konzentriere mich ganz auf die Ausführungen der Trainerin. Ist das mein Herzschlag? Oder bilde ich ihn mir nur ein? Ich kenne das Gefühl, wenn es in meiner Brust pumpt und das Blut durch meine Adern rauscht. Aber es passiert sonst nur, wenn ich Höchstleistungen bringe.

Nach einem Sprint quer übers Eis.

Kurz vor dem Einlaufen in das ausverkaufte Stadion, wenn Tausende Besucher meinen Namen brullen.

Wenn ich komplett im Adrenalinrausch bin.

Dann spüre ich mich und mein Herz.

Doch jetzt? Hier? Schwierig.

»Wenn ihr möchtet, könnt ihr eure Hand auf eure Brust legen und versuchen, die Energie zu spüren. Genau dort liegt das Anahata- oder auch Herz-Chakra. Da kommt vieles zusammen. Es verbindet Körper und Seele. Dort fühlt ihr Liebe. Dort ist euer Leben.«

Ich folge ihren Worten. Hand aufs Herz. Auf mein Herz. Ich sehe vor dem inneren Auge, wie es pumpt und mir Leben schenkt. Von allen Seiten kann ich es betrachten. Kraftvoll und lebendig wirkt es. Ein Fleck fällt mir auf, tiefschwarz. Er breitet sich langsam aus. Färbt immer mehr Bereiche meines Herzens tiefschwarz. Und je größer er wird, desto größer wird auch meine Aufmerksamkeit, die ich dem schwarzen Fleck schenke.

Die Frau auf der Bühne redet weiter, aber ich höre ihre Worte nur noch leise, als spräche sie aus großer Entfernung zu mir.

»Atmet ...«

»innen ...«

»fühlt ihr ...«

»Schönheit der Seele ...«

»Liebe ...«

Ich sinke immer tiefer in mich und in diesen schwarzen Fleck. Plötzlich taucht ein Bild aus dem Schwarz auf.

Ich als Neugeborener.

Mein ganzer Körper wird plötzlich starr. Eine Eiseskälte steigt in mir auf.

Eins, zwei, drei, vier, fünf.

Und sechs.

Ich komme mit sechs Fingern auf die Welt.

Seit ich denken kann, gibt es diese Geschichte von meiner Geburt und dem sechsten Finger an meiner linken Hand. Die besorgt weinende Mutter, weil ihr Kind nicht normal ist. Der fragende Blick der Ärzte. Unverzüglich wurde er entfernt, damit alles seine Richtigkeit hatte.

Geblieben ist der schmerzhafte Gedanke, irgendwie falsch und nicht liebenswert auf die Welt gekommen zu sein.

Dann das nächste Bild: Ich als Kind, vielleicht fünf oder sechs Jahre alt, werde aus den Armen meines Vaters gerissen, der in eine psychiatrische Einrichtung muss. Ich will nicht, dass er fortgeht. Ich will bei ihm bleiben. Ich klammere mich mit all meiner Kraft an ihn. Als hätte ich da schon gewusst, dass er lange wegbleiben und dass ein Teil von ihm niemals wieder aus dieser Einrichtung zurückkommen würde. Doch Vater wird trotz meiner flehenden Schreie mitgenommen. Ich war nicht stark genug, um ihn zu halten. Ich habe es nicht geschafft, ihn zu retten.

In den folgenden Tagen werden die Erwachsenen immer wieder ein Wort fallen lassen, wenn sie über meinen Vater in der Einrichtung sprechen. Ein Wort, das ich nicht kenne: Psychose. Und so, wie die Erwachsenen es sagen, macht es mir Angst.

Dieser schwarze Fleck in meinem Herzen zeigt mir noch weitere Bilder aus meiner Kindheit: Mama steht in der Wohnungstür. In ihren Augen sehe ich Tränen, ihr Blick ist verzweifelt. »Ich kann das nicht mehr. Ich muss hier weg«, höre ich aus ihrem Mund. Ich klammere mich an ihrem Knie fest. »Bitte, bitte geh nicht, Mama«, schluchze ich. »Lass mich nicht allein. Mamaaa!«

Das nächste Bild: Ich liege in meinem Bett und werde aus dem Schlaf gerissen. Schreie dröhnen dumpf aus der Nachbarswohnung unter uns bis in mein Kinderzimmer. Ich höre, wie Geschirr scheppernd an Wänden zerspringt, ich höre wütende Flüche, dann Schmerzensschreie, dann ein Weinen und Wimmern. Ich mache mich ganz klein und ziehe die Bettdecke über den Kopf. Es soll endlich aufhören. Bitte.

Ich fühle die tiefe Verzweiflung und bedrohliche Existenzangst des kleinen Jungen, der ich einmal war. Spüre seine Trauer, seine Hilflosigkeit und auch seine panische Angst, allein gelassen zu werden. Gefühle, die mir nie bewusst waren, weil ich sie jahrzehntelang verdrängt habe. Mich überwältigt ein tiefes Mitgefühl für dieses Kind. Ich spüre, wie mir eine einzelne Träne die Wange hinabläuft. Eine Träne randvoll mit Kindheitsschmerz.

Ich weiß nicht, wann ich mich das letzte Mal selbst beweint habe. Es muss Jahrzehnte her sein. Klar, ich habe bei meiner Hochzeit vor Rührung geweint und beim Tod eines lieben Freundes vor Trauer. Aber da ging es nie wirklich um mich. Gefühlt ist diese Träne die des unglücklichen Mannes von heute und des kleinen Jungen, der ich war. Der Junge, der in seiner Verzweiflung irgendwann einmal beschlossen hatte, nicht mehr zu fühlen und sein Herz zu verschließen.

Vom Rest der Meditation bekomme ich nichts mit. Zurück in die Realität finde ich nur langsam. Ich höre, wie Personen um mich herum den Saal verlassen. Einige reden flüsternd miteinander, andere sind lauter, manche lachen befreit. Ich bleibe noch lange mit geschlossenen Augen auf meinem Stuhl sitzen. Ich bin erschöpft und ausgepowert. Zugleich fühlt es sich so an, als ob ich nach einem lebenslangen Kampf endlich die schützende und doch schwere Rüstung ablegen könnte. Ich fühle mich zart, berührt, traurig, mitfühlend. Alles auf einmal.

»Hey, geht es dir gut? Bist du okay?«

Da ist sie wieder, diese Engelsstimme. Ich blinzle nach links. Die Trainerin sitzt neben mir, ihre Hand liegt auf meiner Schulter.

»Ja, geht schon«, sage ich mehr zu mir selbst, als müsste ich mich erst einmal überzeugen, dass ich wirklich okay bin.

Ganz leise, fast flüsternd, kommt mir ein »Danke!« über die Lippen. Weil mir nichts anderes einfällt und weil ich für das alles, was gerade passiert ist, noch gar keine Worte habe. Und dann noch einmal: »Danke!«

Sie schaut mich ein paar Sekunden lang lächelnd an. Ihr Blick ist warm, verständnisvoll und achtsam. Er schafft es durch all die stählernen Muskeln hindurch, mich zu berühren. Es fühlt sich an, als könnte sie in mir lesen. Als könnte sie all das erkennen, was ich einige Augenblicke zuvor in mir entdeckt habe. Ich halte ihrem Blick stand, obwohl ich mich gerade unendlich verletzlich fühle. Dann verabschiedet sie sich wortlos, mit einem langen Lidschlag von mir. *Ich sehe dich,* lese ich darin. Und auch: *Ich verstehe dich.*

Irgendwann verlasse ich den Tagungssaal, gehe schweigend auf mein Zimmer und packe den Koffer aus. Keine Ahnung, was in den kommenden Tagen noch passieren wird, aber eines weiß ich bereits jetzt: Das hier ist einer dieser Tage, die das eigene Leben in ein Davor und ein Danach teilen. Irgendetwas endet, irgendetwas anderes beginnt.

Auf das, was da endet, kann ich getrost verzichten: die rastlose Suche nach der nächsten Herausforderung, nach Bestätigung und Erfolg. Letztendlich: die Suche nach Anerkennung, nach Aufmerksamkeit, nach Liebe. Alles immer von den anderen, alles immer von außen, nie aus mir selbst heraus.

Und auf das, was da beginnt, bin ich gespannt.

KAPITEL 1

Der Schwur

Das Erste, was ich wahrnehme, ist der strenge Geruch, als hätte sich der Schweiß der Spieler über Jahrzehnte in das Holz der Sitzbänke gefressen.

»Hey«, sage ich in die Runde und versuche, möglichst cool zu klingen. »Hey« und »Hallo« schallt es zurück. »Ich bin der Andi.« Einige nicken, ich höre von irgendwoher ein »Hallo, Andi«, dann wenden sich die Jungs wieder ihren eigenen Gesprächen zu. Der Raum ist dunkel und kleiner, als ich erwartet hätte. Ich suche mir einen freien Platz auf einer Bank und ziehe mich um. Die anderen reden durcheinander, scherzen und albern rum, als wäre alles ganz normal. Ist es für sie ja auch. Nur ich bin der Neue, bin heute das erste Mal hier, und mein Bauch fühlt sich an, als hätte ich ziemlich viele Wackersteine geladen. Verstohlen hole ich Luft, atme tief ein und wieder aus. Das hilft mir meistens.

Ob dieser Platz gut ist? Oder habe ich mich etwa auf den Stammplatz eines Jungen gesetzt, der einen Kopf größer ist als ich und der mich gleich rüde auffordern wird, von hier zu verschwinden? Ich hole noch einmal Luft, sauge diesen beißenden Kabinengeruch, den ich schon vom Fußball kenne, tief ein und wünsche mir nur eines: dazuzugehören.

Doch es sieht nicht so aus, als würde sich dieser Traum erfüllen. Ich bin noch nicht einmal zur Hälfte fertig mit Umziehen, als die Jungs die Kabine verlassen und aufs Eis gehen. Da hilft auch meine zweihundert Mark teure Ausrüstung nichts. Wochenlang habe ich meinen Eltern in den Ohren gelegen, bis ich sie bekommen habe. Natürlich ist sie gebraucht. Eine neue Ausrüstung hätten sie mir niemals gekauft. Wer zahlt schon so viel Geld für einen Zehneinhalbjährigen, der mit dem Eishockey beginnen möchte?

»Nachher endet es wieder so wie mit dem Fußball, und du bist nicht gut genug«, meinte meine Mutter skeptisch. Wenn die wüsste!

Zu Hause habe ich all die Teile schon zig Mal an- und wieder ausgezogen: den Helm, den Brustpanzer, die Schienbeinschoner. Sogar auf Schlittschuhen bin ich durch mein Zimmer gewankt und habe damit fast den Teppich ruiniert. Stolz, stark und unverwundbar fühle ich mich hinter all dem Hartplastik. Ich stelle mir vor, wie ich mit dem Puck am Schläger übers Eis rase. Immer schneller aufs gegnerische Tor zu. Vorbei am ersten Gegenspieler, dann an zwei weiteren, bis nur noch der Torwart vor mir ist. Ich hole aus, und mit einem kräftigen Schuss donnere ich die schwarze Hartgummischeibe links oben am Torhüter vorbei ins Eck.

Tor! Sieg! Jubel!

Dabei war ich noch nie mit der Ausrüstung auf dem Eis. Vor unserem Haus spielen meine Cousins manchmal Straßenhockey, besonders im Winter, wenn sich in ganz Schwenningen sowieso alles nur ums Eishockey dreht. Da bin ich dann mit Feuereifer dabei. Und deshalb kann ich sehr wohl einen Schläger halten und den Puck treffen. Auch Schlittschuh bin ich schon gelaufen, na ja, ich stand zumindest ein paar Mal auf Kufen.

Die letzten Spieler verlassen die Kabine Richtung Eisfläche. Ich bin schon wieder einmal der Letzte. Während ich noch mit den Schienbeinschonern kämpfe, kommt der Trainer in die Kabine und begrüßt mich.

»Du bist also der Andi und willst bei uns mitmachen? Hast du schon mal Eishockey gespielt?«

»Nein, nicht so richtig. Aber Straßenhockey.«

»Du weißt schon, dass das hier kein Anfängerteam ist? Die meisten Jungs haben angefangen, als sie fünf oder sechs waren. Wie alt bist du?«

»Zehneinhalb.«

»Hm. Aber Schlittschuh laufen kannst du?«

»Ja, schon, denke ich.«

»So, denkst du. Na, dann wollen wir mal schauen.«

Er ist freundlich, aber ich spüre seine Skepsis. Unsicher stakse ich zum Eis und spüre seinen prüfenden Blick im Nacken. Trotz meiner Aufregung wird mir ganz kalt, meine Hände in den Handschuhen sind eisig. Während sich der Rest der Mannschaft auf der einen Hälfte des Spielfelds einläuft und sich in Kleingruppen den Puck zupasst, muss ich auf der anderen Hälfte ein Probelaufen veranstalten. Kreise im Uhrzeigersinn, gegen den Uhrzeigersinn, vorwärts, rückwärts. Das Gesicht des Trainers verfinstert sich. Er schaut mir ein paar Sekunden lang zu und wendet sich dann zum Rest der Mannschaft, ruft ein Kommando aufs Eis, das ich unter meinem Helm nicht verstehen kann. Sofort bilden sich Zweierteams, die routiniert ihre Passübungen machen. Das Klackklackklack, wenn die Pucks mit den Schlägerkellen gestoppt werden, legt sich wie ein fröhlicher Klangteppich übers Eis. Ich ziehe weiter meine Kreise, so gut es eben geht. Und so gut mich die anderen Jungs aus der Mannschaft lassen, denn sie machen sich einen Spaß daraus, auf mich zuzusprinten und möglichst dicht an mir vorbeizufahren. Das bringt mich aus der Konzentration, und ich muss höllisch aufpassen, damit ich nicht mein Gleichgewicht verliere und aufs Eis falle. Dann, da bin ich mir ganz sicher, brauche ich nicht wiederzukommen. Aber von Minute zu Minute wird die Enttäuschung größer und lässt meine Bewegungen schwerer werden. Da hinten trainiert das Team, ich fahre hier allein Kringel übers Eis. Immer wieder blicke ich unauffällig zum Trainer, der mich aber gar nicht mehr beachtet. Die paar Sekunden am Anfang haben ihm gereicht. Und obwohl ich nicht gefallen bin, hat er sein Urteil gefällt. Wahrscheinlich wird es doch wieder wie beim Fußball. Hat Mama ja bereits geahnt.

Schließlich winkt er mich zu sich, während der Rest der Mannschaft eine neue Übungseinheit beginnt. Ich versuche, in seinem Blick zu lesen, der mich sehr an den meines Fußballtrainers erinnert. *Das macht keinen Sinn!*

Ich schließe kurz die Augen, damit ich mich nicht aufs Eis übergeben muss vor Angst, und versuche die Bilder aus meinem Kopf zu vertreiben. Diese Erinnerungen, ein paar Monate alt. Seither sind sie fast unablässig da, wie eine Wunde, die nicht verheilt. Ich stehe auf dem Fußballfeld im Strafraum. Das Spitzenspiel der Saison. Der BSV Schwenningen tritt auswärts beim Tabellenführer an, der Spielvereinigung Schramberg. Unser Trainer liegt uns seit einer Woche in den Ohren, wie wichtig dieses Spiel ist und wie sehr wir uns ins Zeug legen müssen. Der Regen läuft mir in die Augen, sodass ich kurz blinzeln muss. Doch, es stimmt. Der Schiri zeigt auf den Elfmeterpunkt, meine Mannschaftskameraden blicken mich wütend an. An der Seitenlinie steht mein Trainer und schlägt die Hände über dem Kopf zusammen. Nicht wütend oder böse, eher wie in Zeitlupe, traurig und resigniert.

Noch steht es unentschieden – kurz vor dem Abpfiff. Ich habe versagt, war zu langsam, habe statt dem Ball den Fuß meines Gegenspielers erwischt – im Strafraum. Der Getroffene nimmt jetzt gerade Anlauf, hält kurz inne, zielt und versenkt den Ball im Tor. Auf den letzten Metern habe ich dafür gesorgt, dass wir dieses wichtige Spiel verlieren. Danach redet niemand mehr mit mir. Vorwurfsvolle Blicke begleiten mich mit in die Kabine, mit in den Bus, der uns Verlierer nach Hause fährt. Dort angekommen, nimmt mich der Trainer zur Seite. Ich ziehe den Kopf ein in Erwartung einer Standpauke, die sich gewaschen hat. Nur ein klitzekleiner Teil in mir hofft auf ein tröstendes »»Das kann doch jedem passieren, Andi, ist nicht so schlimm«. Schließlich habe ich das ja nicht absichtlich gemacht. Ich war einfach nur nicht schnell genug und habe mich saublöd angestellt.

Tröstende Worte gibt es jedoch keine für mich, und was viel schwerer wiegt, sogar die Standpauke bleibt aus. Die Stimme des Trainers ist sehr leise, als er mir sagt, dass er keine Verwendung mehr für mich hat, dass es einfach keinen Sinn macht, wenn ich weiter Fußball spiele. Ich bin ausgemustert worden. Zu schlecht. Man will mich nicht haben. Dreieinhalb Jahre habe ich in dieser Mannschaft gespielt. Sicher nicht besonders gut, aber mit Freude und Spaß an der Sache. Bei jedem Wetter bin ich angetreten, meistens sogar pünktlich. Doch ab jetzt muss ich zu Hause bleiben, wenn meine Kumpels zum Training gehen. Ich bin zehn Jahre alt, und mir wird der Boden unter den Füßen weggezogen. Ich falle und falle ins Endlose, treibe durch die Schule, durch die Nachmittage, durch meinen Alltag, würde mich so gerne verkriechen. Mich irgendwo verstecken, unentdeckt bleiben, damit niemand vorwurfsvoll gucken kann oder mitleidig, weil ich der Junge bin, der so schlecht Fußball spielt, dass es keinen Sinn mehr macht. Aber erst einmal falle ich nur, tagelang, wochenlang. Zum Verkriechen braucht es einen Halt, und den habe ich verloren. Meinen Eltern erzähle ich, dass ich nicht länger zum Training gehe, weil ich keine Lust mehr auf Fußball habe.

Einige Zeit nach meinem Aus beim Fußball nimmt mich ein Klassenkamerad mit zu meinem ersten Bundesligaspiel des Schwenninger ERC. Die Stimmung in der ausverkauften Halle ist schon vor Spielbeginn unbeschreiblich mitreißend. Doch der wirklich magische Moment soll noch kommen: Als das Licht runtergefahren wird und das Team auf dem Eis einläuft, leuchten Tausende von Wunderkerzen auf den Rängen auf, das ganze Stadion ist ein einziger Jubelschrei, ein paar Fans hauen auf riesige Trommeln.

Und in mir wird es trotz des Trubels ganz still.

Okay, denke ich, vielleicht war ich beim Fußball wirklich falsch. Wenn ich das hier sehe, will ich sowieso viel lieber Eishockey spielen. Und irgendwann wird dann der Stadionsprecher ins Mikro rufen: »Und für Schwenningen, mit der Nummer 12: Andi Renz!«

Ein kreisender ERC-Schal triff mich am Hinterkopf und holt mich aus meinen Gedanken. »EeeeÄrrrrZeeehhh«, brülle ich lauthals mit. Bei jedem Tor reiße ich die Arme hoch, bei jedem Foul gegen meine Mannschaft pfeife ich, jede Strafzeit des Gegners beklatsche ich. Und dazwischen immer wieder dieser eine Gedanke: Ich will da unten mitspielen.

Nach dem Match bin ich den ganzen Heimweg lang total aufgedreht.

»Wie lange spielst du denn schon?«, frage ich meinen Klassen-kameraden.

»Na, so drei, vier Jahre.«

»Das ist bestimmt total hart. Nicht so wie Fußball.«

»Na klar. So ein Check gegen die Bande ist schon nicht ohne«, sagt er und rempelt mich dabei leicht an.

»Würde ich irgendwie auch gerne können.«

»Dann probier es halt einfach mal aus. Einer aus meinem Team hat gerade aufgehört und verkauft seine komplette Ausrüstung.«

Jetzt, hier auf dem Eis, ist von meiner damaligen Euphorie nichts mehr übrig. Der neue Trainer erläutert mir sehr rational und ab-geklärt die Situation.

»Ich kann dich beim besten Willen nicht mit den anderen spie-len lassen. Das funktioniert einfach nicht, Andi. Sie sind dir vier Jahre voraus!«

Innerlich sacke ich zusammen. Die Wackersteine in meinem Magen werden noch ein wenig schwerer, wahrscheinlich halten sie mich auf dem Eis, obwohl ich eigentlich nur wegwill. Dass das auch dem Trainer am liebsten wäre, ist allzu offensichtlich.

Später sitze ich erneut isoliert in der vollen Umkleidekabine. Niemand redet mit mir, sie machen das, was sie wahrscheinlich immer machen: sich gegenseitig ärgern, Witze reißen, lachen. Ich vermeide jeden Blickkontakt und beobachte den Trubel aus den Augenwinkeln. Wie gerne wäre ich einer von ihnen. Ein Teil des Teams. Voll dabei, bei den Witzen und Sprüchen.

Als ich aus der Halle komme, spricht der Trainer gerade mit meiner Mutter, die vor dem Stadion auf mich wartet. Er sieht mich zwar, redet aber weiter, als wäre ich gar nicht anwesend.

»Es ist halt ein Eishockeytraining. Keine Eislaufschule. Ich kann den Kindern nicht das Schlittschuhlaufen beibringen, das müssen sie können. Ohne diese Grundlage wird es schwer. Und er hat außerdem noch drei Jahre Trainingsrückstand. Das holt er nie auf!«

Beide sehen mich an, erwarten jetzt wohl, dass ich etwas sage. Und ich lege los! Rede aufgeregt, erzähle, wie sehr es mir Spaß gemacht hat, dass ich wirklich gerne wiederkommen möchte und dass ich von nun an wie verrückt trainieren werde, um möglichst schnell richtig sicher auf den Kufen zu sein.

Ich weiß nicht, ob es Mitleid ist, weil der Trainer das Flehen in meinen Augen sieht, oder ob meine Mutter ihm im Vorfeld ebenfalls schon gut zugeredet hat, aber er bietet mir schließlich einen Deal an: Ich darf wiederkommen, werde aber bis auf Weiteres nicht am regulären Training teilnehmen, mir stattdessen auf dem Eis eine ruhige Ecke suchen und das kleine Einmaleins des Eishockeys lernen. Also in erster Linie: Schlittschuh zu laufen, den Puck mit dem Schläger zu beherrschen und mich in der dicken Ausrüstung vernünftig zu bewegen.

Ich höre nur, dass ich wiederkommen darf. Ich bin so glücklich, dass ich einfach weiterplappere und ihm verspreche, jeden Tag aufs Eis zu gehen und mein Bestes zu geben. Ich werde ihn nicht enttäuschen!

Während meine Mutter das Auto wendet, werfe ich einen Blick zurück auf das Eisstadion am Bauchenberg. Hier spielt der ERC in der ersten Liga vor meist ausverkauftem Haus. Die Stadt Schwenningen ist stolz auf ihren Verein und die Mannschaft. Ich auch. Und wenn ich das nächste Mal in der Kabine bei den Jungs sitze, werde ich nicht mehr ganz der Neue sein. Dann wird es anfangen, dass ich langsam ein Teil der Mannschaft werde. Ich werde auch Witze erzählen und Quatsch machen, und die anderen werden mit mir lachen. Sogar die großen Spieler der ersten Mannschaft, die Profis, von denen man jeden Montag in der Zeitung lesen kann, werden dann praktisch so was wie Vereinskollegen von mir sein.

Nun ja, sobald ich Schlittschuh laufen kann.

Und das werde ich, denke ich und lege vor mir selbst einen Schwur ab – so feierlich, wie es nur Zehneinhalbjährige mit riesengroßen Träumen können: Ich werde es ihnen allen zeigen! Nie wieder wird man mich wegschicken, weil ich nicht gut genug bin! Ich werde kämpfen! Härter als jeder andere. *Und es wird Sinn machen!*

KAPITEL 2

Trainieren, trainieren, trainieren

Nach meinem ersten Eishockeytraining und dem Schwur wird das Eisstadion mein zweites Zuhause. Jeden Tag nutze ich die öffentlichen Eiszeiten, um sicherer auf den Kufen zu werden, schneller, besser. Stundenlang ziehe ich meine Runden übers Eis. Fahre vorwärts, rückwärts, spurte und bremse ab. Nach zwei Wochen kennt mich die Frau vom Eintrittskartenverkauf und begrüßt mich mit einem Lächeln.

»Na, auch wieder hier?«

»Ja.«

»Scheint dir ja Freude zu machen, so fleißig, wie du übst.«

Ich übe nicht, ich trainiere, denke ich, antworte aber lediglich mit einem weiteren »Ja«.

»Na, dann wünsche ich viel Spaß, mein Bub.«

»Danke. Ihnen auch.«

Ich gehe an ihr vorbei und merke erst einige Momente später, was für einen Quatsch ich da geredet habe: »Ihnen auch!« Als hätte sie Spaß daran, den Schwenninger Jugendlichen das Eintrittsgeld für die Eishalle abzuknöpfen. Wie peinlich.

Mein reguläres Training mit der Mannschaft bleibt weiterhin ziemlich langweilig. Während alle Pass- und Schussübungen machen, Trainingsspiele absolvieren und Abwehr- und Sturmreihen zusammengestellt werden, ziehe ich immer noch am anderen Ende der Eisfläche meine Bahnen. Der Trainer redet nur wenig mit mir, und manchmal glaube ich, er vergisst einfach, dass ich überhaupt da bin. Den anderen Jungs bin ich ziemlich egal. Aber das ist gar nicht schlecht, denn ziemlich egal bedeutet auch, dass sie mich nicht auf dem Kieker haben. Sie lassen mich größtenteils in Ruhe, und mit jedem Training bin ich etwas weniger aufgeregt.

Es sind vielleicht acht Wochen seit meinem ersten Training vergangen, als ich wieder Kringel übers Eis ziehe, während sich der Rest der Mannschaft geschlossen am anderen Ende der Halle aufwärmt. Mit einem lauten Pfiff verschafft sich der Trainer die Aufmerksamkeit der Jungs. Ich fahre weiter meine Bahnen, weil ich weiß, was jetzt kommt. Die Mannschaft wird in zwei Gruppen eingeteilt, ein Eimer Pucks wird ausgekippt, und dann wird abwechselnd von halb rechts und halb links aufs Tor geschossen.

»Aufteilen und Torwart einschießen«, ruft der Trainer gewohnt knapp aufs Eis. Ich lasse mich nicht stören und spurte stattdessen eine besonders schnelle Runde.

Dann ein weiterer schriller Pfiff. Ich gucke zu den anderen rüber. Weitere Pfiffe bedeuten meist nichts Gutes. Irgendwer wird ausgemeckert, oder irgendein anderer muss Extraübungen machen, und wenn es ganz schlimm wird, müssen alle leiden. Das interessiert mich schon. Aber der Trainer ist gar nicht mit den anderen beschäftigt. Viel schlimmer: Er schaut zu mir. Sofort wird mir flau im Magen.

»Andi, auch da rüber.«

Ich sehe wohl etwas ungläubig aus und gleite langsam Richtung Bande auf ihn zu.

»Ja, nicht zu mir, zu den anderen. Hopphopphopp. Oder willst du weiter deine Achten fahren?«

Ich bin immer noch verdutzt, aber drehe auf der Stelle bei und spurte zur Mannschaft, die sich an der Drittellinie in zwei Gruppen aufgeteilt hat. Ich explodiere fast vor Freude und strahle unter meinem Helm wie ein Honigkuchenpferd. Ab jetzt darf ich bei den Übungen der anderen mitmachen! Ab jetzt bin ich ein richtiger, echter Teil der Mannschaft.

Nach dem Training nimmt mich der Trainer an die Seite. Ich strahle immer noch bis über beide Ohren.

»Respekt, Andi. Hast dich in den letzten Wochen verbessert.«

»Habe ich ja versprochen. Und daran habe ich mich auch gehalten. Jeden Tag war ich auf dem Eis«, sage ich aufgeregt.

»Und das wirst du auch weiterhin so machen.«

»Aber …«

»Kein Aber, Andi. Jetzt kannst du das, was die anderen schon vor drei, vier Jahren konnten. Du hängst immer noch hinterher.«

Meine Miene verdunkelt sich, und es fühlt sich an, als hätte er mit seinen Worten alle Freude in mir ausgelöscht.

»Aber weil man sieht, dass du den Trainingsfluss nicht ganz ausbremst, kann ich dich jetzt mit den anderen trainieren lassen.«

»Danke, Trainer!«

»Und du musst weiter dranbleiben, darfst dich jetzt nicht ausruhen.«

»Mache ich, Trainer. Versprochen!«

»Und jetzt ab mit dir.«

Er, der sonst hauptsächlich schimpft und meckert, manchmal auch einfach nur schweigt, hat ausnahmsweise mal ein paar positive Worte fallen lassen. Mit gutem Gefühl und dem festen Vorsatz, weiter hart zu trainieren, nein, vielleicht sogar noch härter, fahre ich nach Hause.

Ein paar Monate später ist es dann so weit: Es ist eines der letzten Spiele der laufenden Saison. Ich sitze auf der Auswechselbank wie in all den Spielen zuvor und feuere meine Mannschaft an. Auch diesmal wirbelt die Waschmaschine in meinem Bauch all die Wackersteine durcheinander. Mir ist übel. Schon heute Morgen hatte ich Durchfall, wie an vielen anderen Spieltagen zuvor auch. Die Aufregung ist einfach zu groß für mich und meinen Magen, der viel zu klein sein muss für so viele Wackersteine.

Eingewechselt wurde ich noch nie, vielleicht liegt es auch daran. Training für Training gebe ich alles, meckere nicht über die Anweisungen des Trainers, sondern führe sie so gut ich kann aus. Gehen die anderen Jungs nach dem Training nach Hause, warte ich auf die nächste freie Eiszeit und drehe meine Extrarunden.

1988: Endlich im Team angekommen.
Freudestrahlend in der oberen Reihe links außen

Wochenende für Wochenende sitze ich auf der Auswechselbank, schaue den anderen zu, aber mitspielen darf ich nie.

Wochenende für Wochenende mache ich mir Hoffnungen, werde ab Donnerstagabend nervös. Vielleicht werde ich ja an diesem Spieltag eingewechselt und darf ein paar Minuten aufs Eis, denke ich ab Donnerstagabend. Und weiter: Dann gehöre ich endlich so richtig zur Mannschaft und bin nicht mehr der Andi, der zu schlecht ist, um mitzuspielen.

Inzwischen läuft das zweite Drittel, und wir führen ziemlich hoch. Bei jedem Tor juble ich mit den anderen, klatsche die Torschützen ab, sobald sie auf die Bank kommen. Da schaut der Trainer zu mir herüber und fixiert mich ein, zwei, drei Sekunden lang. Die Waschmaschine in meinem Bauch startet in den Schleudergang. Höchste Stufe.

»Andi, mach dich bereit, beim nächsten Wechsel gehst du mit aufs Eis«, schreit er über die Köpfe der halben Mannschaft hinweg in meine Richtung.

Ungläubig schaue ich ihn an. Mein Mund steht offen, und mein Herz pocht so laut, dass es die ganze Halle hören müsste.

»Was starrst du so? Oder willst du etwa nicht?«

»Doch! Natürlich!«

»Na also. Dann zeig mal, was du gelernt hast.«

Nach dem Spiel sitze ich in der Kabine. Natürlich habe ich nicht gut gespielt, das weiß ich. Aber ich habe gespielt. Und immerhin nicht schlecht. Habe keine großen Fehler gemacht, nach denen der Trainer kopfschüttelnd an der Bande gestanden hätte.

Und zum ersten Mal habe ich das Gefühl, nicht allein in der Kabine zu sitzen und die anderen dabei zu beobachten, wie sie sich gegenseitig ärgern und Witze reißen. Ein gutes halbes Jahr nach meinem ersten Training sitze ich mit erhobenem Kopf auf der speckigen Sitzbank, die nach Schweiß stinkt, und bin ein Teil dieser Truppe geworden. Ich lache mit und mache Sprüche. Fahre nicht mehr nur Achten übers Eis, sondern spiele Eishockey. Es ist Februar 1988. Ich bin angekommen. Und das fühlt sich unglaublich gut an. Ein bisschen wie eine Familie, in der ich sicher und geborgen bin. Etwas, was ich seit der Krankheit meines Vaters zu Hause nicht mehr hatte. Ja, er kam nach ein paar Monaten Klinikaufenthalt wieder heim, wenn auch verändert. Und ja, ich spüre, dass er und meine Mutter immer versucht haben, ihr Bestes für meine Schwester Sonja und mich zu geben. Und doch gab es seither einen Bruch. In der Familie. Zwischen meinen Eltern. Und vor allem in mir. Irgendwie war da immer eine innere Anspannung, eine Unsicherheit und das subtile Gefühl, die Familie zusammenhalten zu müssen.

Fünf Jahre später – 1993 – ist aus dem zweifelnden zehnjährigen Anfänger ein durchtrainierter, zielstrebiger junger Mann geworden. Der Grund für diese Entwicklung hat einen Namen: Bob Burns. Er ist der Co-Trainer der Profimannschaft und soll die besten Nachwuchsspieler an den Profikader heranführen. Seinen Spitznamen »General Schwarzkopf« hat er nicht ohne Grund, er war früher ein eisenharter Ausbilder bei der kanadischen Armee. Einer von der ganz alten Schule. Hart, aber herzlich – und fair. In seiner Fördergruppe werden wir militärisch gedrillt. Jede einzelne Trainingseinheit wird zum Kampf gegen den inneren Schweinehund und die eigene Leistungsgrenze. Mit Baumstämmen auf den Schultern rennen wir durch den Wald, machen eintausend Kniebeugen hintereinander und werden dabei konstant mit Militärgesängen angefeuert. Auf dem heimischen Sportplatz muss die ganze Mannschaft den Cooper-Test absolvieren, einen speziellen Leistungstest. Eigentlich ganz einfach: Man rennt zwölf Minuten lang volle Pulle über die Tartanbahn und schaut, wie weit man in dieser Zeit kommt. Mit der restlichen Puste, die mir noch bleibt, gebe ich in den letzten sechzig Sekunden noch mal alles. Meine Beine schmerzen, die Lunge brennt, der Puls hämmert in den Ohren. Nach zwölf Minuten und einer Sekunde bin völlig ausgepowert. Erschöpft lasse mich auf den Tartanboden fallen. Alles dreht sich, selbst die Sternchen vor meinen Augen, aber ich lächele auch, weil ich es überstanden und einen neuen persönlichen Rekord aufgestellt habe. Zumindest so lange, bis ich Bobs Stimme höre.

»Good job, boys. Zehn Minuten Pause. Dann wir machen das noch einmal.«

Es dauert ein, zwei, drei Sekunden, bis die Information in meinem Gehirn verarbeitet wird, dann ein paar weitere Sekunden, in denen ich mich frage, ob ich ihn richtig verstanden habe. Noch immer auf dem Rücken liegend, blicke ich nach rechts und links, sehe ein paar meiner Mannschaftskollegen, die ebenso irritiert sind wie ich. Zwei andere stehen am Rand der Laufbahn und übergeben sich aufgrund der Anstrengung auf den Rasen. Natürlich meint Bob es ernst, und neuneinhalb Minuten später sprinte ich erneut wie ein Verrückter über den Sportplatz.

Komm, Andi, kommkommkomm, wiederhole ich in meinem Kopf. Ich sehe den roten Boden unter mir vorbeirauschen, ich höre das Hämmern meiner Füße. Wie lang können zwölf Minuten sein? Wie lange laufe ich jetzt schon?

Ich schaffe das nicht, ich kann nicht mehr, zweifelt es in meinem Kopf.

Losloslos, zieeeeeehhhh, halte ich gedanklich dagegen. Merke aber, wie ich mir Meter für Meter weniger glaube.

Ich kann nicht mehr. Ich will nicht mehr! Wofür?, schreit irgendetwas in mir. Und noch immer kann ich ein paar motivierende Gedanken herbeizaubern.

Nur noch ein paar Meter, nur noch ein paar Sekunden. Irgendwann wird es vorbei sein.«

Alles in mir schmerzt, brennt und flackert. Der Körper wehrt sich mit allem, was er hat, als wüsste er ganz genau, dass das hier nicht gut sein kann.

»Zehn, neun, acht, sieben«, endlich höre ich den erlösenden Countdown, den der General Schwarzkopf über den Platz schreit.

»Drei, zwei, eins. Aus! Great work, guys.«

Wieder falle ich augenblicklich hin. Meine Beine zittern. Übelkeit steigt mir den Hals hoch. Scharf und schnell sauge ich die Luft ein, trotzdem habe ich das Gefühl, ersticken zu müssen, weil sie einfach nicht in meinen Lungenflügeln ankommen will. Was die anderen machen? Keine Ahnung. Ich starre durch einen Tunnel in den Himmel. Wolken kreisen im Blau. Mit jedem Herzschlag dehnen sie sich aus und ziehen sich erneut zusammen, ganz so, als würden sie dabei mithelfen, mein Blut durch die Adern zu pumpen. Ich bin mir sicher: Das waren die längsten zwölf Minuten meines Lebens.

»Boys, wir haben zwei great Arbeit gegeben!«, höre ich Bob in seinem deutsch-englischen Mix rufen. In meinen Ohren kommen seine Worte nur ganz leise an, weil sie gegen das dröhnende Rauschen meines Blutes kaum eine Chance haben.

»Zehn Minuten Pause.«

Mühsam versuche ich mich aufzurichten, aber mein Oberkörper ist viel zu schwer. Keine Ahnung, ob ich jemals wieder in der Lage sein werde aufzustehen. Aber was kann er mit »Pause« meinen?

»Boys, wir haben eine große Ziel. Erste Mannschaft Spieler werden. Boys, it's not for Bob – it's for du. Drittes Mal Cooper-Test!
Let's go!«

Ein Raunen zieht über den Platz. Zwei Jungs neben mir flüstern böse Flüche gegen den Trainer. Andere sitzen fassungslos mit
aufgerissenen Augen am Boden und starren Bob an. Bei mindestens einem Spieler bin ich mir nicht sicher, ob das Schweißtropfen
sind, die ihm übers Gesicht laufen, oder Tränen. Ich selbst schüttele nur langsam den Kopf. Ich werde garantiert nicht noch einmal diese Tortur durchstehen. Auf keinen Fall. Niemals.

Weitere zehn Minuten später und nach einer Brandrede von
Bob zum Thema Einsatz und Willen und Power und Leistung
renne ich ein drittes Mal. Um den Platz. Vielleicht um mein Leben. Keine Ahnung. Fürs Denken habe ich gerade keine körperlichen Ressourcen frei. Ich spüre keine Schmerzen mehr, diesen
Punkt habe ich längst hinter mir gelassen. Dafür fühlt es sich an,
als würde ich jeden Schritt in Zeitlupe absolvieren. Nach jeder
Runde laufe ich an Bob vorbei, sehe seine Gesten, die mich und die
anderen anfeuern sollen, höre, dass er uns unermüdlich antreibt.
Was genau er allerdings ruft, bekomme ich nicht mit.

»Einen Fuß vor den anderen. Immer rechts, links, rechts, links.
Einen Fuß vor den anderen.« Ich wiederhole den Satz wie ein
Mantra. Und ganz hinten in meinem Kopf ist da noch eine andere Stimme. »Schneller, schneller, schneller«, ruft die. Ich weiß
nicht, wem sie gehört.

Nach gefühlt achtundvierzig Stunden enden auch diese letzten zwölf Minuten. Wieder breche ich zusammen, flehe innerlich, dass Bob nicht auf die Idee kommt, eine vierte Runde anzusetzen. Macht er nicht. Ich freue mich, fühle mich leicht wie eine
Feder, obwohl meine Oberschenkel hart und schwer wie Beton
wirken. Aber wieder einmal habe ich es geschafft. Habe durch-
gehalten. Die Zähne zusammengebissen. Habe es mir selbst bewiesen. Und General Schwarzkopf auch. Bin weiter gegangen, als
ich es mir noch zwei Stunden zuvor überhaupt hätte vorstellen

können. Und sosehr mich Bob während solcher Trainingseinheiten auch quält – ich vergöttere ihn. Für mich ist er wie ein Vater. Ein Mensch, dem ich vollkommen vertraue. Und wenn er sagt: »Drittes Mal Cooper-Test!«, dann weiß ich, dass ich es schaffen kann. Sonst hätte er so etwas nicht von mir – von uns – verlangt.

So brutal und herausfordernd das Training auch ist, auf irgendeine Art und Weise liebe ich es, mich derart zu schinden und Bob zu zeigen, was ich draufhabe. Und wenn ich schaffe, was er erwartet, dann erfüllt mich das mit einem tiefen Stolz. Gleichzeitig motivieren mich die Ergebnisse, die ich im Spiegel sehe. Da blickt mir ein junger Mann entgegen, gerade fünfzehn Jahre alt geworden, durchtrainiert, mit stahlharten Muskeln, Pferdelunge und einer scheinbar unendlichen Kondition. Einfach ein krasser Typ!

KAPITEL 3

Erste Liebe

Die Stimmung in der Villinger Altstadt vibriert. Es ist Fasnets Mentig, der Höhepunkt der sogenannten fünften Jahreszeit. Das Wetter spielt an diesem Februartag 1994 mit, und entsprechend groß ist das Gewusel in den Villinger Gassen. Die ganze Stadt steht Kopf, überall laufen verkleidete Menschen herum. Clowns, Cowboys, Prinzessinnen. Und immer wieder tauchen die klassischen Figuren der Villinger Fasnet auf: der Narro, die Altvillingerin, der Butzesel. Und viele Hexen. Das sind teilweise ganz schön gruselige Masken, die mir als Kind einen gehörigen Schrecken bereitet haben. Aber auch sie singen, tanzen und haben sichtlich Spaß. Die vielen Angetrunkenen grölen zu den Schunkelliedern und Partyschlagern. An jeder Ecke sehe ich bekannte Gesichter. Jungs und Mädchen aus meiner Schule, die Verkäuferin aus der Bäckerei, die Eltern eines Mannschaftskollegen oder der Apotheker, bei dem meine Eltern ihre Medikamente abholen. Während der Hohen Tage der Villinger Straßenfasnet sind fast alle unterwegs.

Ich ziehe mit einigen Mannschaftskollegen durch die Menschenmassen: eine Handvoll kostümierter Halbstarker, die jede Menge Flausen im Kopf haben, ohne jedoch wirklich doll über die Stränge zu schlagen. Heute haben einige von uns eine große Rolle Paketschnur organisiert, die richtig dicke. Der Plan ist, Mädchen damit an Straßenlaternen oder Parkuhren zu binden. Oder aneinander. Egal. Natürlich müssen sie uns gefallen, die Mädchen. Solche Neckereien und Streiche zwischen Jungs und Mädels gehören einfach zur Fasnet dazu, das hat schon Tradition. Und mit unseren vierzehn, fünfzehn, sechzehn Jahren strotzen wir vor Selbstbewusstsein. Klar, der Bizeps ist dick, und durch die zahllosen Kämpfe auf dem Eis fühlen wir uns ganz schön stark.

Wenn es um Neckereien mit Mädchen geht, bin ich meistens die antreibende Kraft. Mein Interesse am anderen Geschlecht ist groß. Zeitgleich bin ich nervös, denn viele Erfahrungen mit Mädchen habe ich noch nicht. So zielstrebig und kompromisslos ich auf dem Eis bin, wenn es ums andere Geschlecht geht, bleibe ich immer etwas schüchtern. Ich grübele die ganze Zeit, was ich sagen oder wie ich mich verhalten muss. In der Gegenwart von Mädchen weiß ich einfach nicht, wie oder wer ich sein soll.

Ein paar Meter vor mir haben meine Freunde ein neues Opfer gefunden und umkreisen es. Sie ist als Glonki verkleidet, eine weitere klassische Figur der Villinger Fasnet. Das Häs, wie man das traditionelle Kostüm hier nennt, besteht aus einem blau-weißen Nachthemd, einem roten Kragen, einer weißen Zipfelmütze und rot-weiß gestreiften Strümpfen. Das Mädchen hat lange braune Haare und ist wirklich bildhübsch, das kann ich selbst aus der Entfernung erkennen. Ich erkenne aber auch, dass ihr unsere Neckereien so gar nicht gefallen.

»Macht mich los, ihr Idioten. Das tut echt weh«, höre ich sie schimpfen. Die Jungs haben offensichtlich die Paketschnur etwas zu fest gezurrt. Ich gehe zügig zu ihnen hinüber, denn der Tonfall des Glonki-Mädchens lässt keinen Zweifel zu. Sie ist wirklich sauer. Und ich frage mich, warum die anderen diesen Tonfall nicht auch wahrnehmen und erkennen, dass für das angebundene Mädchen dort an der Laterne der Spaß schon längst vorbei ist.

»Menno«, ruft sie. »Das ist nicht mehr lustig!«

Ich schiebe mich ruppig durch den Kreis meiner Eishockeykameraden. Die murren zwar ein wenig, gehen dann aber doch beiseite. In den vergangenen sechs Jahren habe ich mich nach und nach zum Häuptling unseres wilden Haufens gemausert. Die Jungs hören auf mich, hängen mir an den Lippen, wenn ich in den Drittelpausen versuche, sie zu motivieren. Und wenn ich von ihnen den ultimativen Einsatz verlange, dann geben sie ihr Bestes. Wohl auch, weil sie sehen, dass ich nichts von ihnen verlange, was ich nicht selbst leisten kann oder will. Ich versuche, mit gutem Beispiel voranzugehen und so etwas wie ein Vorbild für sie zu sein. Und dazu gehört auch, dass sie – jetzt und hier – mit dem Scheiß aufhören.

»Ist gut jetzt, Jungs. Lasst das Mädel in Ruhe«, sage ich streng. Die Paketschnur haben die Sportkameraden zigfach um Glonki gewickelt. An den Oberarmen schneidet das Band tief in den blau-weißen Stoff und ins darunterliegende Fleisch. Ich kann mir vorstellen, dass das wirklich unangenehm für das Mädchen ist. Mit spitzen Fingern suche ich nach einem Knoten, um die Fesseln zu lösen, aber Glonki zappelt und windet sich um diese Laterne, wohl in der Hoffnung, sich selbst befreien zu können.

»Halte mal kurz still, ich mach dich los.«

Sie blickt auf, merkt wohl erst jetzt, dass ich ihr helfen will. Unsere Blicke treffen sich. Einen kurzen Moment nur, doch genau einen superkurzen Moment länger, als es normal gewesen wäre. Irgendetwas hüpft in meinem Herzen auf und ab, aber jetzt muss ich mich erst mal um die Paketschnur kümmern.

Mit zittrigen Händen suche ich weiter nach dem Knoten und stelle mich dabei ungewöhnlich ungeschickt an. Vielleicht, weil sie mich so komisch angesehen hat. Vielleicht, weil ich selten einem Mädel körperlich so nah gekommen bin. Vielleicht, weil ich sie nicht in Verlegenheit bringen möchte und im Eifer des Gefechts Körperregionen berühre, die ich lieber nicht berühren sollte.

»Jetzt mach schon. Mach mich endlich los.«

»Ja, warte, gleich habe ich es.«

Ich finde den Knoten und ziehe kräftig an einem Ende der Schnur, die sich sofort lockert.

»So.«

Schnell fahre ich mit der Hand unter ein paar Schnurwindungen und löse die Spannung. Glonki windet die Arme aus den Fesseln und ist nur Augenblicke später befreit. Sie zupft ihr Kostüm zurecht und schaut dabei zu mir rüber.

»Danke.«

Wieder hält sie den Augenkontakt einen Moment länger als nötig, dreht sich dann um und verschwindet im Trubel.

Erst jetzt bemerke ich die Blicke der umstehenden Mannschaftskameraden, die meine Befreiungsaktion schweigend-interessiert verfolgt haben.

»Ja, jetzt schaut nicht so blöd. Die Schnur war wirklich viel zu fest. Das ist doch kein Spaß mehr. Lasst uns endlich weiter.«

Im Laufe des Tages sehe ich das braunhaarige Mädchen noch ein paar Mal auf den Straßen und in den Kneipen der Stadt. Einmal bemerkt sie meinen Blick und lächelt mich vom anderen Ende des Tresens an. Ich schaue schnell weg und wende mich wieder meinen Freunden zu. Irgendwann ist sie verschwunden, etwas später gehe ich dann auch nach Hause. Hättest du sie mal angesprochen, denke ich noch oft an diesem Abend. Und auch in den folgenden Tagen und Wochen. Die Glonki-Schönheit will mir einfach nicht mehr aus dem Kopf gehen.

Ein paar Wochen später treffe ich sie zu meiner Freude auf der Geburtstagsparty einer Bekannten wieder, und diesmal kommen wir recht schnell ins Gespräch.

»Hey«, sage ich. Etwas Originelleres fällt mir gerade nicht ein.

»Hey«, sagt sie. »Bist du nicht mein Fasnet-Retter?«

»Wenn du als Glonki verkleidet warst, kann das schon sein.«

»Ich heiße übrigens Petra. Und du bist der Andi, habe ich gehört.«

Sie lächelt mich an, und nur langsam sickert das, was sie gerade gesagt hat, an die richtigen Stellen in meinem Gehirn und lässt unzählige Fragen explodieren: Woher kennt sie meinen Namen? Von wem hat sie ihn erfahren? Und warum? Das kann doch nur bedeuten, dass sie sich für mich interessiert.

Als könnte Petra all dies an meiner Stirn ablesen, lüftet sie das Geheimnis.

»Ich kenne die Gastgeberin. Und sie schwärmt total von dir. Wie findest du sie eigentlich?«

Ich sacke kurz in mir zusammen. Petra ist also gar nicht an mir interessiert. Sie sondiert nur für die Gastgeberin, die offenbar ein Auge auf mich geworfen hat. Ich fange mich allerdings recht schnell und sehe in der Situation eine Chance, mit Petra im Kontakt zu bleiben. Ich spiele das Spiel also ein wenig mit und stelle mich etwas dümmer, als ich bin. Zeige nicht zu viel Desinteresse für ihre Freundin, damit das Spiel nicht zu schnell endet, aber auch nicht zu viel Interesse, damit Petra nicht ihren Job als Vermittlerin verliert.

So geht es fast den ganzen Abend.

Ab und an spüre ich den musternden Blick von Petras Freundin. Irgendwann winkt sie Petra zu sich. Mich lächelt sie gleichzeitig an. Etwas beschämt lächle ich zurück und wende mich schnell wieder ab.

»Bist du endlich fertig! Lass uns weiterziehen. Während du zwei Stunden lang die hübsche Braunhaarige angebaggert hast, sind uns hier die Füße eingeschlafen«, raunzt mich einer der vier Eishockeyjungs an, die auch eingeladen sind. Sichtlich genervt und aufbruchbereit stehen sie an der Tür. »Okay, ich komme. Gebt mir eine Minute.«

»Eine. Sonst gibt es einen Bodycheck.«

Ein Gedankenkarussell nimmt in meinem Kopf volle Fahrt auf. Wie komme ich an Petras Telefonnummer? Wie soll ich mich von ihr verabschieden, ihr zeigen, dass ich sie toll finde? Und wie schaffe ich das alles, während ihre Freundin neben ihr steht? Ich bin überfordert, und mehr als ein »Ciao ihr zwei. Danke für die Einladung. Meine Jungs wollen weiter und ... Also bis irgendwann« bringe ich nicht zustande. Jetzt passiert es mir nach der Fasnet zum zweiten Mal, dass ich nicht den Mut habe, Petra nach ihrer Nummer zu fragen. Es passiert mir zum zweiten Mal, dass ich sie aus den Augen verliere, ohne zu wissen, ob und wann ich sie wiedersehen werde. Den restlichen Abend verbringe ich damit, mich selbst für meine Zurückhaltung zu verurteilen.

Am 6. Mai 1994 geschieht es dann: Wir treffen uns zufällig in einer Villinger Altstadtkneipe. Ich feiere hier den Geburtstag von Michael, einem der wenigen engen Freunde außerhalb meiner

Eishockeybande. Petra und ich reden viel, lachen und haben eine gute Zeit. So habe ich zwar weniger Zeit für das Geburtstagskind, aber ich bin mir sicher, dass Michael das versteht.

Später am Abend muss Petra gehen, weil sie um dreiundzwanzig Uhr zu Hause sein muss. Ich bin ein Gentleman der alten Schule und begleite sie natürlich zum Taxistand am Bahnhof.

»Damit dir nichts zustößt«, sage ich.

Damit ich noch ein wenig mit dir allein reden kann, denke ich.

Wir schlendern durch die kühle Frühlingsnacht. Den ganzen Abend über habe ich mir fest vorgenommen, ihr heute zu sagen, wie sehr ich mich in sie verliebt habe. Heute werde ich sie kein weiteres Mal aus den Augen verlieren. Aber jetzt, da wir unter uns sind, geht mir der Arsch auf Grundeis. Am Taxistand angekommen, hat mich der Mut mal wieder komplett verlassen. Vor lauter Aufregung und Scham kann ich ihr gar nicht mehr in die wunderschönen Augen schauen. Ich weiche ihrem Blick aus und zähle die Steinchen am Boden. Vier von ihnen bilden die Ecken eines fast perfekten Quadrats. Irre, was man so denkt, geht es mir durch den Kopf, und ich bemerke, dass mich Petra etwas irritiert ansieht.

»Alles gut bei dir, Andi?«

»Jaja, was soll sein. Es ist nur ...« Ich kann einfach nicht weitersprechen.

»Was ist nur, und warum kannst du mir nicht in die Augen schauen? Hallooooo.«

Gefühlt geht jetzt gar nichts mehr, und ich starre angestrengt zu Boden.

»Also, dann komm gut nach Hause, Petra.«

Wie aus dem Nichts geht Petra leicht in die Knie und sieht mich von unten her an. »Hallooo.« Erschrocken zucke ich zusammen. Plötzlich stehen wir uns ganz nah gegenüber. Wie ferngesteuert küsse ich sie zärtlich, um dann einen Schritt nach hinten zu machen. Abwarten. Gibt es vielleicht eine Backpfeife?

»Okayyyyy – das hätte ich jetzt nicht erwartet«, sagt sie mit einem etwas verwirrten Gesichtsausdruck. Ich küsse sie ein zweites

Mal und erkläre ihr dann mit zittriger Stimme, wie sehr ich mich in den vergangenen Wochen in sie verliebt habe. Nachdem mir dieser Satz endlich über die Lippen gekommen ist, fühlt sich alles viel leichter an, und ich gerate in einen regelrechten Redeschwall und zähle all die Dinge auf, die ich an ihr so mag. Dann gestehe ich ihr, dass ich überhaupt kein Interesse an ihrer Freundin habe, mit der sie mich ja eigentlich verkuppeln soll, und sage ihr, wie schön es wäre, wenn sie, also Petra, meine Freundin sein würde.

Ein paar Minuten später stehe ich allein vor dem Bahnhof und blicke dem Taxi noch lange nach. Mein Herz hüpft wie verrückt auf und ab. »Ja, ich finde dich auch total süß. Und ja, ich habe mich auch in dich verliebt. Und ja, ich möchte mit dir zusammen sein«, höre ich Petras Stimme immer und immer wieder in meinem Kopf. Selbst Stunden später liege ich noch wach in meinem Bett und kann vor Aufregung nicht einschlafen. Aber es ist mir egal.

Das wird mein Jahr, denke ich.

Und was für eines!

In den folgenden Monaten wächst die Beziehung zwischen Petra und mir zu etwas wirklich Besonderem. Wir verstehen uns von Tag zu Tag besser, rücken immer näher zusammen und denken in vielen Dingen ähnlich. Aus Verliebtheit wird schnell eine echte tiefe Liebe. Sie interessiert sich sehr für Pferde, und so komme auch ich diesen wundervollen Tieren ein wenig näher. Oft verbringe ich die wenige Zeit, die ich neben Schule und Eishockey entbehren kann, mit ihr gemeinsam im Stall. Petra zeigt unglaublich viel Verständnis für meinen Sport, meinen Traum und mein Trainingspensum. Außerdem unterstützt sie mich, so gut es eben geht, statt darüber zu meckern, dass ich so wenig Zeit für sie habe. Ich fühle mich unendlich wohl, wenn wir zusammen sind. Als wäre ich angekommen. Endlich. Obwohl ich gar nicht wusste, dass ich umherirrte.

KAPITEL 4

Profivertrag:
Ein Kindheitstraum wird wahr

Ab dem 1. August desselben Jahres haben wir allerdings noch weniger Zeit füreinander. Mit einem ordentlichen Abschlusszeugnis in der Tasche beginne ich eine Ausbildung zum Bankkaufmann in der Villinger Sparkasse. Der Job macht mir Spaß, Zahlen liegen mir, und es beruhigt meine Eltern, dass ich nicht alles auf eine Profikarriere im Eishockey setze, sondern einen ganz normalen Beruf ergreife. »Lern was Gscheits«, sagt mein Vater in seiner fürsorglichen und sehr bescheidenen Art immer. Etwas Vernünftiges. Etwas Seriöses. Ein Sicherheitsnetz, falls mein Sporttraum platzt, weil ich mich verletze oder doch einfach nicht gut genug bin. Irgendwie habe ich das Gefühl, dass sie nicht daran glauben, ich könnte es mit dem Eishockey zu etwas bringen. Mein Vater hatte selbst noch nie einen Bezug zu Sport. Er ist ein echter Naturbursche. Ein leidenschaftlicher Angler und Jäger. In die Natur hat er mich als Kind häufig mitgenommen, mir alles liebevoll gezeigt, aber zu meinen Spielen in der Eishalle kommt er fast nie. Meine Mutter ist da ganz anders. Sie verpasst keines meiner Heimspiele und ist mein größter Fan.

Und doch gab es vor einigen Jahren ein Ereignis, das sich tief in meine Erinnerung eingebrannt hat: Im örtlichen Eishockey-Shop probiere ich verschiedene Schlittschuhe an und ertappe mich dabei, wie ich vor dem Anziehen einen Blick auf das Preisschild des jeweiligen Modells werfe. Ganz schön teuer. Mama meinte vor der Ladentür noch zu mir, dass sie nicht so viel Geld dabeihabe. Uns berät niemand Geringeres als Matthias Hoppe, Schwenninger Torwart-Legende, aktiver Profi in der ersten Mannschaft und einer meiner absoluten Lieblingsspieler. Außerdem: ein echtes Verkaufstalent.

»Also, die passen mit Abstand am besten«, sagt er, als ich ein besonders teures Modell anprobiere. »Glaub mir, mit denen wirst du auf dem Eis einiges schneller und vor allem wendiger sein. Die meisten Profis im Team spielen übrigens genau mit diesem Modell.« Ich stakse mit den Schuhen über den Teppichboden und fühle mich wirklich gut in ihnen. Nichts drückt oder zwickt. Sie sitzen an meinen Füßen, als wären sie genau für mich gemacht. Und sie sehen super aus. »Ich hole dir aber noch ein anderes Modell, das sehr viel günstiger ist. Dann merkst du sofort den Unterschied.« Er geht nach hinten, meine Mutter folgt ihm, während ich auf einem Stuhl sitze und von meinem nächsten Spiel mit den neuen Schlittschuhen träume. Aus dem hinteren Bereich des Ladens höre ich die flüsternde Stimme meiner Mutter.

»Herr Hoppe, meinen Sie wirklich, dass sich so teure Schlittschuhe für meinen Sohn lohnen? Er hat doch erst mit zehn Jahren angefangen zu spielen. Alle sagen, dass das viel zu spät wäre, um im Eishockey etwas zu erreichen.«

Ich spüre einen eiskalten Stich irgendwo zwischen meiner Brust und meinem Bauch. Dass Hoppe länger auf meine Mama einredet, kommt kaum noch bei mir an.

»Freust du dich denn gar nicht?«, fragt mich Mama im Auto. Ich halte den Karton mit den teuren Schlittschuhen auf meinem Schoß noch fester. »Doch, Mama, sehr. Danke.«

Auf dem Eis bin ich durch das harte Training zu einer Leistungsmaschine geworden. Die Defizite, mit denen ich vor knapp sieben Jahren startete, konnte ich durch meine außergewöhnliche Fitness und Einsatzbereitschaft ausgleichen und leistungsmäßig die meisten in meinem Team überholen. Ich bin kein Techniker oder Torjäger, aber wer gegen mich spielen muss, hat nichts zu lachen. Und genau das möchte Bob Burns von mir sehen. Mittlerweile verbindet uns ein ganz spezielles Band. Keiner meiner Mitspieler wird so hart rangenommen wie ich. Nicht, um mich zu quälen, sondern weil er in mir etwas Besonderes sieht. In jeder Extraschicht, die ich einlegen muss, in jedem Kilogramm mehr Hantelgewicht, das er mir auflegt, spüre ich seine väterliche Liebe zu mir. Ich glaube, er weiß, dass es keinen anderen im Team gibt, der sich so schinden kann.

Nach einer brutalen Trainingseinheit knie ich auf dem Eis und dehne mich, als er mit einem Mal neben mir steht.

»Guten arbeiten, Ändi.«

»Danke, Bob. Ich gebe mein Bestes.«

»Ich weiß, Tag für Tag. Jede Training seit zwei Jahre. Du bist ein Kampfer. Like me. Du bist eine eisenharte Verteidiger. Like me. Ich bin sehr stolz auf dich.«

Er schweigt kurz, sieht mich prüfend an. Ich bin nur kurz verunsichert. Vor Jahren wäre ich seinem Blick ausgewichen, hätte vielleicht auf den Boden geschaut, während in meinem Kopf die Zweifel explodiert wären. Fragen, was ich wohl falsch gemacht habe, und die Angst, wieder einmal nach Hause geschickt zu werden. Aber ich halte seinem Blick stand, sehe ihm ins Gesicht, das eine komplett selbstverständliche, natürliche Autorität widerspiegelt. Eine Ausstrahlung, die jeden Widerspruch im Keim erstickt.

»Guten Neuigkeiten. Du bist for die Trainingscamp von die ersten Mannschaft eingeladen.«

»Ernsthaft?«

»Ändi. Fucking verdient. Es ist deine großen Chance, eine Profivertrag zu bekommen. Wir haben dich gut vorbereiten. Show everybody – alle Zweifler – what you got.«

Ich habe das Gefühl, dass die Zeit für einen Moment stehen bleibt. Kann es wirklich sein? Kann es sein, dass ich in ein paar Tagen mit meinen großen Idolen, denen ich jedes Wochenende von der Tribüne aus zujuble, gemeinsam auf dem Eis stehe? Kann es sein, dass mein großer Traum vom Profi-Eishockey in greifbare Nähe rückt? Das flaue Gefühl in meinem Magen holt mich wieder ins Hier und Jetzt. Bin ich wirklich gut genug?

»Ändi, alles okay?«

Ich spüre seinen mutmachenden Blick und nicke.

»Ich bin bereit, Bob.«

»Wir fahren mit die Bus nach Budweis. Ändi, it gonna be hard. Eine Woke leiden. Eine Woke, in der du alles zeigen musst, was ich dir gelernt habe. Männereishockey ist different. Wir nehmen sechs Probespieler mit für drei Verträge. Ändi, ich bin nur die Co-Trainer. Du musst die Chef und die Manager überzeugen. Ich will, dass du kommende Saison mit die Profikader bist.«

»Danke, Bob. Ich werde dich nicht enttäuschen«, sage ich. Aber in meinem Kopf bin ich schon ganz woanders. Auf dem Eis. Bei einem Heimspiel. Ich laufe ins verdunkelte Stadion ein, Tausende Wunderkerzen brennen auf den Rängen. Dann ruft der Stadionsprecher meine Rückennummer und meinen Vornamen. Und aus ein paar Tausend Kehlen dröhnt mir mein eigener Nachname entgegen. Eine Gänsehaut zieht sich über meinen Nacken. Ich bin siebzehn Jahre, offiziell ein Nachwuchstalent und auf dem besten Wege, ein Profi-Eishockeyspieler zu werden.

Abends erzähle ich Petra von dem Angebot, das mir Bob gemacht hat, und von der riesigen Chance, die das für mich sein kann. Sie freut sich mindestens genauso doll wie ich, ist ganz aufgeregt und will wissen, wann es nach Budweis geht, wie lange das Trainingslager dauern wird, wie schnell sich die Trainer entscheiden werden und was das sonst noch alles für mich bedeutet. Vor Rührung schießen mir fast ein paar Tränen in die Augen, weil ich nicht glauben kann, was für eine wundervolle Frau Petra ist. Irgendwann werde ich sie heiraten, denke ich. Das ist sicher.

Das Trainingslager in Budweis ist für mich ein Mix aus Aufregung, Anstrengung und Kämpfen. Das Tempo auf dem Eis ist eine komplett andere Hausnummer, als ich es bisher aus dem Nachwuchstraining kenne. Klar, wir trainieren mit gestandenen Profis. Harte, abgezockte Kerle. Mit mir sind noch einige andere Probespieler nach Tschechien eingeladen worden. Aus dem eigenen

Nachwuchs sind Fabi, Karsten und Alex mit dabei. Zwei weitere Talente kommen aus anderen Clubs. Das gibt mir Sicherheit, denn wenn ich ehrlich bin: In manchen Momenten habe ich die Hose gestrichen voll. Teilweise fühle ich mich ein wenig wie bei meinem allerersten Training als Zehnjähriger. In meinem Kopf hämmert es, und ich führe pausenlos eine Diskussion mit mir selbst.

»Ich werde es total verkacken.«

»Beruhige dich, alles wird gut.«

»Aber wenn nicht? Werde ich dann mal wieder weggeschickt?«

»Bob meinte, du sollst einfach spielen und den Kopf ausschalten.«

»Aber wenn ich das nicht schaffe?«

»Reiß dich zusammen, Andi.«

»Aber wenn ich einfach nicht gut genug bin?«

Aberaberaber. Diese Schleife dreht sich unablässig in meinem Kopf. Auf dem Eis, unter der Dusche, im Hotelzimmer. Dabei läuft es richtig gut für mich: Bei den Testspielen gegen lokale Teams bekomme ich viel Eiszeit und mache gefühlt einen ordentlichen Job. Okay, einige Böcke leiste ich mir auch. Kapitale Fehler, die einem nicht passieren dürfen. Meistens geht mein Blick danach in Richtung Trainerbank. Der erwartete Anschiss und das enttäuschte Kopfschütteln bleiben aber aus. Im Gegenteil. Der Chefcoach Miro Berek und vor allem Bob geben mir meist ein recht gutes Feedback und erklären mir geduldig, was ich wie verbessern kann.

Auch Karsten, Fabi und die anderen Probespieler haben ihre guten und schlechten Momente. Ohne einen Hinweis der Trainer darauf, wer von uns sechs einen der drei Profiverträge bekommt, fahren wir angespannt und mit gemischten Gefühlen zurück in den Schwarzwald. Für wen wird sich der Traum einer Profikarriere erfüllen? Für wen nicht? Wie wird der Rest unseres Jugendteams reagieren? Wieder daheim, falle ich erschöpft ins Bett und kann trotzdem vor Anspannung kaum schlafen. Da sind einfach zu viele Fragen in meinem Kopf. Zu viele Hoffnungen, zu viele Befürchtungen.

Nach einem Tag Trainingspause, der sich wie eine Woche anfühlt, ist es so weit. Heute werden wir erfahren, wer in der ersten Mannschaftskabine bleiben darf und für wen das Trainingscamp nur ein kurzes Schnuppern an einer Profikarriere in Schwenningen war. Beim Frühstück bekomme ich kaum einen Bissen runter. Die Aufregung schlägt mir wie immer auf den Magen. Die Waschmaschine in meinem Bauch läuft im Schleudergang. Höchste Stufe. Das Sprichwort »Sich vor Angst in die Hose scheißen« passt ziemlich gut. Wenn ich aufgeregt bin, gestresst oder angespannt, komme ich kaum vom Klo runter. Es ist, als würde mich die Angst komplett ausfüllen und alles andere aus meinem Körper drängen. Wenn das passiert, habe ich inzwischen eine ganz einfache Strategie: Runter vom Klo und weitermachen. Ich muss einfach stärker als meine Angst sein. Gegen sie kämpfen. Sie besiegen. Wo ein Wille ist, da finde ich einen Weg. Und am Ende ist mein Wille immer stärker als meine Angst.

Als ich an der Eishalle ankomme, sitzen die anderen schon vor dem Trainerbüro. Irgendwie wirken sie ganz locker und entspannt. Ich frage mich, wie das sein kann. Schließlich könnte sich ihr Lebenstraum gleich erfüllen oder zerplatzen. Bin ich eigentlich der Einzige hier, den das interessiert? Meine Aufregung lasse ich mir nicht anmerken. Ich will schließlich nicht schwach wirken. Augen zu und durch – wie immer.

Die Bürotür ist noch geschlossen, und die anderen albern ein wenig herum.

»Die Trainer würfeln gerade, wer die drei Verträge bekommt«, sagt einer.

»Quatsch, die ziehen Stöckchen«, meint ein anderer.

»Nö, sie entscheiden nach Schönheit. Ich bin also gesetzt«, kontert der Dritte.

»Aber mal ernsthaft: Bei drei Verträgen, die sie vergeben wollen, sind unsere Chancen gar nicht so schlecht, oder?«

»Nachdem sie dich auf dem Eis gesehen haben, sind sie auf zwei runtergegangen.«

Als plötzlich die Tür aufgeht, redet niemand mehr. Ich blicke in die Gesichter meiner Mitstreiter. Und ja, jetzt kann ich sie bei jedem Einzelnen erkennen: diese fast nicht aushaltbare Anspannung. Ich bin also doch nicht der Einzige.

Fabi wird als Erster reingebeten.

Er atmet einmal tief ein, steht auf und geht ins Büro. Hinter ihm schließt sich die Tür, jetzt atmen wir alle einmal tief aus.

Keine Ahnung, wie lange Fabi im Büro sitzt. Zwei Minuten? Fünf? Zehn? Ist auch egal, denn die Anspannung in meinem Körper erzeugt solch einen Druck, dass selbst die Zeit stillstehen muss. Wie in Beton gegossen sitze ich vor der Tür, fühle zu viel, denke zu viel und weiß genau, dass sich dieser Zustand erst ändern wird, wenn ich aufgerufen werde. Bis dahin heißt es, die Anspannung auszuhalten, die ich selbst erzeuge.

Irgendwann verlässt Fabi sichtlich geknickt das Büro. Er blickt zu uns, lächelt verkrampft und schüttelt schweigend den Kopf. Ohne weitere Erklärungen geht er an uns vorbei. Jetzt muss Karsten zum Trainer. Wieder schließt sich die Tür, wieder steht die Zeit still, wieder öffnet sich die Tür. Karsten strahlt bis über beide Ohren. Er ist dabei. Ich freue mich für ihn.

»Andi? Kommst du?«

Jetzt also ich. Die Zeit läuft erneut, die Uhr tickt weiter, und für mich beginnen die letzten Sekunden. Aber von was? Von meinem Traum, ein Profi zu werden? Von meiner Zeit als Nachwuchsspieler? Eines ist klar: Es sind die letzten Sekunden der Ungewissheit. Ich setze mich. Mir gegenüber sitzen die beiden Trainer und der Manager Michael Bühler. Sie lächeln mich zwar an. Aber vielleicht tun sie das nur, um mir gleich freundlich, aber unmissverständlich mitzuteilen, dass es für mich leider nicht gereicht hat. *Dass es einfach keinen Sinn macht.*

»Andi, wir machen es kurz ...«

Bitte nicht, bitte nicht, bitte, bitte nicht.

»Du bist dabei. Wir wollen dich im Team. Und wir wollen dich aufbauen und langfristig an uns binden.«

Alles in mir löst sich, die Anspannung ist weg, mit einem Schlag fühle ich mich so leicht, dass ich eigentlich beim kleinsten Luftzug wegfliegen müsste. Alles, was die drei dann noch sagen, rauscht fast komplett an mir vorbei. Ich kann nur die wichtigsten Infos festhalten: Sie hatten mich schon vorher ganz oben auf der Liste. Sie sehen mein Potenzial. Sie bieten mir einen Dreijahresvertrag an. Achthundert Mark im ersten Jahr. Eintausendfünfhundert im zweiten. Dreitausend im dritten. Netto. Plus Prämien. Für einen siebzehnjährigen Nachwuchsspieler Mitte der 1990er-Jahre in Schwenningen ist das ein super Angebot. Nein, ein irres Angebot. Hammer!

Beim Verlassen des Trainerbüros könnte ich der ganzen Welt von meinem Glück erzählen. Im selben Moment wird mir bewusst, dass hier noch drei Jungs mit angespanntem Gesicht sitzen. Zwei von ihnen werden heute ihre Tasche packen müssen. Das tut mir leid. Ich nicke ihnen aufmunternd zu und muss erst einmal an die frische Luft. Ich bin Profisportler. Und ich bin glücklich. Gleichzeitig fühle ich aber auch einen enormen Druck. Wie schon auf der Fahrt ins Trainingslager ist da jetzt wieder so ein nörgelnder Kritiker in meinem Kopf, der mir den Erfolg madig zu machen versucht.

»Ganz schön viel Geld, das der Verein in dich investiert! Glaubst du wirklich, dass du die Erwartungen erfüllen kannst? Und dann noch ein Dreijahresvertrag. Den bekommen nur die Besten angeboten. Wenn du dich da mal nicht übernommen hast. Am Ende läuft es bestimmt wieder schlecht für dich, und dann kannst du nach Hause gehen. Wie damals beim Fußball.«

Aber an diesem Tag gelingt es mir ziemlich schnell, meinen inneren Kritiker ruhigzustellen. Das Glücksgefühl ist einfach zu groß. Scheiß auf den Nörgler in meinem Kopf. Vor knapp sieben Jahren habe ich mit dem Eishockey angefangen, habe so viel aufgeholt und bin jetzt als größtes Nachwuchstalent in die erste Mannschaft berufen worden. Durch Kampf, Ehrgeiz, Disziplin und Willen. Da war kein reicher Papa, der mit einem großzügigen

Sponsoring für den Verein die Karriere seines Sohnes positiv beeinflusst hätte. Ich habe es allen gezeigt. Ich allein. Und ich werde auch jetzt beweisen, dass ich es draufhabe und jeden Pfennig wert bin.

Erste Profisaison 1994/95. Bild mit Widmung von meinem Mentor Bob Burns. »Andy: You earned your chance.«

Beim anschließenden Training mit der ersten Mannschaft bin ich bis in die Haarspitzen motiviert. Klar, ich gehöre jetzt offiziell dazu, bin Teil des Teams. Einer von denen, die ich bisher von der Tribüne aus angefeuert habe. Ich kann es kaum glauben. Meine neuen Mannschaftskollegen heißen mich größtenteils freundlich willkommen, beglückwünschen mich und freuen sich ehrlich mit mir. Ein paar wenigen Spielern merke ich an, dass sie in mir vor allen Dingen einen jungen Konkurrenten sehen. Diese Konkurrenzsituation gehört im Profigeschäft dazu, aber einen kleinen Stich versetzt mir diese offen zur Schau gestellte Abneigung schon. Wenn mich andere Menschen nicht mögen, bin ich immer verunsichert und suche den Grund dafür bei mir. Als wäre ich dafür verantwortlich, wie mich andere beurteilen und bewerten.

Nach dem Training rase ich mit dem Fahrrad nach Hause und erzähle meinen Eltern von den tollen Neuigkeiten. Sie freuen sich mit mir. Gleichzeitig spüre ich, dass sie meiner beruflichen Zukunft als Eishockeyprofi mit gemischten Gefühlen entgegensehen. Schließlich habe ich ja gerade erst in der Bank angefangen. Ein ganz normaler Beruf, bei dem ich nicht dauernd Gefahr laufe, mir die Bänder zu reißen, Gelenke auszukugeln oder mir die Knochen zu brechen. Ich kann ihre Besorgnis sogar nachvollziehen und versuche sie zu beruhigen. Für mich sind Bank und Eishockey nicht zwei Dinge, zwischen denen ich mich entscheiden muss. Für mich ist direkt klar, dass ich beides schaffen will und schaffen kann. Ausbildung und Eishockey. Kein Problem für mich. Was sagte Bob neulich noch zu mir: »Ääääandi, der Wille kann Berge versetzen.« Recht hat er! Wenn ich etwas will, dann kriege ich das auch hin.

In den folgenden Wochen und Monaten schwebe ich auf rosa Wolken durch meinen Alltag. Alles läuft prima. Ich habe Petra, ich absolviere meine Ausbildung, und ich bin Eishockeyprofi. Und weil ich so im Flow bin, merke ich gar nicht, dass ich eigentlich gerade zwei Vollzeitjobs mache. Mal bin ich der angehende Bankkaufmann, mal der Profisportler. An den Wechsel zwischen diesen Rollen gewöhne ich mich schnell. Und schnell muss ich auch sein. Oft hetze ich aus der Bank zum Training oder komme mittags von der Eishalle in die Sparkasse.

Trotzdem funktioniert diese Doppelbelastung erstaunlich gut. Auch, weil mich die Bank unterstützt und mir den Rücken freihält, wo immer sie kann.

»Wenn dein Notenschnitt so gut bleibt, dann kannst du dein Eishockey durchziehen«, mahnt mich mein Ausbildungsleiter. Auch ihn enttäusche ich nicht und liefere konstant einen Schnitt von Einskommairgendwas. Dafür reduziert die Sparkasse meine Stundenzahl, stellt mich ab Saisonbeginn öfter mal frei und ermöglicht mir ein wirklich flexibles Zeitkonto. Dadurch bin ich zwar nicht so häufig in der Bank, aber die Leitung sieht es wohl als eine lokale Pflicht, den Nachwuchs des örtlichen Traditionsclubs zu unterstützen. Und für die Kunden ist es auch schön. In Villingen-Schwenningen mit seinen gut achtzigtausend Einwohnern ist Eishockey Kult. Und wenn dann der Eishockeyprofi, dem man am Wochenende noch von der Tribüne aus zugejubelt hat, am Montagvormittag das Überweisungsformular entgegennimmt, dann schafft das eine gewisse Bindung: zur Bank, zum Spieler und zum Verein. Win-win für alle.

Eishockey und Bank-Job bestimmen nun meinen Tag, meine Woche, meinen Monat. Wenn meine Kollegen aus der Sparkasse ins Wochenende gehen, beginnt für mich die nächste Schicht. Noch sind es vor allen Dingen Freundschafts- oder Vorbereitungsspiele gegen Mannschaften aus dem süddeutschen Raum. Doch wenn erst mal der reguläre Ligabetrieb beginnt, bedeutet dies jede Menge Autobahnkilometer im Mannschaftsbus. Distanz Schwenningen – Berlin: gute siebenhundertfünfzig Kilometer. Geht es nach Köln, Krefeld oder Kassel: jeweils rund vierhundertfünfzig Kilometer, bis Hannover sind es sechshundert Kilometer. Spielorte, welche am schnellsten zu erreichen sind: Mannheim, Kaufbeuren und Augsburg mit einer Entfernung von nur zweihundertfünfzig Kilometern. Und wenn meine Mannschaftskollegen am Montag ihren freien Tag haben, geht es für mich in die Bank.

Alle anderen Werktage laufen gut durchgetaktet: Ich stehe morgens auf, kräftiges Frühstück mit Müsli und Obst, dann erstes Training. Nach dem Duschen werfe ich mich in den Anzug, binde meine Krawatte zurecht und fahre zur Sparkasse. Am späten Nachmittag geht es im Anzug wieder zur Eishalle zum Abendtraining. Davor, danach, dazwischen verbringe ich auch noch Zeit mit Petra. Ich lebe meinen Alltag unter Vollgas, und nicht selten kommt es vor, dass ich in der Sonntagnacht um drei, vier, fünf Uhr zu Hause bin, mich ein paar Stunden aufs Ohr haue und um sieben wieder aufstehe, damit ich zur Bank fahren kann. »Dein Wille kann Berge versetzen.« Bobs Worte sind das Leitmotiv meines Lebens in dieser Zeit. Neben meinem Willen, den Traum vom Profisport leben zu können, ist da eine weitere Kraft, die mich unbewusst antreibt: Ich will niemanden enttäuschen. Meinen Vater nicht, der will, dass ich etwas Gscheits mache, Bob nicht, der in mir etwas ganz Besonderes sieht, Petra nicht, mit der ich Zeit verbringen will. Und letztendlich will ich mich auch selbst nicht enttäuschen, indem ich all diesen Erwartungen nicht gerecht werde. Wenn ich etwas leiste, bekomme ich Anerkennung. Dann sind die Menschen mit mir zufrieden, und ich werde nicht wieder weggeschickt. Ich gehöre dazu, bin Teil der Mannschaft, wenn es gut läuft, sogar ein wichtiger Teil. Ich bin nicht allein.

So anstrengend es auch sein mag, ich will den vermeintlich normalen Alltag in der Sparkasse nicht missen. Ich kenne genug Spieler, die – wenn überhaupt – direkt nach dem Schulabschluss Profis geworden sind und nie etwas anderes kennengelernt haben als die Blase Profisport. Abseits der körperlichen und mentalen Belastung eine sehr bequeme Blase. Als Profi wird einem nahezu alles abgenommen, damit man sich ganz auf den Sport konzentrieren kann. Wechselt man den Club, bekommt man eine Wohnung, natürlich möbliert, und ein Auto vor die Tür gestellt. Ummelden, Behördengänge und andere lästige Alltagsprobleme werden für einen erledigt. Es gibt nur das Training, die Spiele und ein paar Termine für die Öffentlichkeit. Das klingt alles sehr praktisch, aber dafür ist man auch nicht viel mehr als ein Investment der Clubbosse. Ein Produkt, an das hohe Erwartungen geknüpft sind.

Ein Produkt, das zehn Monate im Jahr zu funktionieren hat. An Wochenenden, an Feiertagen, wenn die Oma stirbt oder der Nachwuchs geboren wird – von einem Profi wird erwartet, dass er raus aufs Eis geht und seine Leistung bringt. Und Talent hin, Willenskraft und Disziplin her: Als Profi bleibt man austauschbar – egal, wie gut das Scoring oder das Standing bei den Fans ist. Letztendlich gibt es immer auch einen anderen, einen, der besser ist. Diese Skepsis kann ich einfach nicht ablegen, auch wenn ich mich noch so sehr anstrenge. In meinem Hinterkopf ist da der große Wunsch nach Sicherheit und einem Plan B. Bloß keine Ungewissheit, kein Fall ins Bodenlose, keine böse Überraschung. Und deshalb ist mir die Sparkasse so wichtig.

Die Arbeit dort lässt mich nicht vollkommen in die Sportblase abtauchen, mit einem Fuß bleibe ich auf dem Boden der Realität. Im echten Leben. Das erdet.

Am 18.09.1994 ist es dann so weit. Nach einem Auswärtsspiel zum Saisonstart in Hannover bestreite ich mein erstes Spiel vor heimischer Kulisse. Und nicht nur das: Es ist auch das erste Heimspiel in der neu gegründeten Deutschen Eishockey Liga DEL. Aus dem altehrwürdigen Schwenninger ERC sind nun die SERC Wild Wings geworden. Viele Gründungsvereine haben sich ebenfalls neue Namen zugelegt. Angelehnt an die großen amerikanischen Profiligen gibt es nun auch im deutschen Eishockey die Ice Tigers aus Nürnberg, die Huskies aus Kassel, die Adler Mannheim oder die Landshut Cannibals. Die Professionalisierung und die besseren Vermarktungsmöglichkeiten sollen die finanziellen Probleme, die die Vereine der ersten und zweiten Liga in den vergangenen Jahren hatten, lösen. Alles ist ab jetzt etwas größer, mit mehr Rambazamba und Show. Das macht es mir nicht gerade einfacher.

Bereits am Morgen nach dem Aufstehen war mir speiübel. Jetzt ist es noch viel schlimmer. Ich sitze in der Kabine und versuche den letzten Anweisungen von Miro Berek, dem Chefcoach, zu folgen. Draußen füllt sich langsam das Stadion. Während der Trainer weiter die Taktik für das heutige Spiel gegen die Füchse aus Weißwasser vorgibt, kämpfe ich gegen die Übelkeit und den Brechreiz, die in Wellen gegen meinen Kehlkopf drücken. Konzentrier dich, Andi, versuche ich mich gedanklich abzulenken. Ich atme tief aus und ein und halte dazwischen kurz die Luft an. Der Drang, jetzt und hier einfach den Kabinenboden vollzukotzen, wird etwas geringer, und ich kann mich wieder besser auf die Ausführungen von Berek konzentrieren. Irgendwann ist er fertig, und da wir noch nicht aufs Eis können, entsteht ein Leerlauf, in dem jeder Spieler seinen eigenen Gedanken nachgeht. Meine Übelkeit nutzt diese Chance und kommt schlagartig und massiv zurück. Ich merke, wie sich mein Magen zusammenkrampft, renne, so schnell es in der Ausrüstung eben geht, auf die Toilette und erbreche eine Mischung aus Aufregung und Angst ins Klo.

Ich will da nicht rausgehen, denke ich.

Und dann: Da rauszugehen ist mein größter Traum.

»Mensch, Andi, alles gut?«, fragt mich ein Teamkollege, der mir auf die Toilette gefolgt ist. »Wir wären dann jetzt fertig zum Einlaufen. Hast du dich ausgekotzt?«

Ich betätige die Klospülung, sammle auf dem Boden meine Handschuhe und den Helm zusammen, die ich gerade einfach habe fallen lassen, und spüle mir am Waschbecken den Mund aus.

»Let's go!«, sage ich mehr zu mir selbst als zu meinem Mitspieler. Mit der gesamten Mannschaft geht es in den Gang, an dessen Ende die ausverkaufte Eishalle wartet.

Mit einem Mal geht das Licht aus.

Ich höre die Trommeln von der Tribüne. Das rhythmische Klatschen. Die Schlachtgesänge. Dann den Stadionsprecher, der die Spieler einzeln vorstellt und sie aufs Eis holt. Alles in mir ist angespannt. Und hoch konzentriert. Jetzt gibt es nur mich, die Mannschaft und das Spiel, das gewonnen werden muss.

»Im Tor steht auch heute wieder, ihr kennt ihn alle. Unsere sichere Bank, unser Goalie. Mit der Nummer 27. Unser Matthias ...«

»Hoppe!«

»Als Nächstes unser Sturm-Ass der vergangenen Saison. Mit der Rückennummer 28: Graaaaaaant …«

»Martin«, antworten ein paar Tausend Fans dem Stadionsprecher. Dann Jubel, lauteres, schnelleres Trommeln, Klatschen.

Wieder eine Welle der Begeisterung auf den Rängen. Noch vor einem Jahr stand ich selbst da oben. Kenne die Rituale, kenne die Vorfreude, das Mitfiebern, den Jubel, auch die Enttäuschung. Jetzt stehe ich hier unten. Und bin an der Reihe.

»Aus unserem eigenen Nachwuchs. Ein echtes Schwenninger Eigengewächs. Siebzehn Jahre alt und einer der Neuzugänge im Kader. Mit der Nummer 31: Andiiiiiii …«

»Renz!«

Ich laufe zwei, drei Schritte über den Kunststoffboden, dann gleite ich aufs Eis. Sehe die Wunderkerzen und habe sofort den typischen Geruch in der Nase, wenn Tausende davon zeitgleich abgebrannt werden. Gänsehaut am Rücken, Gänsehaut an den Armen. Ich drehe eine Runde auf dem Eis, hebe den Schläger zum Gruß Richtung Tribüne und bade in der Reaktion der Fans.

Während nach und nach die restlichen Spieler einlaufen, drehe ich weiter meine Runden, um warm zu bleiben fürs Spiel.

Alles fühlt sich in diesem Moment so leicht an, obwohl ich bis zu den Haarspitzen voll bin mit Glück und Zuversicht und Motivation. Ich bin angekommen, habe mein Ziel erreicht und mir den Traum vom Profisport erfüllt. Alles macht jetzt Sinn: die Enttäuschung beim Fußball, der holprige Start auf dem Eis, die unendlich vielen Stunden, in denen ich wie besessen trainiert habe. Das hier ist der Moment, der mich für jede Kniebeuge entschädigt, für den sich jeder Tropfen Schweiß, jeder Tropfen Blut gelohnt hat. Der Moment, auf den ich hintrainiert habe und der mich so manches jugendliche Vergnügen gekostet hat. Die Partys, auf denen ich nicht war, Zigaretten und Alkohol, auf die ich weitgehend verzichtet habe. Die Freizeit der anderen, in der ich trainiert habe. Ich bekomme dafür ein abgedunkeltes Stadion, Wunderkerzen auf den Rängen, einen Scheinwerfer, der mich auf dem

Eis verfolgt, eine Rückennummer und mein Spiel. Mehr wollte ich eigentlich nie.

Das Spiel läuft großartig. Ich bekomme viel Eiszeit und spiele zusammen mit Frantisek Frosch, einem erfahrenen tschechischen Spieler, in der Abwehr. Er: technisch spitze, prima Puck-Kontrolle, gutes Auge, abgeklärt halt. Ich: Kämpferherz, immer voll drauf auf den Gegner, der Mann fürs Grobe. Also, wenn ich mit meinen siebzehn Jahren schon als Mann durchgehe. Zusammen sind wir eine sich perfekt ergänzende Mischung. Wir gewinnen das Spiel mit 5:1, und ich bin nach dem Schlusspfiff unendlich glücklich. Während der Ehrenrunde sehe ich viele bekannte Gesichter. Die meisten lächeln mich an, winken mir zu. Manche nicken nur anerkennend. Bei einigen glaube ich allerdings auch eine gehörige Portion Neid in den Gesichtern erkennen zu können: ehemalige Mannschaftskameraden aus der Jugend, die es nicht in den Profibereich geschafft haben, ein paar Freunde, die mir meinen Aufstieg nicht gönnen. Ihre Blicke stechen kurz in meiner Brust, aber ein, zwei Sekunden später sehe ich in andere, jubelnde Gesichter, und alles ist wieder schön und leicht. Ganz besonders, als ich meine vor Stolz strahlenden Eltern und meine Schwester entdecke.

In der Kabine klopft mir Torwart Matthias Hoppe, der mir vor ein paar Jahren die neuen Schlittschuhe verkauft hat, anerkennend auf die gepolsterten Schultern: »Gut, dass ich deine Mama damals überredet habe, die extra teuren Schlittschuhe zu kaufen. Ohne mich hättest du es also gar nicht geschafft.« Lachend und mit einem Augenzwinkern wendet er sich von mir ab.

An Frantiseks Seite werde ich bereits in meiner ersten Profisaison zum Stammspieler. Und bei jedem Heimspiel bekomme ich eine Gänsehaut, wenn ich aufs Eis der abgedunkelten Halle komme und mir diese einzigartige Stadionstimmung das Adrenalin durch den Körper schießt. Die Übelkeit wird zwar von Spiel zu Spiel weniger, aber mein nervöser Magen bleibt. Insbesondere vor Heimspielen bin ich angespannt. Ganz so, als würde ich bei jedem neuen Einlaufen aufs Eis vor eine strenge Jury treten, die mich immer wieder neu bewertet.

KAPITEL 5

Die erste sportliche Krise

Nach meiner ersten Profisaison schwebe ich gefühlt auf Wolke sieben. Gleichzeitig bin ich unendlich dankbar und bodenständig. Mein Kindheitstraum hat sich erfüllt. Ich spiele erfolgreich in der höchsten deutschen Eishockey Liga (DEL), und das Publikum feiert mich in der Rolle des Local Hero. In der Ausbildung läuft es ebenfalls super, auch wenn mein Alltag zwischen Bank und Eishalle hektisch und anstrengend ist. Nicht zuletzt ist es die erfüllende Beziehung zu Petra, die mir Kraft und Stabilität gibt. Und Ruhe.

Drei Jahre lang gibt es in meinem Leben nur eine Richtung: steil bergauf. Meine Ausbildung absolviere ich mit super Noten, und die Bank möchte unbedingt, dass ich weiter für sie arbeite. Die Wild Wings verlängern meinen Vertrag, und ich verdiene deutlich mehr. Das freut mich, aber ich merke vor allen Dingen, dass ich mich als Spieler weiterentwickle. Ich mache weniger Fehler und bin in der Defensive zu einem Bollwerk geworden. Die eishockeyfreie Zeit im Sommer verbringe ich mit Petra zum Teil in exotischen und inspirierenden Ländern: Thailand, Vietnam, Indonesien. Wundervolle Orte. Und wundervolle Zeiten, in denen alles perfekt erscheint und der stressige Alltag ganz weit weg ist. Mit meinen Eltern verstehe ich mich sehr gut. Auch wenn sie, was meine sportliche Zukunft betrifft, eher pessimistisch sind, zeigen sie mir, wie stolz sie auf mich sind. Und da ich noch in meinem Jugendzimmer im Keller im Haus meiner Eltern wohne, sehen wir uns fast täglich.

Auch zu Petras Eltern Rainer und Brigitte habe ich eine innige Verbindung. In ihrem Familienverbund fühle ich mich wie ein Sohn willkommen und finde bei ihnen sehr viel Liebe, Wärme und Anerkennung. Nur als Petra eine Ausbildung zur Physiotherapeutin macht, sind ihre Eltern etwas skeptisch. Vor allem ihr Vater hätte seine Tochter lieber an der Uni gesehen. Und dass Petra diese Ausbildung hauptsächlich absolviert, um ihren lädierten Partner nach einem harten Match selbst behandeln zu können, macht es natürlich nicht einfacher. Letztendlich sehen meine Schwiegereltern in spe aber auch ein überglückliches Paar, das sehr eingespielt ist und versucht, mit den besonderen Lebensumständen entsprechend umzugehen.

Meine erste sportliche Krise kommt in der Saison 1997/1998, und sie frustriert mich gewaltig. Ich fühle mich hilf- und machtlos. Es ist schlicht egal, wie gut ich spiele, wie hart ich trainiere und wie sehr ich mich ins Zeug lege. Ich werde in den Spielen einfach zu selten eingewechselt und komme kaum aufs Eis. Gefühlt stehe ich auf dem Abstellgleis.

Der Grund dafür hat aber nichts mit mir zu tun, sondern seinen Ursprung letztendlich in der großen Politik. Im Jahr 1995 urteilte der Europäische Gerichtshof in seiner berühmten Bosmann-Entscheidung unter anderem, dass auch für Profisportler – in dem Fall der belgische Fußballer Jean-Marc Bosman – die Freizügigkeit auf dem Arbeitsmarkt gelte und die bis dato eher strengen Ausländerregelungen in der Bundesliga nicht rechtens seien. Mit ein wenig Verzögerung zeigen sich die Folgen in der Deutschen Eishockey Liga wie auch bei meinem Verein, den Wild Wings.

Waren bisher in den Vereinen die deutschen Spieler in der Mehrheit, die von einer begrenzten Anzahl – oftmals technisch und spielerisch überlegener – ausländischer Spieler unterstützt wurden, gibt es jetzt in den Teams der DEL ein anderes Bild. Die deutschen Spieler werden ausgemustert, und vor allem die Nachwuchsspieler geraten unter enormen Druck. Sportlich, aber auch finanziell. Auf einmal besteht der Kader meiner Wild Wings inklusive dem Trainer fast ausschließlich aus Kanadiern. Die Gehälter brechen ein. Statt für ein paar Tausend Mark einen Neunzehnjährigen aus dem eigenen Nachwuchs zu fördern, der sich noch in der Entwicklung befindet, holt man sich fürs gleiche Geld – oder ein paar Mark mehr – einen erfahrenen Spieler aus dem Ausland. Fertige Spieler, die in den Spitzenligen in den USA, Kanada oder Skandinavien nur zweite, dritte und vierte Wahl sind. Für sie ist die DEL eine gute Möglichkeit, weiterhin als Eishockeyprofi den Lebensunterhalt zu verdienen.

Und so sitze ich bei den Spielen oft ganz außen auf der Bank, in eine Wolldecke eingehüllt, Pudelmütze auf dem Kopf, ohne Chance auf einen Einsatz. Dass ich zu diesem Zeitpunkt angehender Nationalspieler bin, interessiert meinen neuen Trainer Ron Ivany anscheinend nicht. Anderen deutschen Nachwuchsspielern geht es genauso, wie ich fast bei jedem Spiel feststelle. Auch auf der gegnerischen Bank sitzen die jungen Talente tatenlos herum und bekommen keine Eiszeit. Manch einer meiner Nationalmannschaftskollegen sieht beruflich keine andere Möglichkeit, als in die zweite Liga zu wechseln. Die finanziellen Einbußen sind enorm, aber immerhin bekommt man dadurch Spielpraxis. Wer keinen Verein findet, kann die Schlittschuhe an den Nagel hängen.

Fast eine ganze Saison lang bin ich komplett abgemeldet, rat- und hilflos. Denn all meine Strategien funktionieren plötzlich nicht mehr. Ich trainiere noch härter. Und werde nicht eingesetzt. Ich mache Extra-Einheiten auf dem Eis. Und bleibe weiter auf der Bank. Ich reiße mir den Arsch auf. Und es ist trotzdem egal. Ich bin ein Stück weit machtlos und habe es auf einmal nicht mehr selbst in der Hand, wie meine Karriere sich entwickeln wird. Damit kann ich nicht umgehen. Es fühlt sich an, als hätten andere Menschen die Kontrolle über mein Leben. Ich bleibe – im wahrsten Sinne des Wortes – eine Spielfigur. Aber eine, die nicht eingesetzt wird. Mit jedem Wochenende, an dem ich keine Eiszeit bekomme, werde ich wütender. Ich bin mir ziemlich sicher, dass das nicht mit rechten Dingen zugeht und ich nicht aufgrund mangelhafter Leistungen die Bank drücken muss. Im Gegenteil, mit den meisten meiner Konkurrenten in der Abwehr kann ich es locker aufnehmen. Aber im Team sind achtzehn in Kanada geborene Spieler, der derzeitige Trainer ist ebenfalls Kanadier – da kann ich eins und eins zusammenzählen.

Trotzdem nagt der Zweifel tief in mir. Vielleicht bin ich doch nicht so gut? Vielleicht haben die anderen mir etwas voraus? Etwas so Besonderes, dass ich es gar nicht erkennen kann?

Endlich bekomme ich mal eine Chance und werde im Laufe des Spiels eingewechselt. Sofort bin ich hellwach und hoch konzentriert. Ich nagele den ersten Gegner mit voller Wucht in die Bande, spiele wie besessen und schaffe sogar etwas für mich eher Ungewöhnliches: Ich erziele ein Tor. Und schreie mir jubelnd den Frust von der Seele. Die Fans in der Kurve singen meinen Namen. Da ist es wieder, dieses Gefühl, das mich komplett ausfüllt: richtig zu sein, gemocht und anerkannt zu werden. Letztendlich: dazuzugehören. Teil von etwas Außergewöhnlichem zu sein. Deswegen quäle ich mich in jeder Trainingseinheit. Deswegen bin ich so hart zu den Gegnern und noch härter zu mir. Genau deswegen. Mit jedem Spiel erfülle ich meinen Schwur aus der Kindheit: Ich werde es allen zeigen. Wahrscheinlich leide ich deshalb auch so sehr, wenn ich wenig oder keine Spielzeit bekomme.

Nach dem Tor verlasse ich das Eis und werde vom Trainer nicht mehr eingewechselt. Immer wieder schaue ich zu ihm, warte auf ein Zeichen, dass ich mich für den nächsten Einsatz bereitmachen soll. Aber es kommt keins.

Nach dem Spiel halte ich es nicht mehr aus und stelle den Trainer. Wütend reiße ich die Tür zu seinem Büro auf. Mir ist es scheißegal, ob ich gleich aus dem Team fliege. Eine Rolle spiele ich in dieser Mannschaft sowieso nicht mehr.

»Warum durfte ich nicht weiterspielen?«, frage ich voller Adrenalin. Meine Stimme bebt vor Wut.

Ivany sieht mich irritiert, fast ein wenig verunsichert an.

»Was soll ich denn noch machen? Ich reiße mir jeden fucking Tag den Arsch auf! Trainiere härter als alle anderen. Ich spiele gut.

Wenn ich denn mal spielen darf. Ich schieße sogar ein Tor.« Mit jedem Satz wird meine Stimme lauter.

Der Trainer nimmt mich zur Seite und schließt hinter mir die Tür. Ihm ist diese Konfrontation augenscheinlich unangenehm.

»Andi, was denkst du? Glaubst du wirklich, es geht nur um Leistung?« Seine Stimme klingt gar nicht wütend oder aggressiv, ganz im Gegenteil. Da schwingt etwas Verzweifeltes mit. Er ahnt offenbar, dass ich im Recht bin.

»Sieh, ich habe achtzehn Kanadier unter Vertrag. Die wollen alle spielen. Wenn du mehr Eiszeit bekommst, sitzen einige von denen auf der Bank. Und das kann ich mir nicht erlauben.«

Ich nicke.

»Dann habe ich direkt am nächsten Tag zehn Kanadier hier im Büro sitzen, die unzufrieden sind und mir an die Gurgel wollen. Das geht nicht. Es geht um die Mannschaft und um unseren Erfolg.«

Eine so ehrliche Antwort habe ich nicht erwartet. Ich habe geahnt, dass genau diese Faktoren der Grund dafür sind, warum ich auf der Bank versauere. Aber das jetzt in dieser Klarheit zu hören, überrascht mich. Ich kann nichts tun, kann das Blatt nicht durch noch mehr Engagement zu meinen Gunsten wenden. Auf einmal fühle ich mich völlig ohnmächtig. Ich denke an ein Fußballspiel, einen verursachten Elfmeter. *Das macht keinen Sinn.*

»Okay«, sage ich nur. Drehe mich um und verlasse das Büro.

Keine Ahnung, wie es weitergehen soll.

Den Rest der Saison verbringe ich hauptsächlich auf der Ersatzbank. Deine Karriere ist im Arsch, denke ich immer wieder. Und selbst wenn nicht, wird es auf jeden Fall sehr, sehr schwierig werden. Der schlimmste Gedanke: Ich kann nichts dagegen tun.

Petra ist mir in dieser Zeit eine wichtige Stütze. Ich weiß nicht, wie oft ich nach den Spielen zu Hause sitze und mich immer wieder aufs Neue aufrege:

»Und, wie war's?«

»Nichts war's. Keine einzige Sekunde Eiszeit. Ich versauere da auf der Bank.«

»Andi, du bist gut. Das werden sie früher oder später merken.«

»Aber mir läuft die Zeit davon. Je länger ich nutzlos da rumsitze, desto schwieriger wird der Weg zurück.«

»Du gibst dein Bestes. Trainierst wie ein Verrückter, zeigst vollen Einsatz. Und das jeden Tag. Mehr kannst du nicht tun.«

»Und wenn das nicht reicht?«

»Das wird es. Manchmal muss man einfach auf seine Chance warten und geduldig sein.«

»Ich hoffe nur, dass ich meine Chance auf der Ersatzbank nicht verpasse. Du weißt doch selbst, wie viele deutsche Spieler die Schlittschuhe an den Nagel hängen mussten oder in den unteren Ligen verschwunden sind.«

So oder so ähnlich laufen unsere Gespräche immer wieder ab. Petra tut wirklich alles, um mich zu unterstützen. Sie redet mir gut zu, hält mit mir gemeinsam den Frust aus und steht felsenfest an meiner Seite. Diese für mich herausfordernde Zeit schweißt uns noch enger zusammen, und wir wachsen als Paar. Wenn es gut läuft und eine Beziehung frisch ist, dann ist es einfach. Aber wenn man gemeinsam schwere Zeiten übersteht, kommt man sich noch einmal viel näher. Man lernt die Schwächen des anderen kennen, seine wunden Punkte, und man lernt sich auch selbst besser kennen.

Das zweite Jahr von Ivanys Trainerschaft bei den Wild Wings droht für mich ein ähnliches Debakel zu werden. Auch wenn in der nationalen Eishockeywelt zunehmend Kritik geäußert wird. Das spielerische Niveau der Nationalmannschaft sinkt enorm. Klar, wenn nur wenige deutsche Spieler zum Zug kommen. Auch die DEL kommt in Verruf, weil Vereine teilweise vierzig Spieler unter Vertrag nehmen, aber kaum Nachwuchstalente dabei sind.

So paradox es klingt: Mein Glück ist, dass wir in Schwenningen in Ivanys zweitem Jahr sportlich sehr schlecht dastehen. Die Fans werden unruhig, immer häufiger hört man während des Spiels

Pfiffe von den Rängen. In der Tabelle sind wir ganz unten. Und ich drücke weiterhin die Bank und habe kaum Möglichkeiten, einzugreifen und mich irgendwie gegen die Niederlagen zu stemmen. Ohnmächtig verfolge ich von der Bank aus Spiel um Spiel um Spiel. Und mehr als einmal ertappe ich mich dabei, wie ich nach einem Gegentor schadenfroh den Kopf schüttele. Aber ich muss weitermachen. Aufgeben ist keine Option für mich, egal wie aussichtslos die Lage erscheint.

Es ist ein regionaler Journalist, der mit seiner Beharrlichkeit einen Stein ins Rollen bringt. Stefan Preuss. In seinen Artikeln wirft er die Frage auf, ob der Verein – und letztendlich die ganze Liga – noch auf dem richtigen Weg ist. Damit trifft er die Stimmung vieler Fans. Auf einmal steht Ivany unter Druck und sieht sich gezwungen, mich häufiger spielen zu lassen. Und ich gebe alles. Wenn ich vorher bei jedem Einsatz hundert Prozent gegeben habe, so lege ich jetzt noch mal eine Extraschippe drauf.

Dieser Wechsel könnte dein letzter sein, denke ich. Vielleicht sitzt du beim nächsten Mal wieder nur auf der Ersatzbank.

Ich werfe mich in jeden Schuss, gehe mit größtmöglicher Härte in den Gegner, renne, bis ich einen blutigen Geschmack im Mund habe. Die Fans in der Halle, bei denen ich in den vergangenen anderthalb Jahren auch ein Stück weit in Vergessenheit geraten bin, feiern jeden meiner Einsätze frenetisch. Und fordern mehr. Der Druck auf den Trainer wächst.

Nahezu nach jedem Heimspiel werde ich von einer Expertenjury zum besten Spieler des Teams gewählt. Ich weiß, dass das nicht unbedingt der Realität entspricht. Aber mich in der vergangenen Saison gar nicht einzusetzen, entsprach ja auch nicht der Realität. Hat mir der Trainer schließlich selbst gesagt.

In der Mannschaft werde ich dadurch zu einem Unruheherd. Auf einmal sind nicht mehr nur die Kanadier die unangefochtenen Stars der Mannschaft, jetzt ist es der Schwenninger Bub aus der Sparkasse, dem die Leute zujubeln. Entsprechend oft bekomme ich in der Kabine Sticheleien und Sprüche meiner Teamkameraden zu hören. Das ist vielleicht noch kein Mobbing, aber ich habe einen echt schweren Stand innerhalb des Teams. Dem erfahrenen kanadischen Spieler Richard »Cherno« Chernomaz reichen die ganzen Sprüche irgendwann.

»Shut up, guys. Wisst ihr was«, sagt er in lautem und hörbar genervtem Ton. »Andi ist der einzige Spieler, der erfolgreich ist. Why? Weil er bei jedem verdammten Wechsel alles gibt und so spielt, als wäre es sein letzter. Er kämpft bis zum Umfallen. Most of us are not ready to give it all. Einige fahren hier nur das Trikot spazieren. Das ist der Grund, warum wir als Mannschaft keinen Erfolg haben.«

Mit solch einer Ansprache habe ich nicht gerechnet. Ich blicke in die Gesichter meiner Teamkollegen. Einige nicken. Leicht nur, aber Chernos Worte scheinen angekommen zu sein. Andere hören ihm regungslos zu. Er fährt fort, spricht übers Kämpfen, übers Gewinnen, über das, was ein Team ausmacht. Am Ende seiner Ausführungen höre ich aus verschiedenen Ecken der Kabine ein »Yeah«, ein »Right«, ein »Let's go, boys«.

Mit seinen Worten schafft Cherno einen kleinen Stimmungsumschwung. Wenigstens, was mich angeht. Sportlich bleibt das Jahr für uns als Mannschaft eine Katastrophe. Wir verpassen die Playoffs, was dramatisch ist. Denn diese K.-o.-Phase nach der Hauptrunde ist die wichtigste Zeit der Saison. Da spielen die besten Mannschaften die Meisterschaft aus, darauf fiebern die Fans ein Jahr lang hin. Und natürlich verdient der Verein durch die Zuschauereinnahmen hier auch Geld, um einen guten Kader für die kommende Saison zusammenzustellen. Nicht dabei zu sein, bereits Urlaub zu machen, während andere Teams um die Meisterschaft spielen, ist bitter.

Ron Ivany ist in Schwenningen nach dem frühen Saisonaus angezählt. Die kommenden zwei Spielzeiten steht Cherno als Trainer hinter der Bande. Unter ihm werde ich wieder ein fester Bestandteil des Teams. Meine Krise ist überstanden.

KAPITEL 6

Hochzeit und Start bei den Kölner Haien

Anfang 2001 sitzen Petra und ich im Büro von Sana Hassan, meinem Spielerberater. In Schwenningen bin ich zu einem wichtigen Leistungsträger herangewachsen. Die Mannschaft respektiert mich, und die heimischen Fans feiern mich.

Nicht ohne Grund bieten mir die Vereinsbosse einen Vertrag an, den ich eigentlich nicht ablehnen kann: lange Laufzeit, gutes Geld und jede Menge Vertrauen. Im Prinzip könnte ich hier weitermachen und zum Leader im Team aufsteigen. Vielleicht eines Tages sogar zum Kapitän. Ich bin glücklich in Schwenningen, keine Frage. Das ist meine Heimat, hier habe ich meinen ersten Profivertrag unterschrieben. Hier habe ich viele Erfolge gefeiert und bin zum Nationalspieler gereift. Aber in den vergangenen Monaten habe ich gemerkt, dass mir die Herausforderung fehlt. Ich bin nicht mehr das Nachwuchstalent, ich bin ein ausgereifter Spieler und träume davon, einmal die Meisterschale in Händen halten zu dürfen. Ich bin realistisch genug, um zu wissen, dass die Chancen, mit Schwenningen Meister zu werden, sehr gering sind. Dafür fehlt es leider an finanziellen Mitteln.

Sana hat sich ins Zeug gelegt, Kontakte gemacht und verschiedene Angebote eingeholt. Berlin hat großes Interesse an mir. Aber der Schritt aus dem beschaulichen Schwenningen in die Dreieinhalb-Millionen-Hauptstadt ist mir zu gewagt. Gäbe es keine weiteren Optionen, würde ich das wahrscheinlich anders sehen.

Aber es gibt mehrere Angebote.

Und eines davon elektrisiert mich, seitdem mir mein Manager davon erzählt hat.

Die Kölner Haie wollen mich als wichtigen Abwehrspieler haben und bieten mir einen Dreijahresvertrag an.

Die Kölner Haie!

Der bekannteste Club Deutschlands.

Beheimatet in der Kölnarena, die mit 18.500 Zuschauern die größte Halle Europas ist.

18.500 eishockeyverrückte Fans.

Und mein absoluter Lieblingsclub. Ich bin den Schwenninger Wild Wings unendlich dankbar für die Chance, die ich hier bekam. Aber schon als Teenager faszinierten mich die Kölner Haie. Das ist einfach noch einmal eine ganz andere Liga. Die Kölner Haie sind das Bayern München des Eishockeys. Wer würde dort nicht spielen wollen?

Seitdem ich von dem Angebot weiß, kann ich abends ein wenig schlechter einschlafen. Ich liege im Bett, starre an die Decke und stelle mir vor, wie ich in der Kölnarena einlaufe. Wie damals als Schuljunge erträume ich mir Spielsituationen, in denen ich der gefeierte Abwehrheld bin.

Jetzt sitzen Petra und ich bei Sana und besprechen die Vertragsdetails. Uns ist beiden klar, dass ich diese Chance wahrnehmen muss. Ich will nach Köln. Ich muss den nächsten Schritt auf der Karriereleiter wagen. Auf ein Neues – und auf einer ganz anderen Bühne – zeigen, was ich draufhabe. Petra hat keine Sekunde gezögert und sofort zugesagt, dass sie gemeinsam mit mir nach Köln ziehen wird. Sie steht nach wie vor felsenfest an meiner Seite, und das fühlt sich großartig an.

»Also, Andi, was sagst du? Drei Jahre und ein richtig gutes Gehalt. Dazu Erfolgsprämien, die Wohnung, das Auto. Das klingt doch schon mal nicht schlecht.« Sana nennt mir noch einmal die Summen, die ich monatlich verdienen könnte, käme der Vertrag zustande. Ein Fußballprofi in der Bundesliga würde vielleicht darüber die Nase rümpfen – im Eishockey sind die genannten Beträge aber ganz großes Kino. Ein weiteres Bonbon für mich ist die Tatsache, dass ich sozusagen im Paket mit zwei anderen Schwenningern zu den Haien wechseln kann. Mein Abwehrkollege Brad Schlegel und Trainer Rich Chernomaz wollen ebenfalls mit in die Domstadt.

Sana sieht mich an. Ich setze mein bestes Pokerface auf und halte mich zurück. Natürlich würde ich auch für deutlich weniger Geld bei den Haien anheuern, das weiß Sana, aber trotzdem spiele ich gerade den Zögerlichen.

Der Spielervermittler sieht zu mir, sieht zu Petra, nimmt einen Taschenrechner und beginnt, wild auf der Tastatur herumzutippen. Um seine Lippen legt sich ein verschmitztes Lächeln.

»Ich glaube nicht, dass wir die Kölner zu einem noch besseren Angebot bewegen können. Aber wartet mal.« Er tippt und tippt, notiert Zahlen, tippt weiter und schaut schließlich zu uns auf.

»Also, wenn ihr beide verheiratet wäret, dann sähe es steuerlich natürlich deutlich besser aus. Um ehrlich zu sein: Eigentlich müsst ihr heiraten. Es wäre völlig verrückt, es nicht zu tun. Also natürlich nur aus finanzieller Sicht.«

Petra und ich blicken uns erstaunt an. Mir gehen irre viele Gedanken durch den Kopf, aber keiner davon hat irgendetwas damit zu tun, dass ich Petra nicht heiraten möchte. Sicher, wir haben bisher wenig darüber gesprochen und keine konkreten Pläne geschmiedet. Aber gleichzeitig ist da dieses ganz tiefe Gefühl, dass wir selbstverständlich in den kommenden Jahren vor den Traualtar ziehen werden. Zumindest bei mir gibt es keinen Zweifel. Und so, wie Petra mich anschaut, empfindet sie es ganz ähnlich. Wir nicken uns kaum merklich zu, und alles ist klar. Und auch stimmig. Ich beginne in Köln einen neuen Karriereabschnitt, Petra wird mitkommen und hier in Schwenningen ebenfalls ihr Leben ein Stück weit hinter sich lassen, wir lieben uns. Welch schöneres Zeichen gibt es, solch einen Neuanfang mit einer Hochzeit zu besiegeln?

»Ja, wenn das so ausschaut, dann heiraten wir doch. Kannst du den Kölnern so mitteilen. Ich nehme den Vertrag mit der neuen Steuerklasse an.«

Oh Mann. Das war nicht mal ein richtiger Antrag, Und dann auch noch im Büro meines Managers. Aber: Das alles ist absolut authentisch, ehrlich, echt. Außerdem heiraten wir, weil wir uns lieben. Die Steuerersparnis ist lediglich das Hochzeitsgeschenk.

Und so geben Petra und ich uns am 1. Juni 2001 im kleinen Kreis der Familie das Ja-Wort. Eine große kirchliche Trauung wird in einem Jahr folgen. Als Location für unsere standesamtliche Trauung haben wir uns einen romantischen Saal in einem ehemaligen Kloster am Bodensee ausgesucht. Der ganze Tag ist ein einziger Traum. Ich weine vor Rührung, meine Braut ist wunderhübsch, und unsere wichtigsten Menschen sind an unserer Seite. Später am Abend, ich komme gerade von der Toilette, bleibe ich kurz stehen und betrachte die Hochzeitsgesellschaft aus ein paar Metern Entfernung. Alle haben Spaß. Sie lachen, reden, trinken. Petra ist mitten im Geschehen, umarmt gerade meinen Vater. Ich atme einmal tief aus, lasse die Anspannung der letzten Tage und Wochen ziehen und fühle pures, strahlendes Glück in mir. Ich habe meine Jugendliebe geheiratet. Ich werde demnächst in der Kölnarena aufs Eis gehen. Ich bin angekommen. Muss hier und heute um nichts kämpfen, muss mich nicht quälen, niemandem etwas beweisen. Jetzt gerade sind da nur Petra und ich und unsere Familien.

Diesen Moment würde ich gerne für alle Ewigkeiten konservieren. Denn ich weiß, dass es so nicht bleiben wird.

KAPITEL 7

Achterbahn zur Meisterschaft

Zwischen unserer standesamtlichen Hochzeit und dem Trainingsauftakt bei den Kölner Haien liegen genau zwei Monate. Petra und ich sind einer Meinung, dass wir unsere Flitterwochen erst nach der kirchlichen Trauung im folgenden Sommer einplanen sollten. Zum einen kann ich mich, was das Training angeht, so noch besser auf die bevorstehende Herausforderung vorbereiten, und zum anderen haben wir Zeit, einen gemeinsamen Traum zu verwirklichen. Als absolute Pferdeliebhaberin hat Petra mich schon vor vielen Jahren mit ihrer Liebe zu diesen wundervollen Tieren angesteckt. Für unser erstes gemeinsames Pferd bauen wir mit viel Liebe einen Offenstall mit überdachtem Paddock, Reitplatz und vier Hektar Koppeln. Hier wird Maximus meine eishockeyfreie Zeit im Sommer verbringen. Für die neun Monate Eishockeysaison haben wir im Kölner Umland einen tollen Offenstallplatz für ihn gefunden.

Neben meinen täglichen Einheiten im Kraftraum und auf der Aschenbahn trainiert die harte Arbeit des Stallbaus meinen Körper. Wenn ich mit einem Holzschlegel die Weidepfähle in den harten Boden ramme oder Hunderte Heuballen in die Tenne des alten Schwarzwaldhofes wuchte, komme ich mir ein bisschen vor wie Rocky Balboa in Rocky IV. Als ich im August in Köln ankomme, bin ich fit wie niemals zuvor. Dazu bin ich braun gebrannt und bis in die Haarspitzen motiviert.

Klar, Schwenningen und Köln spielen zwar beide in der höchsten deutschen Liga, aber trotzdem liegen Welten zwischen den beiden Klubs. Eishockeyverrückte Fans gibt es hier wie dort. Aber allein deren schiere Masse in Köln ist schon beeindruckend. Irgendwie scheint es ein ungeschriebenes kölsches Gesetz zu geben, das besagt, dass jeder, der hier lebt, zu den Haien steht. Dann der Medienrummel: EXPRESS und BILD berichten regelmäßig. Und immer mal wieder auch über Geschichten, die nichts mit dem vergangenen Spiel zu tun haben. Die Haie sind ein Stück weit das Bayern München des Eishockeys. Dieser Wahnsinn reißt mich einerseits total mit, andererseits schüchtert mich der ganze Rummel ein wenig ein. Bereits am ersten Tag bekomme ich meinen Wagen – natürlich gesponsort vom KEC. Es ist ein SUV, ein Monstrum von einem Auto: vier Komma irgendwas Liter Hubraum. PS ohne Ende und natürlich mit K-EC-Kennzeichen. Meine erste Fahrt in diesem Schlachtschiff durch die Kölner Innenstadt kostet mich Nerven. Ich sitze in einem Auto, das mir drei Nummern zu groß erscheint, und immer wieder zeigen Passanten auf den SUV. Anscheinend ist bekannt, dass diese Karren von Eishockeyprofis gefahren werden. Puh, das muss ich alles erst einmal verarbeiten. Nur habe ich dafür keine Zeit.

Beim ersten Training mit der Mannschaft fühle ich mich wie ein Fremdkörper im Team. Die Geschwindigkeit und das technische Niveau sind extrem hoch. In meinen Augen besteht der Kader fast ausschließlich aus Topspielern der Liga. Ich hingegen bin der Junge aus dem Schwarzwald, der sich seinen Platz in der Mannschaft vor allen Dingen über Kraft, Härte und einen unbändigen Willen erkämpft hat. Und auch wenn ich nicht in die Köpfe der anderen schauen kann, meine ich die Fragezeichen in ihren Gesichtern förmlich zu lesen: »Was will der eigentlich hier?«

Als mich Corey Millen, ehemaliger NHL-Profi und seit Jahren die unangefochtene Nummer eins bei den Haien, sehr freundlich begrüßt, bin ich daher etwas überrascht.

»Andi, it is so nice to have you here!«, sagt er strahlend und mit einer Begeisterung, die mich etwas verlegen macht. Und noch während ich mir im Kopf eine passende Antwort zurechtsuche, fährt er fort: »Thank God, I do not have to play against you anymore!« Die umstehenden Teamkollegen brechen in lautes Gelächter aus.

Daher weht also der Wind. Ich hätte mir kein größeres Kompliment vorstellen können. Gegen mich zu spielen ist so hart, so fies, so brutal – da ist es sinnvoller, mich in den eigenen Reihen zu haben. Meine Rolle im Team ist damit also klar. Ich bin nicht hier, um schön zu spielen oder für viele Tore zu sorgen. Ich bin hier, um den Gegner mit meiner harten Spielweise mürbezumachen, sein Spiel zu zerstören und immer voll auf den Mann zu gehen. Als Abwehrbollwerk soll ich Tore des Gegners verhindern. Vielleicht auch noch, um die anderen mit meinem Kampfgeist und meiner Leidenschaft anzustecken. Okay, das kann ich. Und das werde ich schaffen. Mir und meinem Körper verlange ich alles ab. Und die Kölner Haie bieten ihren Spielern die modernsten Voraussetzungen, damit sie sich schinden können. Das Krafttraining in Schwenningen fand in einem für fünfundzwanzig Männer viel zu kleinen Kraftraum statt. Mit Hantelbänken und Geräten, die ihre besten Jahre schon lange hinter sich hatten. Der Kraftraum in Köln hingegen ist vom Feinsten. Zum Teil gibt es Trainingsgeräte, wie ich sie noch nie zuvor gesehen habe.

Ich merke, dass das alles hier noch einmal eine ganz andere Liga ist als in Schwenningen. Dort war ich in der Mannschaft angekommen. Hatte meinen Stammplatz und war bei den Fans beliebt. Das hat mir Sicherheit gegeben. In Köln muss ich mich auf allen Ebenen wieder ganz neu beweisen!

Während der Saisonvorbereitung denke ich mehr als einmal an meine Zeit beim Fußball und wie der Trainer mich wegschickte. Das wird sich hier nicht wiederholen. Ich werde es allen zeigen, dass ich gut genug für den besten Eishockeyclub des Landes bin und die Rolle, die man mir gibt, bestmöglich erfüllen kann.

Wie angespannt ich psychisch bin, wird mir kurz vor dem ersten regulären Heimspiel der Saison bewusst. Wieder einmal schlägt mir die ganze Aufregung auf den Magen, und während sich die anderen Spieler in der Kabine in aller Seelenruhe vorbereiten, sitze ich auf der Keramik. Ich habe Angst! Vor den 18.500 Zuschauern da draußen, vor der kommenden Saison und vor unseren Gegnern, die alle heiß darauf sind, den großen Favoriten aus Köln ein Bein zu stellen. Ich spüre die Erwartungen von jedem einzelnen Fan da draußen tonnenschwer auf meinen Schultern lasten. Und das macht mir fast Panik: diese Erwartungen nicht erfüllen zu können. Irgendwie schaffe ich es vom Klo und laufe in die verdunkelte Halle ein. Mehrere Scheinwerfer sind auf mich gerichtet, der Hallensprecher kündigt mich an, und die Halle brüllt meinen Nachnamen. Ich habe am ganzen Körper Gänsehaut. Klar, auch in Schwenningen war es immer etwas Besonderes, kurz vor dem Anpfiff aufs Eis zu kommen. Aber das hier ist noch größer, lauter, bunter. Mehr Zuschauer, mehr Rambazamba. Was für eine Show! Ganz zu schweigen von dem riesigen Videowürfel. So etwas kannte man bisher nur aus amerikanischen und kanadischen Multifunktionsarenen. Wenn ich während des Spiels auf der Bank sitze, muss ich immer wieder hinschauen. Auf den Videowürfel. Dann in diese Masse von Fans. Ich lebe meinen Kindheitstraum. Ich bin mittendrin.

Sportlich läuft es für uns am Anfang der Saison katastrophal. In den ersten sechs Spielen kassieren wir fünf Niederlagen, vier davon vor heimischer Kulisse. Und danach geht es wechselhaft wie auf einer Achterbahn weiter. Die Kölner Boulevardpresse schießt sich auf die Mannschaft ein. Medial werden wir auseinandergenommen und sind nur noch die zahnlosen Goldfische. Auch mein Name taucht in einem Artikel auf. Von einem möglichen Fehleinkauf ist da die Rede. Und mit jeder neuen Niederlage fordern ein paar Fans mehr von den Rängen, dass der Trainer gehen soll. Der gibt den Druck natürlich weiter und lässt im Training immer häufiger kräftig Dampf ab. Auch an mir.

»Andi, das geht so nicht. Da muss mehr kommen. Einfach die Scheibe raushauen reicht nicht mehr. Das war vielleicht in Schwenningen genug. Hier musst du spielen. Wir zahlen gutes Geld für dich. Zeig uns, dass du es wert bist.« Das, was mich eigentlich motivieren sollte, bewirkt genau das Gegenteil. Die Angst kocht in mir hoch: Versagensangst, Weggeschickt-werden-Angst,

Allein-bleiben-Angst. In den Spielen werde ich noch nervöser und mache eher mehr als weniger Fehler.

Auch die Leistung der Mannschaft bleibt weiterhin wechselhaft. Das Erreichen der Playoff-Runde – unter normalen Umständen für die Haie so sicher wie das Amen im Kölner Dom – ist auf einmal ernsthaft gefährdet. Kurz vor den Olympischen Winterspielen in Salt Lake City ziehen die Vereinsbosse im Januar 2002 die Reißleine und beurlauben Cheftrainer Lance Nethery. Es übernimmt sein Co-Trainer Rich Chernomaz, der mit mir im Sommer aus Schwenningen hierhergewechselt hat. Und das mit einem Paukenschlag! Sein erstes Spiel als Cheftrainer gewinnen wir gegen den Erzrivalen aus Düsseldorf mit 3:0. Dann ist Olympiapause für die Kölner Haie. Für mich geht es nach Salt Lake City.

Mit meiner Teilnahme an den Olympischen Spielen geht ein weiterer Kindheitstraum für mich in Erfüllung. Es ist eine unglaubliche Ehre, ein Teil der Mannschaft zu sein und unser Land vertreten zu dürfen. Trotz der enormen Sicherheitsvorkehrungen nur fünf Monate nach den Terroranschlägen am 11. September ist die Eröffnungsfeier für mich vielleicht das Highlight meiner bisherigen Karriere. Achtzigtausend Zuschauer, die erst in stillem Gedenken schweigen, als eine USA-Flagge ins Stadion getragen wird, die man in den Trümmern des World Trade Center fand. Und die kurze Zeit später unseren Einmarsch als Athleten feiern und bejubeln. Ich versuche, jeden Moment zu genießen, und doch machen mir meine altbekannten Zweifel zu schaffen. Immer wieder stelle ich mir die Frage, ob ich diesem sportlichen Niveau hier gewachsen bin. Bin ich wirklich gut genug, gegen die Besten der Welt bestehen zu können? Petra und ihre Familie sind mit mir über den Großen Teich geflogen. Sie schauen sich ein paar Spiele an und gehen anschließend mit einem gemieteten Camper auf Sightseeing-Tour. Sportlich läuft es für uns als Mannschaft richtig gut. Wir schlagen überraschend die mit vielen NHL-Stars angetretenen Slowaken. Erst im Viertelfinale scheitern wir gegen das Heim-Team und den späteren Silbermedaillengewinner aus den USA.

Zurück in Köln ist es dann so, als wäre der Knoten bei mir und dem Team endlich geplatzt. Auf einmal gewinnen die Haie – beizeiten mit dem Glück des Tüchtigen – Spiele, die noch ein paar Wochen zuvor verloren worden wären. Chernomaz schafft es, das Feuer im Team neu zu entfachen. Ach was, er schafft es, aus einem Haufen von Einzelspielern ein Team zu formen. In Mannschaftssitzungen kommt auf einmal vieles auf den Tisch, was zuvor unterschwellig gebrodelt und die Stimmung belastet hat: Wer mit wem ein Problem hat, was Spieler X an Spieler Y nervt und auch, welche privaten Probleme Spieler Z gerade daran hindern, Bestleistungen abzurufen. Es sind anstrengende Runden, die sich aber auszahlen. Auf einmal ist da mehr Verständnis für den anderen. Und nach und nach formt sich ein Team, das mehr ist als die Summer der einzelnen Talente. Am vorletzten Spieltag der Hauptrunde qualifizieren wir uns für die Playoffs – damit hatte vor ein paar Monaten kaum noch jemand gerechnet.

Im Viertelfinale treffen wir auf die Pinguine aus Krefeld und fegen sie mit drei Siegen in Folge aus dem Wettbewerb. Anschließend bekommen wir es im Halbfinale mit unserem Angstgegner aus München zu tun. Wir schaffen das scheinbar Unmögliche und gewinnen die Serie im entscheidenden fünften Spiel im Penalty-Schießen 2:1. Ein dramatisches Spiel, das in die Kölner Geschichte eingeht. Die ganze Stadt ist auf einmal elektrisiert. Auch die Presse wittert eine riesige Story und berichtet im Vorfeld des Finales unterbrochen über die Mannschaft. Die Haie sind zurück. Das, was vor knapp drei Monaten nahezu unmöglich erschien, könnte jetzt doch noch Wirklichkeit werden: ein weiterer Titel. Dazu müssen wir nur noch dreimal als Gewinner vom Eis. Drei Siege würden diese Saison krönen. Unsere Gegner im Finale sind die Adler aus Mannheim. Der Club ist amtierender Deutscher Meister, und alle Experten sind sich einig: Die Adler gehen als absoluter Favorit in die Finalspiele. Entsprechend endet das erste Spiel für uns: Mit 0:4 werden wir chancenlos aus der Halle der Kurpfälzer gefegt. Das zweite Spiel läuft besser. Vor heimischem Publikum gewinnen wir 3:2. Auch das dritte Spiel endet mit einem Sieg für uns. In ihrer eigenen Halle schlagen wir die Adler mit 4:2. Damit haben wir in der Finalserie einen ersten Matchball und können zu Hause die Meisterschaft klarmachen. Doch daraus wird nichts. Vielleicht sind wir zu nervös, vielleicht haben wir Angst vor der eigenen Courage. Auf jeden Fall steht es am Ende 1:3, und der Traum vom Meisterpokal wird auf den 21. April vertagt, einen Sonntag.

Wir spielen bereits am Nachmittag. Als das Spiel um 14.30 Uhr angepfiffen wird, wissen alle auf dem Eis, dass heute die Entscheidung fallen wird. Eine Mannschaft wird in zwei, drei Stunden jubelnd übers Eis fahren. Die anderen werden enttäuscht ins Leere starren und sich fragen, warum es der Hockeygott mit ihnen nicht besser gemeint hat. Zu denen will ich nicht gehören. Ich will bei den Siegern sein.

Die Nervosität ist bei beiden Mannschaften extrem hoch, und es sind vor allem die Abwehrreihen, die viel zu tun haben. Das Publikum in der Halle sieht ein hart umkämpftes Spiel mit nur wenigen Toren. Bis ins letzte Drittel liegen wir mit 0:1 hinten. Immer wieder stürmen wir an, aber schaffen es nicht, die Hartgummischeibe ins Tor zu wuchten. Und die Uhr läuft gnadenlos Sekunde um Sekunde herunter.

Immer öfter schiele ich auf die Anzeigetafel, und mit jeder verstreichenden Minute wächst meine innere Anspannung. Bloß keinen Fehler machen. Ein weiteres Gegentor würde unseren Titeltraum endgültig begraben.

Ich bin nervös, und zugleich bin ich völlig fokussiert. Dann fällt der Ausgleich durch Alex Hicks. Eine Explosion der Emotionen auf der Spielerbank.

Ein paar Minuten später schaffen wir das Führungstor durch Dwayne Norris. Knapp fünf Minuten sind noch zu spielen. Im Eishockey eine kleine Ewigkeit, in der regelmäßig auch komfortablere

Führungen pulverisiert werden. Die Atmosphäre im Mannheimer Friedrichspark ist zum Zerreißen gespannt. Beide Fanlager peitschen ihr Team nach vorne. Es ist unbeschreiblich laut. Wir sind kurz vor dem großen Ziel, und ich wage es kaum, daran zu denken. Die letzte Minute zieht sich gefühlt über Stunden. Bei jeder Spielunterbrechung wird die Uhr angehalten. Zehn. Neun. Mannheim drückt mit aller Macht in unser Drittel, will sich festsetzen. Acht. Sieben. Sechs. Auf der Bank hält es jetzt niemanden mehr. Fünf. Vier. Drei. Direkt vor unserer Bank wird noch einmal hart um den Puck gekämpft. Ich kann nur ahnen, wo die Scheibe gerade ist. Zu viele Beine, Schläger, Schlittschuhe. Zwei. Eins. Abpfiff. Entladung aller Anspannung. Wir liegen uns in den Armen. Springen. Schreien. Pures Glück.

Auswärts in Mannheim gewinnen wir das entscheidende fünfte Spiel denkbar knapp mit 2:1 und haben es geschafft. Die Haie sind Meister. Ich bin Meister.

Als wir kurz vor Mitternacht mit dem Mannschaftsbus in Köln eintreffen, steht die Stadt Kopf. Die Polizei hat den Autobahnzubringer und die Kölner Ringe gesperrt. Wir werden von Zehntausenden feiernden Fans erwartet. Das ist der absolute Wahnsinn! Ich habe Gänsehaut am ganzen Körper, und Tränen schießen mir in die Augen. Dies ist der Lohn für die vielen Jahre, in denen ich mich geschunden und gequält habe. Jeder Tropfen Schweiß, jede Kniebeuge, jede Verletzung ist mit diesem Jubel abgegolten. Wir haben es geschafft. Ich habe es geschafft. Bin ganz oben angekommen. Neben der unermesslichen Freude spüre ich etwas in mir hochkommen, das eigentlich nicht hier sein sollte: Leere, Angst, irgendetwas Dunkles, Ungewisses. Was kommt als Nächstes? Wie wird es weitergehen? Gott sei Dank werde ich schnell aus diesen düsteren Gedanken herausgerissen. Jetzt ist Zeit für Jubel, Alkohol und laut gegrölte Schlachtgesänge.

Am nächsten Morgen weckt mich das Telefon. Verkatert nehme ich den Anruf an. Es ist Bundestrainer Hans Zach, der in der kommenden Saison auch mein Trainer bei den Haien werden wird. Was will der denn jetzt? Glückwünsche abgeben?

»Andi, hier is der Hans. Glückwunsch zur Meisterschaft. Habt's euch verdient.«

»Danke, Hans. Das war ein harter Kampf.«

»Andi, ich brauch di fürs Testspiel morgen.«

Ich muss mich gedanklich kurz sortieren. Gestern war Sonntag. Wir waren in Mannheim. Wir sind Meister geworden, und ich habe die ganze Nacht durchgefeiert. Jetzt ist also Montag. Und – genau – morgen ist das letzte Testspiel der Nationalmannschaft hier in Köln vor der Weltmeisterschaft.

»Okay, Hans. Aber ich habe heute und morgen noch ein paar Termine. Empfang im Rathaus und so. Ich habe wirklich keine Ahnung, wie fit ich sein werde.«

»Elf Uhr treff ma uns in der Kabine. Bis morgen.«

Am nächsten Abend sitze ich mit den anderen Nationalspielern in den Katakomben der Kölnarena und bereite mich auf das Spiel gegen die Mannschaft der USA vor. Ich bin der einzige Hai am heutigen Abend. Und ehrlich gesagt: Fit bin ich nach den Meisterfeiern der vergangenen achtundvierzig Stunden wahrhaftig nicht. Wahrscheinlich bin ich noch nicht einmal ganz ausgenüchtert und muss gleich trotzdem wieder aufs Eis. Ich habe keinen blassen Schimmer, warum der Bundestrainer mich ausgerechnet bei diesem Testspiel heute auf dem Eis sehen will. Aber wenn Hans Zach ruft, dann folge ich und frage nicht weiter nach. Dafür habe ich viel zu viel Respekt vor ihm. Er ist für mich ein ähnlich großer Mentor wie seinerzeit Bob Burns. Und obwohl ich Zach bisher nur aus der Nationalmannschaft kenne, habe ich eine enge Verbindung zu ihm aufgebaut. Ich bewundere ihn für sein Feuer und den Willen zum Siegen. Und ich glaube, das sieht er auch in mir: diesen unbeugsamen Siegeswillen, der mich seit der Kinderzeit antreibt und der im Laufe meiner Karriere immer größer und mächtiger wurde. Das ist ein Hunger nach Erfolg, der nie ganz zu stillen ist. Jederzeit bin ich bereit, über meine eigenen Grenzen

Deutscher Meister 2002 mit den Kölner Haien.
Unterste Reihe, liegend, Zweiter von links

zu gehen und mich für das Team zu quälen. Und das hier ist ja das
beste Beispiel: Ich hätte genauso gut mit den Teamkollegen der
Haie oben in der VIP-Loge weiterfeiern können. Ein paar Bier-
chen trinken, uns immer wieder die entscheidenden Momente der
Meisterschaft vor Augen führen und dann gegenseitig kräftig auf
die Schultern klopfen. Damit wir absolut sicher sein können, dass
dieser Wahnsinn, dieses Märchen wirklich wahr ist.

Stattdessen stehe ich in voller Montur im Gang zur Eisfläche.
Die Kölnarena ist ausverkauft. Vollkommen irre, wenn man be-
denkt, dass es nur ein Freundschaftsspiel ist. Aber nach der Meisterschaft vor zwei Tagen ist die ganze Stadt im Eishockeyfieber.
Nacheinander werden die Spieler vom Hallensprecher aufs Eis ge-
beten und vorgestellt. Die Fans jubeln und rufen lautstark die Namen der Spieler. Dann bin ich an der Reihe. Ich höre den Sprecher:
»Und jetzt: Vom neuen Deutschen Meister, den Kölner Haien.
Mit der Nummer 31. Aaaaaaaandiiiiiii Reeeeeeeeenz.« Ich drehe
eine Runde übers Eis, hebe wie gewohnt den Schläger zum Gruß

in die Luft, und die Menschen in der Halle rasten komplett aus. Der Jubel ist brutal laut: Sirenen, Pfeifen, Tröten, Trommeln und 18.500 Kehlen kreieren einen Sound, den ich so noch nie zuvor in meinem Leben gehört habe. Der Lärm hüllt mich ein, trägt mich, und Tränen schießen mir in die Augen. Ich werde gesehen!

Ich schaue zum Trainer, der mich anlächelt, mir einmal leicht zunickt, und ich verstehe. Zach wollte mir genau diesen Augenblick schenken. Es ging ihm nicht um das Testspiel an sich, er weiß, dass er sich bei der WM auf mich verlassen kann. Es ging ihm einzig und allein um meinen Einlauf in diese Halle. Ihm ist klar gewesen, was mir der Jubel bedeuten würde. Vielleicht hat er auch geahnt, dass der Moment gerade für mich als Ein-Mann-Abwehrbollwerk besonders viel bedeutet. Weil ich eben nicht durch Tore und Scorerpunkte glänze und meine Arbeit trotzdem wichtig ist.

Im Spiel selbst bekomme ich dann recht wenig Eiszeit. Zach weiß, dass ich durch die Feierlichkeiten der vergangenen zwei Tage nicht unbedingt auf dem Höhepunkt meiner Fitness bin. Aber das ist mir jetzt egal. Wenn ich auf der Bank sitze und mich gerade nicht auf den Gegner konzentrieren muss, höre ich den Jubel bei meiner Vorstellung im Kopf nachhallen. Sofort ist da wieder eine Gänsehaut, ein Kribbeln im ganzen Körper, ein Moment des reinen Glücks, der mich komplett umhaut.

Die WM in Schweden von Ende April bis Mitte Mai ist für mich dann ein runder Abschluss der Saison meines Lebens. Wir kommen bis ins Viertelfinale. Und ich stelle einen neuen Rekord im deutschen Eishockey auf: Innerhalb von zweihundertsiebzig Tagen habe ich einhundertsechs offizielle Spiele mit den Haien und der Nationalmannschaft absolviert. Im Schnitt habe ich also jeden zweiten bis dritten Tag ein Game gespielt. Und das konstant über neun Monate hinweg. Und bei den Fußballern wird geklagt, wenn dort zwei englische Wochen aufeinander folgen.

KAPITEL 8

Der schönste Tag im Leben

Die beste Saison meines Lebens ist vorbei. Und ein weiteres Highlight liegt noch vor mir. In ein paar Wochen werden Petra und ich kirchlich heiraten. Genau ein Jahr nach unserer standesamtlichen Trauung, wieder am 1. Juni. Und diesmal mit einem großen Fest und wirklich allem, was zu einer romantischen Hochzeit gehört. Rund einhundert Gäste sind geladen, um mit uns gemeinsam den schönsten Tag im Leben zu feiern. Die Vorbereitungen zur Feierlichkeit laufen bereits seit vielen Monaten. Weil Petra und ich nichts aus der Hand geben möchten, unterstützt uns kein Wedding Planner. Wir machen alles selbst. Fertigen handgeschriebene Einladungskarten an, beschriften in schönster Handschrift die Kuverts und machen anschließend das Gleiche noch einmal mit den Menükarten. Dieser Tag soll perfekt werden und alles drum herum auch.

Nach Meistertitel, Olympia und WM-Teilnahme werfe ich mich mit vollem Einsatz auch in diese Aufgabe. Petra und ich sprechen mit Caterern, treffen uns mit Musikern, fahren mehrfach zur Location, diskutieren Blumendekorationen und organisieren Servicepersonal. Das kostet jede Menge Energie, aber wir geben alles für unseren besonderen Tag und haben ein glasklares Ziel vor Augen: Alle Gäste sollen am besten noch Jahre später von dieser Feier reden. Ach was, von dem ganzen Tag. Denn wir haben jede Menge geplant.

Und so starten wir bei schönstem Sonnenschein am 1. Juni 2002 die Feierlichkeiten mit einem Oldtimer-Konvoi, der alle Gäste zu einer kleinen Kapelle oberhalb des Bodensees fährt. Als ich Petra in ihrem Kleid sehe, kommen mir die Tränen. Ich bin seit der Meisterschaft sowieso schon konstant auf einer Glückswelle unterwegs.

Jetzt diese wunderschöne Frau zu sehen und unsere tiefe Liebe feiern zu dürfen, mit so vielen Verwandten und Freunden, lässt mein Herz fast zerspringen. Nach der wundervollen und sehr rührenden Trauung, bei der mir erneut mehrfach die Tränen in die Augen schießen, fährt die ganze Gesellschaft zu einem Bootsanleger am See. Ein paar Stunden lang schippern wir auf dem Bodensee, mit Sekt, Häppchen und jeder Menge Umarmungen, bevor wir in unserem Ferienhaus am Ufer einkehren, wo es Kaffee und Kuchen gibt. Nicht wenige Gäste nutzen das Sommerwetter, springen aus ihren Klamotten und schwimmen ein paar Runden im Bodensee oder spielen Volleyball. Genau so habe ich mir das vorgestellt. Irgendwann nehme ich Petra in den Arm, und wir beobachten schweigend den Trubel um uns herum, der gerade eben nicht nach klassischer Hochzeitsfeier ausschaut, sondern eher wie ein ungezwungenes Gartenfest. Ich liebe dich, denke ich – wie schon zig Mal zuvor an diesem Tag. Und muss es aber gar nicht sagen. Ich weiß, dass Petra gerade meine Gedanken hört oder spürt. Egal. Wir sind uns nah. Ganz ohne Worte.

Nach ein paar Stunden brechen wir mit unseren Gästen zur letzten Location an diesem Tag auf – einem romantischen Schloss oberhalb des Sees. Mit traumhafter Aussicht, edel geschmücktem Saal und allerfeinstem Essen. Ich bin rundum glücklich. Ein Jahr nach unserer standesamtlichen Trauung habe ich noch einmal geheiratet. Und was war das für ein Jahr: der Umzug nach Köln, die Anfangsschwierigkeiten, dann der geplatzte Knoten, die Olympischen Spiele, gefolgt von unserer Aufholjagd, schließlich der Titelgewinn, die Weltmeisterschaft und jetzt, als krönender Abschluss, dieses rauschende Fest. Ich fühle mich wie der glücklichste Mensch auf der Welt.

»Was kann denn jetzt noch kommen?«, höre ich eine Stimme in meinem Kopf flüstern. »Was soll denn jetzt noch kommen, Andreas?« Ich ignoriere sie und gieße mir ein weiteres Glas Sekt ein. In ein paar Wochen werde ich fünfundzwanzig Jahre alt und habe gerade die beste Zeit meines Lebens. Heute will ich nicht an

Zweifel denken und an Ängste. Nicht daran, wie es in der kommenden Saison mit den Haien weitergehen wird und ob ich dem Druck als Deutscher Meister, der von allen anderen Clubs gejagt wird, standhalten werde. Heute will ich nur Liebe fühlen, glückliche Menschen sehen und selbst glücklich sein. Alles andere muss warten.

Unsere Flitterwochen verbringen wir auf Bali und Java und genießen jede Minute an diesen Flecken der Erde. Wir sind viel im Hinterland unterwegs, treffen Einheimische und machen Trekkingtouren auf Vulkane. Zwischendurch gönnen wir uns dann wieder den Luxus von Fünfsternehotels und lassen es uns richtig gut gehen. Diese Mischung mag ich. Ich weiß das alles zu schätzen: Ich habe die Liebe meines Lebens geheiratet, bin in meinem Traumberuf angekommen, finanziell geht es uns gut, und ich bin gesund. All das ist ein großes Geschenk, alles andere als selbstverständlich. Und dieses Bewusstsein, diese Dankbarkeit und Demut will ich niemals verlieren.

KAPITEL 9
Ausbrüche in ruhigen Zeiten

Die folgenden zwei, drei Jahre verlaufen erfolgreich und relativ ruhig. Sportlich spielen die Haie weiterhin ganz oben mit: Im Jahr 2003 sind wir erneut im Finale um die Meisterschaft, müssen uns dort aber im alles entscheidenden Spiel vor heimischer Kulisse gegen die Pinguine aus Krefeld geschlagen geben. 2004 scheiden wir im Viertelfinale der Playoffs aus, werden aber dafür Deutscher Pokalsieger. Es sind sehr stabile Jahre, in denen ich mich in der Mannschaft pudelwohl fühle.

Ein Garant für diese Stabilität ist auch Cheftrainer Hans Zach. Er ist nicht nur der erfolgreichste deutsche Trainer in der DEL, sondern mit Abstand auch der härteste. Seinen Beinamen »Alpenvulkan« hat er nicht von ungefähr bekommen. Wenn ihm etwas gegen den Strich geht, kann seine Stimmung in wenigen Augenblicken kippen. Dann wird es laut. Diese Wutausbrüche sind ebenso gefürchtet wie legendär. Jeder weiß: Er ist die Autorität. Was er sagt, ist Gesetz. Punkt. Es gibt klare Regeln. Wer sich daran hält, alles für den Erfolg des Teams gibt, hat eine gute Zeit unter Zach. Aber wehe dem, der nicht richtig mitzieht oder sein Talent vergeudet.

Ungemütlich wird es auch, wenn du als Team hinter den Erwartungen bleibst. Es ist daher sicher keine gute Idee, während einer sportlich schwachen Saisonphase mit ein paar Jungs aus der Mannschaft auf ein Kölsch zu gehen. »Einen schnappen wir noch, dann wird's Zeit für uns!«, rufe ich in Richtung Barkeeper. Es ist kurz vor elf an einem Dienstagabend. »Prost, Männer, auf bessere Zeiten!«

»Kann ja nur besser werden!«

»Vielleicht solltest du mal wieder das Tor treffen.«

»Und du nicht so oft auf der Strafbank sitzen.«

»Prost!«

Pünktlich um dreiundzwanzig Uhr verlassen wir die Bar. Nach einer Siegesserie wäre das sicher der Start einer langen Partynacht geworden, denn das nächste Spiel ist erst am Freitag. Stehst du mit den Haien allerdings auf Tabellenplatz neun, wird es Zeit, nach Hause zu gehen. Aber es hat trotzdem gutgetan, mal für ein paar Stunden den sportlichen Druck zu ignorieren und einfach mit ein paar Jungs ein Bier zu trinken.

»Hast du den Artikel im EXPRESS schon gesehen?« fragt mich Tino am nächsten Morgen direkt nach meiner Ankunft in der Kabine.

»Nö, wieso?«

Er packt mich am Arm und führt mich um die Ecke, wo auf einem Abstelltisch der ausgebreitete EXPRESS liegt. »Fans trauern, Stars feiern«, steht da fett als Überschrift. Darunter ein Bild vom gestrigen Abend, wie wir mit dem letzten Kölsch anstoßen. Die Gläser sind eingerahmt, und jeder von uns wird namentlich genannt. Das Bild muss ein Fotograf heimlich mit einem Teleobjektiv durch die Fensterscheibe der Bar geschossen haben. »Obwohl sich die Haie enttäuschend im unteren Tabellendrittel befinden, viele Fans ratlos die schwachen Auftritte der Mannschaft verfolgen, manch einer den Tränen nahe ist, feiert die Mannschaft ausgelassen in einer Kölner Bar«, steht da als Einleitung zum Artikel.

»Oh shit!« Mehr bringe ich im Moment nicht zusammen. Brauch ich auch nicht, denn schon steht der Co-Trainer in der Kabinentür. »Boos, Lüdemann, Renz, Lewandowski, zum Chef!«

Oh shit.

Etwas bedröppelt stehen wir vier vor dem Schreibtisch von Zach. Wie Neuntklässler, die in der ersten großen Pause beim Rauchen erwischt worden sind und nun beim Direktor antanzen müssen. Auf Zachs Schreibtisch: der aufgeschlagene EXPRESS.

»Hans, wir hatten nur ein paar Kölsch und sind um …«

»So blöd, so blöd, so blöd wie ihr muss ma sein«, fährt Zach dazwischen.

Der Vulkan brodelt.

»Wisst's ihr eigentlich, auf welchem Tabellenplatz mir stehn? Richtig. Auf dem neunten.«

Der Vulkan spuckt erste Rauchwolken aus.

»Hans, es tut uns …«

Dann die Explosion.

»Männer, i sog doch gor nix, dass ihr au mal rausgeht's, a Bier trinken und euch a weng ablenken. Bei dem Schmarrn, dens ihr zsammspuilt, is des aumoi guad. Aber. Aaaaaaber. Erwischen lossen. Erwischen lossen von der Pressn. Des kon i net verstehn. Wie ka ma nur so blöd sein. Buben. Mir warn doch früher au keine Kinder von Traurigkeit. Nur warn mir schlau und ihr net. Und wisst ihr, wos mir do mit dem Fotografen gmocht hättn! Mei. Jetzt schleicht's euch und fangt an, wieder gscheit Eishockey zu spuin.«

Mit einem Augenzwinkern zeigt er in Richtung Kabinentür. Ich meine sogar ein kleines Schmunzeln in seinem Gesicht gesehen zu haben. Wie wir nachträglich über mehrere Ecken erfahren, nimmt Zach sich noch am selben Morgen den Reporter zur Brust, um mal die Beweggründe durchzusprechen, warum er seine Jungs öffentlich so reinreiten muss. Ich vermute, gegen dieses Gespräch war die Predigt, die er uns gehalten hat, eher nur ein kleiner Vulkan-Rülpser.

Genau das ist Hans Zach. Ja, wir haben einen Einlauf bekommen, und doch hat seine Reaktion uns und der Presse gegenüber unser Gefühl gestärkt, dass dieser Mann zu hundert Prozent zu uns hält. Dass da nicht nur ein richtig guter Coach hinter der Bande steht, sondern auch ein wundervoller Mensch, der das Herz so was von am rechten Fleck hat.

Ob es diese Extraportion Motivation, die Ansage von Zach oder einfach nur Zufall war, weiß ich nicht, aber wir gewinnen dreizehn Spiele in Folge und stehen in der Tabelle wieder ganz oben.

Und ja, unter Zach gibt es auch immer wieder unglaublich lustige Momente. Es sei denn, du bist derjenige, der in seiner Waschmaschine geschleudert wird. Und das wird jeder einmal. Vor allem als junger Spieler.

In einem Trainingslager sitze ich beim Frühstück und schaffe mir eine gute Nahrungsgrundlage für den Tag. Müsli, viel Obst, Tee. Nur so hat der Körper ausreichend Power für die folgenden Trainingseinheiten. Etwas verspätet schlurft ein junger Spieler, der ganz frisch in der Mannschaft ist, durch die Tür. Mit seinen kleinen Augen und den strubbeligen Haaren wirkt er, als wäre er vor drei Minuten aus dem Bett gefallen. Ich blicke zu Zach, der an einem anderen Tisch sitzt und bereits mit Argusaugen den Spieler fixiert. Der geht zum Büfett, legt sich zwei Croissants auf den Teller, dazu etwas Marmelade, gießt sich eine große Tasse Kaffee ein und nimmt an einem freien Tisch Platz. Erneut sehe ich zu Zach. Er hat weiterhin den Spieler im Blick, stellt seine Tasse ab und geht schnellen Schrittes zu ihm rüber.

»Joa, wos isn des da? Glaubst etwa, des is gsund? Glaubst du, des gibt a Kraft?« Er zeigt mit hektischen Handbewegungen auf die Croissants. Der Nachwuchsspieler, immer noch nichtsahnend, was da gleich über ihn hinwegfegen wird: »Hhmm, ja, weiß nicht.«

Inzwischen schaut der gesamte Speisesaal auf das Szenario. Nicht wenige von uns älteren Spielern schmunzeln unverblümt. Solche Erfahrungen hat hier wahrscheinlich schon jeder einmal machen müssen. Sie sind nicht schön. Aber äußerst lehrreich. Zach packt den Jungspieler am Kragen und zieht ihn zu sich hoch. »Weißt, wos gsund is? I zeig dir, wos gsund is.« Am Kragen geht es einmal quer durch den Speisesaal zum Büfett. Zach greift sich eine leere Schüssel und füllt sie mit Müsli. Löffel für Löffel. Bis sie randvoll ist. So voll, dass garantiert keine Milch mehr hineinpasst. »Des is gsund. Und des frisst's jetzt auf. Und wehe, i seh di nommer mit so nem Schmarrn do.« Der Alpenvulkan geht zurück an seinen Tisch, als wäre nichts gewesen, das Nachwuchstalent bleibt noch ein paar Momente am Büfett stehen und trollt sich dann mit der übervollen Müslischale an seinen Platz. Der Rest des Teams amüsiert sich noch eine ganze Weile. Da hat wieder jemand seine Lektion gelernt.

Der Umgang in einem Eishockeyteam ist ruppiger, als sich mancher vielleicht vorstellen mag. Und ähnlich wie bei meinem ersten großen Mentor Bob Burns sind Begriffe wie Disziplin und Hierarchie auch für Hans Zach von zentraler Bedeutung für den Erfolg. Er gibt die Richtung vor, wir folgen. Das ist nichts für zart besaitete Seelen, und du musst dir ein dickes Fell anlegen, damit dich solch eine Eruption nicht zerstört. Aber ich glaube, in dieser Sportart, in der es so viel um Kraft und körperlichen Kampf geht, in der nicht selten auf dem Eis die Fäuste fliegen, da kann auch der Trainer mal verbal die Fäuste rausholen. Das gehört dazu. Und das ist auch eine Sprache, die wir verstehen.

In diesen Jahren zwischen 2002 und 2005 werde ich immer mehr zum Leitwolf im Team und sowohl von den Mitspielern als auch von Zach für meinen unbändigen Willen und meine bedingungslose Leidenschaft respektiert. So hart Zach auch sein mag, für mich ist er ein riesiges Vorbild, das mich prägt und mir viel fürs Leben mitgibt. Auch jenseits der Eisfläche.

Privat haben Petra und ich es ebenfalls richtig gut. Unsere langen Asienreisen in den Sommermonaten sind Highlights für mich. Aber auch unser Alltag ist von sehr viel Nähe und Harmonie geprägt. Wir verbringen viel Zeit zusammen, unternehmen viel und sitzen abends total gerne auf dem Sofa und reden. Einen Fernseher haben wir nicht. Wir genügen uns, teilen Gedanken miteinander, diskutieren und sind beste Freunde füreinander.

Es gibt allerdings auch noch eine andere Seite in mir. Eine, die Petra nicht kennt. Etwas, das ich ganz allein mit mir ausmachen muss. Mit einer gewissen Regelmäßigkeit breche ich immer mal wieder aus der Ehe aus und habe One-Night-Stands. Es passiert im Trainingslager, auf Auswärtsfahrten oder während Turnieren im Ausland. Petra weiß von all dem nichts. Mein schlechtes Gewissen versuche ich damit zu beruhigen, dass es für mich nur ums Körperliche geht. Ich habe meine Jugendliebe geheiratet und mich sexuell als junger Mann nie ausleben können. Und wollte das viele Jahre lang auch nicht. Aber irgendwann habe ich dann doch diese Sehnsucht gespürt. Dazu vielleicht den Reiz des Verbotenen, diese gespannte Aufregung. Ein anderer Mensch, ein anderer Körper und keine Verpflichtungen. Nur der unverbindliche Spaß im Hier und Jetzt.

Ich bin nicht verliebt in diese Frauen. Bin ihnen gegenüber aber ehrlich und sage, dass ich verheiratet bin und es auch bleiben werde. Den allermeisten ist das egal.

Die Beziehung mit Petra stelle ich nie infrage. Sie ist meine große Liebe, und ich bin glücklich mit ihr. All die anderen Frauen ändern daran rein gar nichts. Das hat nichts mit unserer Ehe zu tun. Denke ich. Mir ist bewusst, dass meine Ausbrüche nicht richtig sind, und doch bin ich zu schwach, um damit aufzuhören. Den Mut, Petra davon zu erzählen, habe ich auch nicht, dazu ist die Angst, sie zu verlieren, zu groß. Die One-Night-Stands sind mein Geheimnis.

KAPITEL 10

Die Haut als Spiegel der Seele

Als Profisportler ist mein Körper mein Kapital. Wenn er ausfällt, dann falle ich aus. Falle ich aus, dann ist meine Karriere am Ende. Im Team werde ich ersetzt, kann meine Sachen packen, und nach ein paar Monaten wird sich kaum noch jemand an mich erinnern. Das ist meine Grundstimmung, davon bin ich felsenfest überzeugt. Gefühlt tue ich alles, um mich fit zu halten. Aber nach zehn Jahren Profi-Eishockey zeigt der Körper Ermüdungserscheinungen. Gebrochene Knochen und gerissene Bänder machen sich mit zunehmendem Alter bemerkbar. Außerdem schlage ich mich häufig mit Infekten rum, habe immer wieder wie aus dem Nichts Fieberschübe und bekomme viel zu oft Antibiotika verschrieben. Auch das gehört zum Profisport. Mein Körper hat zu funktionieren, schließlich werde ich gut bezahlt. Ich bin zwar nicht der Typ Sportler, der sich auf Teufel komm raus fit spritzen lässt, von womöglich illegalen leistungssteigernden Mittelchen halte ich sowieso gar nichts, aber natürlich tut das medizinische Team der Haie alles, damit ich möglichst schnell wieder auf dem Eis bin. Darunter leidet nicht zuletzt meine Darmflora. Die ist sozusagen im Arsch. Durchfall, insbesondere, wenn ich unter großem Stress stehe, kenne ich seit meiner Jugend. Inzwischen hat es sich aber fast zu einem Dauerproblem entwickelt. Das ist nicht nur unangenehm und lästig, es nagt auch an der körperlichen Fitness. Natürlich bin ich nach wie vor extrem fit – aber ich habe das Gefühl, dass ich noch fitter sein könnte.

Um mich für die Olympischen Winterspiele in Turin in Form zu bringen, will ich die Zeit zwischen den Jahren nutzen und eine

Aufbaukur machen, die den Körper von innen reinigen und entschlacken soll. Dazu Vitamine und Nährstoffe, alles auf pflanzlicher Basis.

»Hier, schau mal, kann ich Probleme bekommen, wenn ich das nehme?«, frage ich unseren Mannschaftsarzt und reiche ihm die Packung mit den Tabletten. Er schaut sich die Angaben zu den Inhaltsstoffen an und dreht die Pappschachtel ein paar Mal in der Hand.

»Also, von meiner Seite gibt es da keine Bedenken. Wie sehr es wirklich helfen wird, ist eine andere Frage. Diese ganzen Mittelchen kommen ja oft nicht über den Placeboeffekt hinaus. Aber schaden wird es dir auch nicht.« Er wirft die Packung in meine Richtung und nickt mir noch einmal zu. Ich öffne die Schachtel, drücke eine Tablette aus dem Blister und starte direkt mit meinem pflanzlichen Aufbauprogramm. Ist schließlich nicht mehr lang bis zu den Olympischen Spielen, und ich will – nein, ich muss – fit sein.

Den Silvesterabend verbringe ich mit drei weiteren Spielern in Köln. Petra ist nach unserem freien Tag an Heiligabend in Villingen-Schwenningen bei ihrer Familie geblieben. Ehrlich gesagt genieße ich ein wenig die Freiheit, denn das nun endende Jahr war wirklich nicht einfach. Irgendwie hat sich eine Schwere auf unsere Ehe gelegt. Gefühlt haben wir das vergangene Jahr damit verbracht, uns um wirtschaftliche Probleme im weiteren Familienumfeld zu kümmern. Leichtigkeit gab es vielleicht noch im Sommer, in unserem Urlaub. Aber sonst?

Die Jungs aus dem Team sind aus ganz unterschiedlichen Gründen am Silvesterabend alleine. Single. Die Familie am anderen Ende der Welt. Terminüberschneidungen. Also treffen wir uns am frühen Abend in Petras und meiner Wohnung, essen nett, trinken viel und machen es uns gemütlich. Anschließend fahren wir zu den Rheinterrassen, wo eine fette Party steigt. Der Alkohol und die Tatsache, dass wir vier Jungs ohne weiblichen Anhang unterwegs sind, hebt meine Stimmung. Und dann die Frauen hier auf der Party. Ich weiß gar nicht, wo ich zuerst hinschauen soll. Überall hübsche Frauen, schick angezogen und einige von ihnen ganz offensichtlich ohne männliche Begleitung. Und wer allein auf eine Silvesterparty geht, der hat bestimmt keinen Partner zu Hause. Der Widerspruch, dass ich ja auch ohne meine Ehefrau hier bin, fällt mir nicht auf.

Den ganzen Abend lang rattert es in meinem Kopf, immer wieder schweift mein Blick durch den Raum, checkt, ob irgendwo eine Frau steht, die ich ansprechen könnte. Nur um ein wenig zu flirten. Nur um mich ein wenig leichter zu fühlen. Nur zum Spaß halt. Nichts Ernstes. Nichts, was ich Petra erzählen müsste.

Um Mitternacht finden wir einen tollen Platz draußen auf der Terrasse. Während links und rechts von uns die Menschen dicht gedrängt in den Himmel schauen, haben wir richtig viel Platz und einen grandiosen Blick auf das Feuerwerk über der Stadt. Dazu die Glocken des Doms. Es ist herrlich. Wie lange habe ich mich schon nicht mehr so unbeschwert gefühlt! Dass der Platz auf der Terrasse nur deshalb so angenehm leer ist, weil wir bis zu den Knöcheln in einer Wasserpfütze stehen, merken wir allesamt erst sehr viel später. Wir sind einfach schon zu betrunken. Da leitet der Körper Informationen wie »Du hast pitschnasse Füße« erst mit zeitlicher Verzögerung weiter. Früh am Morgen falle ich allein in mein Bett. Noch einmal denke ich »Frohes neues Jahr, Andi«, dann schlafe ich abgefüllt, aber zufrieden ein.

Am Neujahrsmorgen – es ist eher der Vormittag – wache ich verkatert auf. Ich rufe kurz bei Petra an.

»Guten Morgen, frohes neues Jahr.«

»Frohes neues Jahr, mein Schatz. Wie war die Party?«

»Feuchtfröhlich. Die Jungs haben ganz schön Gas gegeben.«

»Und du bist natürlich ganz brav beim Wasser geblieben, stimmt's? Deswegen klingst du auch so frisch und ausgeschlafen«, sagt sie mit gespielter Unwissenheit.

»Natürlich« antworte ich übertrieben erbost. »Die Kopfschmerzen habe ich heute ganz zufällig. Keine Ahnung, wo die herkommen.«

Wir plaudern noch ein wenig weiter und planen die nächsten Tage, dann muss ich erst einmal unter die Dusche.

Das heiße, prasselnde Wasser auf der Haut bringt meine Lebensgeister zurück und spült die Kopfschmerzen weg. Zumindest zum größten Teil. Frisch geduscht und mich halbwegs wie ein Mensch fühlend schaue ich in den Spiegel und entdecke einen wirklich imposanten Pickel auf meiner Stirn. »Krass, wo kommt der denn jetzt auf einmal her?«, frage ich mein Spiegelbild, während ich daran rumdrücke.

Na, hoffentlich war der nicht gestern schon da, denke ich und beruhige mich mit der Erklärung, dass ich am Abend zuvor einfach ein wenig zu viel Alkohol getrunken habe und mein Körper jetzt etwas rebelliert.

In den folgenden Tagen und Wochen breiten sich die entzündeten Stellen in meinem Gesicht aber immer weiter aus. Pickel kann man das schon nicht mehr nennen. Es sind eitergefüllte Blasen, die schmerzen und nach dem Aufplatzen nur langsam wieder abheilen. Ich gehe zum Hautarzt, der mir etwas ratlos eine Creme verschreibt. Ich wende die Creme an, sie hilft nicht. Im Gegenteil, ich habe das Gefühl, dass es von Tag zu Tag schlimmer wird. Ich gehe zu einem anderen Arzt, auch der weiß nicht so richtig weiter. Wie belastend die Situation für mich ist, ahnt er nicht einmal. Klar, ich bin weder Model noch Hollywood-Schauspieler, aber trotzdem habe ich das Gefühl, irgendwie ein Stück weit in der Öffentlichkeit zu stehen. Ich unterschreibe Trikots, zeige mich den Fans und gebe Interviews. Das alles ist jetzt mit sehr viel Scham belegt. Ich fühle mich extrem unwohl in solchen Situationen, glaube zu spüren, wie mich die anderen Menschen voller Ekel anstarren. Am liebsten würde ich ein Schild um meinen Hals tragen: »Ich war schon beim Arzt. Der weiß auch nicht weiter.«

So zieht es sich über Wochen. Voller Pusteln im Gesicht reise ich nach Turin zum olympischen Turnier. Es sind meine zweiten Spiele und ein absolutes Karriere-Highlight. Seit Monaten fiebere ich diesen zwei magischen Wochen entgegen.

Die Eröffnungsfeier der Olympischen Winterspiele 2006 in Turin/Italien

Der Druck und die Konkurrenz für die wenigen Plätze im deutschen Kader sind groß. Wieder einmal bin ich über meine Leistungsgrenzen gegangen und habe es in den Kader geschafft. Meine Freude ist riesig, zumal die Olympischen Spiele eine ganz besondere Erfahrung sind – auch, vielleicht sogar vor allem jenseits des Spielfelds. Es treffen sich halt alle vier Jahre die besten Sportler der Welt und haben eine gute Zeit im Olympischen Dorf. Man hat Spaß, feiert, auch wenn man nicht gewinnt, und alles fühlt sich ein wenig nach Schulausflug an. Jetzt bin ich eher der Außenseiter. Ans Flirten mit kanadischen Biathletinnen oder italienischen Eiskunstläuferinnen ist nicht zu denken. Wenn wir abends mit der Mannschaft losziehen, halte ich mich eher im Hintergrund. Ich fühle mich total unwohl in meiner Haut. Auch sportlich gibt es in Turin nichts für die Nationalmannschaft zu holen: Mit zwei Unentschieden und drei Niederlagen scheiden wir sang- und klanglos aus dem Turnier aus.

Im März stehe ich vor einer Privatpraxis mitten in Köln-Lindenthal. »Geh da mal zum Professor Doktor Steigleder«, sagte neulich jemand zu mir, als ich nach dem Spiel mit einigen Teamkollegen, Sponsoren und Fans zusammenstand und sich das Gespräch nach einer Weile natürlich wieder um mein Problem drehte. »Wenn dir sonst niemand mehr helfen kann, hat er immer noch eine Idee in der Hinterhand.« Inzwischen war ich bei drei unterschiedlichen Hautärzten, und niemand hat herausgefunden, warum mein komplettes Gesicht mit Blasen und Pusteln bedeckt ist. Also jetzt zum Professor-Doktor, Koryphäe der Dermatologie, weit über achtzig Jahre alt und eigentlich längst im Ruhestand. Hoffentlich dauert der Termin nicht allzu lange, denn gleich muss ich noch mit Petra nach Bonn zu einer Behörde, um unsere Visa für den kommenden Urlaub zu beantragen. Wir planen eine vierwöchige Reise mit Trekking durch den Dschungel. Das wird uns nach dem vergangenen stressigen Jahr echt guttun.

Die Praxis ist klein, aber fein. Hinter dem Empfangstresen lächeln mich zwei Frauen an, die Mitinhaberin der Praxis und ihre medizinische Assistentin. Und sie sind beide absolut hinreißend.

»Hallo. Renz mein Name. Ich habe jetzt einen Termin bei Ihnen«, sage ich und setze mein charmantestes Lächeln auf. Wir regeln kurz die Formalitäten, ich fülle den Anmeldebogen aus und erwische mich dabei, wie ich aus dem Augenwinkel die Assistentin beobachte. Lange blonde Haare, unter dem weißen Kittel ein knielanger Rock, schicke Ballerinas an den Füßen. Sie ist wirklich bildhübsch.

»Herr Renz, kommen Sie doch rein«, sagt kurze Zeit später ein kleiner, sehr alter Mann mit freundlich funkelnden Augen und bittet mich ins Sprechzimmer. »Was kann ich für Sie tun?«

Ich nehme auf einem Stuhl Platz und frage mich, ob er mich einfach noch nicht angesehen hat oder ob es lediglich eine höfliche Begrüßung war. Schließlich steht mir mein Problem buchstäblich ins Gesicht geschrieben. Ich entscheide mich für die letztere Variante und beginne ihm von meiner Hautarzt-Odyssee zu berichten. Noch während ich erzähle, untersucht er die Pusteln bereits mit einer Lupe und wendet sich an die Assistentin.

»Ja, so kommen wir nicht weiter. Claudia, machen Sie bitte mal eine auf. Vielleicht wissen wir dann schon mehr.«

Sie heißt also Claudia!

Ich lege mich auf die Behandlungsliege und kämpfe gegen die aufkommende Scham in meinem Inneren an. So eine hübsche Frau, solch eine Ausstrahlung. Und dann muss ausgerechnet sie sich direkt mit meinen Eiterblasen befassen. Ich würde so gerne flirten, aber diese Situation hier liegt definitiv in meinen Top 10 der ekelhaftesten Dinge, die ich bisher erlebt habe. Das macht die Sache etwas kompliziert.

Sie beugt sich über mein Gesicht, kommt mir so nah, dass ich ihr Parfüm riechen kann, und öffnet vorsichtig mit einer Nadel eine Pustel. Ich spüre einen stechenden Schmerz. Nicht superschlimm, aber unangenehm.

Dann beginnt die Assistentin an der Pustel herumzudrücken. Das tut schon deutlich mehr weh. Nach einigen Sekunden hält sie auf ihrer latexbehandschuhten Fingerkuppe eine weiße, wurmförmige Wurst. Ihr erstaunter Gesichtsausdruck macht mich nervös. Das Ding auf ihrem Finger sieht wie eine Made aus.

Oh Gott, ist das eklig.

Ich möchte am liebsten im Boden versinken.

»Professor? Das müssen Sie sich anschauen.«

Das ist mit Abstand das Peinlichste, was mir jemals passiert ist. Und es beunruhigt mich zutiefst. Habe ich mir auf meinem letzten Trip in Asien irgendwelche Parasiten eingefangen, die sich unter meiner Haut durchs Gewebe fressen?

Der Professor blickt über die Schulter seiner Assistentin, lässt sich aber nicht von ihrer Nervosität anstecken. In seinem Alter hat er wahrscheinlich schon Schlimmeres gesehen. Das hoffe ich zumindest. »Ja. Das muss natürlich alles erst mal raus«, weist er sie pragmatisch an. »Gut möglich, dass sich bei Ihnen die Talgdrüsen entzündet haben. Herr Renz, ich hoffe, Sie haben etwas Zeit mitgebracht.« Mir gefällt seine ruhige Art.

Ich überschlage im Kopf kurz meinen Terminplan. Bis zum Visaantrag habe ich noch etwas Zeit. Und wenn es etwas später werden sollte, kann Petra schon einmal anfangen. Hier geht es um meine Gesundheit, und ich habe das Gefühl, dass mir endlich geholfen wird. Außerdem kann ich so noch etwas Zeit mit der Assistentin verbringen. Wer weiß, ob sie bei einem nächsten Termin auch wieder da sein würde? Vielleicht hat sie dann frei, ist im Urlaub oder krank. Wenn ich mir schon das komplette Gesicht aufstechen lassen muss, dann zumindest von dieser wunderschönen Frau.

Ich lehne mich zurück und begebe mich wieder in Claudias Hände. Vorsichtig, fast zärtlich beginnt sie erneut, an der aufgeschnittenen Blase zu drücken. Das tut zwar saumäßig weh, aber ich will mir gerade keine Blöße geben und schwach erscheinen. Dafür ist sie mir viel zu nah.

Mehr als eine Stunde lang liege ich unter Claudias Händen. Trotz der extrem schmerzhaften Prozedur versuche ich, so entspannt wie möglich rüberzukommen, mache den einen oder anderen witzigen Spruch, lache, wenn sie meine Bemerkungen schlagfertig pariert und ihrerseits eine gute Pointe raushaut. Irgendwann kann ich aber wirklich nicht mehr. Ich bin schweißgebadet. Sicher, als Eishockeyprofi bin ich Schmerzen ein Stück weit gewohnt. Ich kenne es, einen Cut im Gesicht ohne Betäubung während des Spiels auf der Bank genäht zu bekommen. Ich weiß, wie es sich anfühlt, wenn ein Band reißt oder ein Knochen durch einen Check in die Bande bricht. Aber jetzt hier, auf dieser Liege, kann ich einfach nicht mehr. »Ich glaube, wir sollten aufhören. Das reicht mir für heute.«

»Das kann ich so gut verstehen. Ich habe mich die ganze Zeit schon gefragt, wie Sie das bloß aushalten. Wir machen einfach einen neuen Termin, und ich kümmere mich dann weiter um Sie.«

War das jetzt ein Flirtversuch von ihr? Schließlich hat sie gesagt, dass sie sich um mich kümmert. Nicht eine Kollegin, nicht der Professor. Sie. Ich lächle und schaue ihr etwas länger als nötig in die Augen.

»Das würde mich sehr freuen. Wie sehe ich denn jetzt gerade aus?«

Sie gibt mir einen Spiegel, ich blicke hinein und bin entsetzt. Ich würde in den schlimmsten Horrorfilm passen und kann so auf keinen Fall unter Menschen.

»Oh Mann. Hilfe. Ich habe gleich noch einen Termin. Was mach ich denn jetzt? Die stellen mir doch so niemals ein Visum aus. Wahrscheinlich stecken die mich mit Verdacht auf Vogelgrippe erst einmal in Quarantäne!«

»Das wird in den kommenden Tagen abheilen, und dann sehen Sie wieder wie neu aus, Herr Renz. Und für den Termin gleich kann ich Sie auch noch ein wenig zurechtmachen.«

Sie kramt aus einem Schrank ein paar Utensilien hervor und lächelt mich verschmitzt an. »Sie bekommen jetzt noch ein exklusives Make-up von mir.«

Holy shit, nehmen die Peinlichkeiten an diesem Tag denn gar kein Ende?

Ein wenig später verlasse ich mit jeder Menge Abdeckcreme im Gesicht die Praxis. Ich bin total erleichtert, endlich Hilfe für mein Hautproblem gefunden zu haben. Gleichzeitig habe ich ein irritierendes Gefühl von Zerrissenheit im Bauch. Ich freue mich auf Petra, mit der ich gleich die Visa für unseren anstehenden Urlaub besorgen werde. Und, auch wenn es nach dieser einen kurzen Begegnung noch so verrückt klingen mag, da ist Claudia. Ja, hübsche Frauen ziehen mich grundsätzlich an. Ja, ich flirte gerne. Und ja, hin und wieder passiert dann auch mehr. Meistens habe ich diese dunkle, untreue Seite von mir unter Kontrolle. Meistens. Nicht immer.

Die Begegnung gerade fühlt sich aber anders an. Das war mehr als bloße körperliche Anziehung und ein erotisches Spiel, ob man gemeinsam die nächste Nacht verbringen wird. Claudia interessiert mich auf einer anderen Ebene. Einer, vor der ich Respekt habe. Eine

Ebene, von der ich ahne, dass ich sie nicht so gut werde kontrollieren können. Eine Ebene, bei der auf einmal auch Petra eine Rolle spielt. Ich war gerade bei einem Hautarzt, habe ziemliche Schmerzen ausgehalten und mich freundlich mit der Assistentin des Arztes unterhalten, während sie mich behandelte. Alles völlig harmlos. Und doch habe ich fast so etwas wie ein schlechtes Gewissen.

Nach dem Termin in der Behörde rufe ich noch mal in der Praxis an, bedanke mich für die tolle Unterstützung und sage, dass es mit dem Visum geklappt hat. Du bist einfach höflich und dankbar, so gut betreut zu werden, argumentiere ich gedanklich, als ich mich bei der Frage erwische, was zur Hölle ich da tue. Aber der skeptische, mahnende Anteil in mir hat gerade ziemlich schlechte Karten. Er muss machtlos zusehen, wie ich den Telefonhörer in die Hand nehme und mit zuckersüßer Stimme mit Claudia spreche. Da hat aktuell ein ganz anderer Anteil das Ruder übernommen. Einer, auf den ich – wer oder was auch immer dieses Ich sein soll – keinen Zugriff habe. So müssen sich wahrscheinlich Suchtkranke fühlen, die ganz genau wissen, dass ihr Handeln kein gutes Ende nehmen wird. Und die es trotzdem tun.

Nach einer Woche: der nächste Termin beim Professor. Die Wunden sind gut verheilt, und ich kann förmlich spüren, wie mein Körper aufatmet. Ob es einen Zusammenhang zwischen der Aufbaukur und meinen Hautproblemen gibt, kann der Professor nicht bestätigen.

Wieder ist Claudia da, kümmert sich liebevoll um mich, wieder ist da diese intensive Anziehung, die ich empfinde. Wieder reden wir viel, ich albere trotz der Schmerzen ein wenig herum, sie kontert mit gut sitzenden Pointen. Und wieder ist sie mir so nah, dass ich so aufgeregt bin wie ein Teenager beim ersten Date. Irgendwann sind wir fertig mit der Behandlung.

»So, Herr Renz, Sie haben es überstanden. Wenn es diesmal genauso gut abheilt wie nach der letzten Sitzung, sind Sie bald wieder ganz der Alte.«

»Danke, vielen, vielen Dank! Sie haben mir unendlich geholfen. Ich hatte ja so eine Odyssee hinter mir.«

Ich blicke Claudia an, und mir wird schlagartig klar, dass sich das hier jetzt erledigt haben wird und wir uns auf absehbare Zeit nicht wiedersehen werden. Sofort übernimmt dieser innere Anteil, dem meine Bedenken herzlich egal sind. Und ich höre mich sagen: »Haben Sie vielleicht mal Lust, bei einem Haie-Spiel dabei zu sein? Ich würde Sie gerne einladen.«

Claudia bedankt sich höflich, aber ich merke, dass sie mit Eishockey nicht viel anfangen kann. Ich schaue sie weiter an, fixiere sie mit meinem Blick. Interesse ist da, das spüre ich. Komm, Andi, was soll schon passieren.

»Oder darf ich Sie zum Abendessen einladen? Ich würde mich total gerne irgendwie bedanken.«

Jetzt schaut sie mich etwas länger als nötig an. Sie hat das Flirten also auch drauf.

»Ein Abendessen ist viel besser als Eishockey. Aber was halten Sie davon, wenn ich uns etwas Leckeres koche. Ich liebe es und habe viel zu selten die Gelegenheit dazu.«

Wir tauschen unsere Telefonnummern aus und einigen uns auf einen Termin ein paar Tage später. Es ist April, ich stecke mit den Haien mitten in den Playoffs, und Petra ist nicht in Köln. Das passt also alles super. Denkt zumindest jener innere Anteil, dem meine Ehe in diesem Augenblick herzlich egal ist und dessen Interesse ausschließlich der hübschen Assistentin gilt.

»Na, eigentlich wollte ich Sie ja einladen. Aber von mir aus sehr gerne. Und vielleicht sollten wir auch Du sagen. Ich bin Andreas.«

»Auch sehr gerne. Ich bin Claudia.«

Ein paar Tage später betrete ich am frühen Abend mit jeder Menge Kribbeln im Bauch Claudias Wohnung. Die Einrichtung ist stilvoll und gleichzeitig total gemütlich. Die Beleuchtung ist angenehm gedimmt, und es riecht nach frischen Lilien. Claudia, die ich bisher nur im klassisch weißen Praxisoutfit gesehen habe, trägt ein stylisches Kleid. Nicht zu sexy, aber trotzdem ihre sportliche Figur betonend. Was das Essen angeht, hat sie nicht zu viel versprochen: Jakobsmuscheln mit Meeresspargel als Vorspeise und jede Menge weiterer Köstlichkeiten, dazu Kerzen auf dem edel gedeckten Tisch.

Okay, denke ich, das hier ist also ein echtes Date. Und das Kribbeln im Bauch verstärkt sich noch einmal.

Der Abend verläuft wundervoll. In unserem Gespräch entdecken wir immer wieder Gemeinsamkeiten, und das löst die anfängliche Angespanntheit bei uns beiden. Ich mag ihren Humor und ihre direkte Art. Anders als in früheren Situationen achte ich peinlichst darauf, nicht zu erwähnen, dass ich verheiratet bin. Zu groß ist meine Angst, dass dann etwas enden würde. Etwas, was viel zu aufregend ist. Etwas, von dem ich nicht möchte, dass es schon endet. Der Wein, den Claudia geöffnet hat, schmeckt hervorragend, unsere Blicke werden von Minute zu Minute intensiver, und es kommt, wie es kommen muss: Wir landen eng umschlungen auf der Couch.

Es ist der 23. März 2006 spät in der Nacht, als ich wieder im Auto sitze und zurück in meine Wohnung fahre. In Petras und meine Wohnung. Nach zahlreichen One-Night-Stands habe ich erstmals das Gefühl, dass da etwas im Gange ist, das mir, meiner Ehe und meinem ganzen Leben gefährlich werden wird.

Zwei Tage später halte ich das schlechte Gewissen nicht mehr aus und lege am Telefon ein Geständnis ab. Es ist jedoch nicht Petra, der ich meinen Fehltritt beichte. Es ist Claudia, der ich nun reinen Wein einschenke und ihr sage, dass ich verheiratet bin. Sie reagiert emotionaler, als ich erwartet habe. »Du bist ein Arschloch!«

»Jetzt hör mir doch mal zu.«

»Ich muss dir nicht mehr zuhören. Das ist ein absolutes No-Go für mich.«

»Aber ...«

»Kein Aber, Andreas. Was geht nur in deinem Kopf vor? Flirtest auf Teufel komm raus mit mir, ein Kompliment hier, ein

Kompliment da. Und ich lasse mich nichtsahnend darauf ein, wir verbringen einen schönen Abend, und dann fährst du zurück zu deiner Frau. Du bist echt ein Arschloch.«

»Das ist wirklich etwas anderes. Hättest du mir nichts bedeutet, hätte ich von Anfang an mit offenen Karten gespielt. Aber ich hatte Angst, dass du dann nichts von mir wissen willst. Und wir uns nicht mehr sehen.«

»Oh, welche Ehre für mich. Nur, weil ich dir etwas bedeute, hast du mich belogen. Wie hast du dir das denn weiter vorgestellt? Ach, weißt du was: Es ist völlig egal, wie du dir das vorgestellt hast. Für mich ist die Sache aus und vorbei.«

»Ich weiß es doch auch nicht, wie ich mir das vorgestellt habe. Ich weiß ja noch nicht einmal, was das hier zwischen uns beiden ist. Oder werden kann.«

»Ich weiß es ganz genau. Da wird gar nichts mehr draus werden. Ich will dich nie wiedersehen. Du bist ein Arschloch. Punkt.«

Sie wäscht mir noch eine ganze Weile weiter den Kopf. Zu Recht. Und beschimpft mich. Zu Recht. Ich erkläre mich, entschuldige mich. Und bin wieder voll im Kampfmodus. Nicht aufgeben, Andi. Solange das Spiel läuft, ist es noch nicht verloren, egal, wie aussichtslos es erscheinen mag. Am Ende unseres Gesprächs habe ich die Wogen zumindest so weit geglättet, dass wir telefonisch in Kontakt bleiben und die Sache noch einmal bei einem Treffen besprechen werden. Puh, das war ein harter Kampf.

In den folgenden Wochen stehe ich ein Stück neben mir und beobachte, wie mein Leben auf mehreren Bahnen parallel abläuft.

Da gibt es auf der einen Seite den Profisportler Andi Renz: Die Playoff-Runde endet für mich und die Haie enttäuschend im Halbfinale. Wir verlieren gegen den ewigen Rivalen aus Düsseldorf im letzten entscheidenden Spiel. Bei der B-WM in Frankreich schaffe ich mit der Nationalmannschaft immerhin die Qualifikation für die A-WM im kommenden Jahr in Russland. Ende April ist die Saison für mich vorbei. Sommerpause. Drei Monate lang keine Spiele, kein Mannschaftstraining. Stattdessen für ein paar Wochen Wehwehchen auskurieren, Wunden lecken und regenerieren. Anschließend geht es mit dem persönlichen Fitnessprogramm los, damit man bis zum Trainingslager im August wieder in bestmöglicher körperlicher Verfassung ist.

Dann ist da der umwerbende Andi, der nichts verloren gibt: Mit Claudia halte ich telefonisch Kontakt, und obwohl wir uns im Kreis drehen und die Fronten verhärtet sind, lasse ich nicht locker und bleibe im Spiel.

Und dann ist da das Bollwerk Andi Renz, der versucht, seine Ehe zu schützen und all die Spuren zu verwischen, die der umwerbende Andi mit seinen One-Night-Stands und dem gefährlichen Flirt mit Claudia hinterlässt.

Diese drei Anteile zu handeln, ist anstrengend, und immer häufiger bemerke ich, dass mein Handeln, mein Denken und mein Fühlen sich überhaupt nicht mehr decken.

»Ist alles okay?«, fragt mich Petra. »Du bist heute so still.«

»Ja klar«, antworte ich. Obwohl ich an Claudia denke und daran, dass eben nicht alles okay ist.

Da die Saison vorbei ist, unser Laos-Urlaub und die Sommerpause anstehen, habe ich auch keinen Grund mehr, in Köln zu bleiben. Irgendwie schaffe ich es, Claudia von einem Treffen zu überzeugen. Warum ich das mache, weiß ich selbst nicht so genau. Wohin soll das denn führen? Außer in die totale Katastrophe? Und trotzdem kann ich nicht anders. Ich muss ständig an Claudia denken, sie geht mir einfach nicht aus dem Kopf.

Unser Wiedersehen verläuft deutlich friedlicher als erwartet. Wir sprechen viel, ich erkläre mich, und Claudia zeigt etwas mehr Verständnis. An kleinen Details bemerke ich, dass ihre knallharte Einstellung mir gegenüber zu bröckeln beginnt.

Sie ist auch an dir interessiert, Andi. Merkst du das nicht?, denke ich. Sie wirft sogar ihre Grundsätze über Bord und trifft sich mit dir. Du bedeutest ihr auch etwas.

Wir nähern uns bei diesem Treffen wieder etwas an. Nicht körperlich, aber emotional verbinden wir uns miteinander. Und das ist nicht gut. Gar nicht gut. Ratlos und ohne Plan, wie es sich weiterentwickeln soll, gehen wir auseinander. Ich mache mich auf den Weg Richtung Schwarzwald, in mir die stille Hoffnung, dass mir die räumliche Trennung und der Dschungel-Trip mit Petra helfen werden, von Claudia loszukommen. Zumindest ein Teil von mir hofft das. Ein anderer Teil will genau dies ganz und gar nicht.

Einige Wochen später laufe ich schweißgebadet durch den laotischen Regenwald. Die Soundkulisse ist unbeschreiblich: Gibbons kreischen irgendwo in den Wipfeln der Bäume, Vögel zwitschern und pfeifen um die Wette, und das alles wird von dem kontinuierlichen Zirpen der Grillen begleitet.

Seit ein paar Tagen sind wir hier, mitten in der grünen Hölle des Urwalds. Es ist heiß, und weil gerade Regenzeit herrscht, kommt dazu eine extrem hohe Luftfeuchtigkeit, die meinen Körper einhüllt und das Atmen erschwert.

Die Natur, durch die Petra und ich wandern, lässt Demut in mir aufsteigen. So groß, so überwältigend und gleichzeitig so gefährlich. Giftige Schlangen, riesige Spinnen und was sich sonst noch alles fast unsichtbar um uns herum aufhält. Zum Glück haben wir einen erfahrenen Guide dabei, der uns nicht aus den Augen lässt. Ich habe das Gefühl, ohne ihn keinen Tag hier draußen überleben zu können. Unsere Lagerplätze am Abend lassen uns jegliche Angst und Anspannung vergessen. Sie liegen wildromantisch meistens am Ufer des Flusses, der sich durch den Dschungel schlängelt. Und doch kann ich unseren Trip nicht so richtig genießen. Denn bei nahezu jedem Schritt taucht in mir die Frage auf, wie es mit meinem Leben weitergehen soll. Meine Hoffnungen nach einem einfachen »Aus den Augen, aus dem Sinn« haben sich zerschlagen. Ich denke weiter ständig an Claudia und frage mich, wie das alles passieren konnte. Klar, da waren die körperliche Lust und der Reiz der Eroberung. Aber da ist noch viel mehr. Diese Frau fasziniert mich. Sie hat eine magische Anziehung auf mich, die mich überwältigt. Ich bin auf dem besten Weg, mich in Claudia zu verlieben. Wahrscheinlich ist es schon passiert. Und immer wieder stelle ich mir die Frage, wie es dazu kommen konnte. Ich hatte immer das Gefühl, bei mir und Petra liefe alles super. Ja, da waren meine geheimen, rein körperlichen Ausbrüche. Für mich war Petra aber immer meine Frau. Die Frau! Wir sind ein tolles Paar, und unsere Liebe ist stark. Gleichzeitig ist da ein tiefes Verständnis. Wir kennen uns seit zwölf Jahren und sind nach dieser intensiven Zeit ein Stück weit auch die besten Freunde. Und ja, wir sind ein tolles Team. Mein schlechtes Gewissen frisst mich innerlich auf. Wie ein dunkler Schatten liegt es auf meinem Herzen. Raubt mir jegliche Lebensfreude. Ein Teil in mir würde so gerne alles mit Petra besprechen. Wie immer, wenn einer von uns ein Problem hat. Wie immer, wenn es einem von uns nicht gut geht. Wie immer, wenn wir gemeinsam eine gute Lösung finden. Doch jetzt ist es nicht wie immer. Nichts ist wie immer. In einem Punkt hat Claudia absolut recht: Ich bin wirklich ein Arschloch. Und feige dazu. Aber was soll ich auch sagen? »Hey, Petra, erinnerst du dich noch an den super Hautarzt, der mir bei meinen Pusteln im Gesicht geholfen hat? Ich habe übrigens mit seiner Assistentin geschlafen. Was erst mal nicht so ungewöhnlich ist, denn ich habe immer mal wieder mit anderen Frauen geschlafen. Aber diesmal ist es anders. Diesmal habe ich mich verliebt. Und ich will sie weiterhin sehen. Ich will dich aber nicht verlieren. Und ich habe keine Ahnung, was ich jetzt tun soll.« Das kann ich nicht bringen. Nicht hier, nicht jetzt.

Also laufe ich weiter durch den Regenwald, versuche in mir Antworten zu finden, die mir bei der Frage helfen, wie es denn weitergehen soll. Ich gehe mal ein paar Schritte vor Petra, mal ein paar hinter ihr, und doch könnte die Entfernung zwischen uns kaum größer sein.

»Was ist denn los?«, fragt sie mich mehr als einmal. Und ich finde immer wieder neue Erklärungen, warum ich stiller und nachdenklicher bin als sonst. Mal ist es der Ärger über die vergangene

Saison, mal sind es Bedenken wegen der kommenden Saison oder die familiären Probleme im letzten Jahr. Petra nimmt meine Antworten hin und fragt nicht weiter nach. Ob sie mir wirklich glaubt, weiß ich nicht. Vielleicht wünsche ich mir sogar, dass sie etwas ahnt und mich konkret fragt, ob es da eine andere Frau in meinem Leben gibt. Dann wäre es zumindest raus. Alles wäre kaputt, aber der Druck wäre von meinen Schultern genommen.

Nach unserem Abenteuertrekking geht es nach Vietnam. In einem luxuriösen Strandhotel erholen wir uns von den Strapazen und Entbehrungen des Dschungels. Die Zeit in Südostasien vergeht wie im Flug, und auch nach den ganzen Wochen des Grübelns bin ich keinen Zentimeter weitergekommen. Auf dem Rückflug sitze ich braun gebrannt neben Petra und weiß noch immer nicht, wie es für mich, für uns, weitergehen soll. Ich fühle keine Impulse, die mich eindeutig zu der einen Frau hinziehen oder mich von der anderen wegdriften lassen. Stattdessen fühle ich nach wie vor eine tiefe Zerrissenheit, ganz so, als würde es mich zweimal geben. Der eine Andi will die tiefe Verbindung zu Petra und die vielen Jahre, die wir gemeinsam verbracht haben, nicht aufgeben. Der andere Andi will wieder die Aufregung und Spannung fühlen, die sich einstellt, wenn er mit Claudia zusammen ist.

Pünktlich zum 1. August bin ich zur Saisonvorbereitung zurück in Köln. Wie schon in den Jahren zuvor erst einmal alleine. Zwischen drei Trainingseinheiten am Tag, Teambuilding und Presse- und Sponsorenterminen bleibt kaum Zeit für Petra. Sie bleibt daher lieber noch ein paar Wochen im Schwarzwald und verbringt den Restsommer mit ihren Eltern, Freunden und kümmert sich um den Offenstall mit Maximus und mittlerweile fünf weiteren Einstellpferden.

Und weil an dem Sprichwort »Gelegenheit macht Diebe« etwas dran ist, melde ich mich bereits in den ersten Tagen in Köln mit viel Herzklopfen bei Claudia.

»Hey«, sage ich in den Hörer. »Ich bin es.«

»Hey«, sagt sie und versucht, dabei möglichst neutral zu klingen. Aber ich glaube, einen Funken Freude in ihrer Stimme rauszuhören. »Wie war es im Dschungel? Wieder irgendwelche Parasiten unter deiner Haut eingefangen?«

Ich berichte von der Natur, den Tieren und der Regenzeit. Und dann: »Ich habe viel an dich gedacht.«

Der August 2006 ist auf allen Ebenen sehr intensiv. Beim Konditions- und Krafttraining schinde ich mich bis zum Umfallen. Eigentlich wie immer seit meiner ersten Trainingseinheit als Zehnjähriger. Warum auch immer quäle ich mich dieses Jahr besonders. Mit meinen neunundzwanzig Jahren gehöre ich mittlerweile zu den Leitwölfen im Team. Ich liebe die Haie, und seit dem Titelgewinn vor vier Jahren haben sich die Clubfarben tief in mein Herz tätowiert. Für die anstehende Saison habe ich mir fest vorgenommen, den Titel in die Domstadt zu holen. Ein hohes Ziel, für das ich, der Eisen-Renz, bereit bin, alles zu geben. Die wenige freie Zeit, dich ich habe, verbringe ich mit Claudia. Wir sind viel in der Kölner Südstadt unterwegs, sitzen in Cafés, und ich bin froh, dass wir weder von der Presse noch von Freunden, Fans, Funktionären oder Sponsoren erkannt werden. Bei jedem unserer Treffen in der Öffentlichkeit spüre ich eine gewisse Anspannung in mir. Ich versuche, so gut es geht, vorsichtig zu sein. Schließlich bin ich ein verheirateter Mann, der ehrlich gesagt ein Doppelleben führt.

Trotz dieser Vorsicht und der vielen Mannschaftstermine fühle ich mich so frei und leicht wie schon lange nicht mehr. Sommerferienfeeling und Schmetterlinge im Bauch! Die räumliche Distanz zu Petra lässt mich die Realität vergessen, und ich genieße wie in einer rosaroten Blase die Zeit mit Claudia. Mit jedem Gespräch, mit jeder gemeinsamen Stunde lernen wir uns besser kennen. Manchmal habe ich das Gefühl, dass wir uns schon ewig kennen. Es gibt diese ganz besonderen Momente, in denen ich ein unglaublich tiefes Gefühl für diese mir doch noch so unbekannte Frau spüre.

Wir verbringen viele gemeinsame Nächte in diesem August 2006. Immer öfter gibt es diesen Gedanken in mir, dass ich mich von Petra trennen könnte. Nur, um mir einen Moment später wieder die guten Seiten meiner Ehe vorzuhalten. Zwölf Jahre kennen wir uns. Sind gemeinsam durch dick und dünn gegangen. Haben so vieles zusammen aufgebaut. Zusammen erreicht. Eine Zeit, die ich nicht so einfach bereit bin aufzugeben, egal wie aufregend es im Moment mit Claudia sein mag.

Meine Stimmung kippt schlagartig Anfang September, als Petra nach Köln kommt und meine vermeintliche Freiheit weg ist. Das, was mir vorher viele schöne Stunden bereitet hat, wird nun zu einer schweren Belastung. Ich fühle mich eingeengt und beobachtet, auch wenn das objektiv überhaupt nicht der Fall ist. Ich schenke Petra keinen reinen Wein ein, bin weiterhin zu feige, offen mit ihr über meine Gefühle für eine andere Frau zu sprechen. Allein beim Gedanken daran schießt die Panik in mir hoch.

Ein Treffen mit Claudia bedeutet nun, dass ich mir im Vorfeld glaubwürdige Geschichten überlegen muss, warum ich nicht zu Hause bei Petra bin, was ich stattdessen mache und warum ich auch nicht telefonieren kann.

Du hast eine lupenreine Affäre, Andi, schießt es mir immer wieder durch den Kopf, meist gefolgt von einem Gefühl der Panik. Wenn das rauskommt, bricht dein Leben auseinander, und du verlierst alles: Frau, Familie, Sicherheit. Ganz zu schweigen davon, was die Leute sagen werden. Claudia hat recht, du bist wirklich ein Arschloch.

Trotz des schlechten Gewissens und meiner Angst, alles zu verlieren, treffe ich weiterhin, wenn auch seltener, Claudia. Ich rede mir ein, dass ich diese ganze Geschichte noch immer unter Kontrolle habe. Mein Mantra: »Es ist der Reiz des Neuen, es ist aufregend mit ihr, frisch und wild und ganz anders. Du kannst das jederzeit beenden.« Damit versuche ich mich zu beruhigen. Doch der Effekt ist meist nur von kurzer Dauer. Ich will Petra nicht verlieren. Und ich spüre immer deutlicher, dass ich auch Claudia nicht verlieren möchte. Meine Gedanken klingen wie die eines typischen Betrügers. Und auch sonst fühlt sich der Herbst 2006 wie eine klassische Affären-Geschichte aus dem Vorabendprogramm im Fernsehen an.

»Hey, was ist denn los mit dir?«, fragt mich Petra immer wieder. Und mir gehen langsam die Antworten aus.

»Hey, wie soll es denn weitergehen?«, fragt mich Claudia. »Du musst dich entscheiden. Das Spiel spiele ich so nicht mehr lange mit.«

Und auch da gehen mir langsam die Entschuldigungen aus, warum ich mich jetzt gerade nicht entscheiden kann.

Es ist Anfang Dezember, als mich Claudia morgens anruft. »Wir müssen uns treffen«, sagt sie, und ich höre den Ernst der Lage in ihrer Stimme.

»Klar. Was ist denn los?«

»Nicht am Telefon. Kommst du in den Park zum See?«

Ich kämpfe gegen den aufsteigenden Kloß in meinem Hals an und entwickle binnen Sekunden eine passende Geschichte, die als Ausrede für Petra herhalten wird.

»Okay, nach dem Training um dreizehn Uhr passt es bei mir. Aber was ist denn passiert?«

»Gut, bis später.«

Zur vereinbarten Zeit gehe ich mit schnellen Schritten durch einen menschenleeren Kölner Park. Das Wetter ist ungemütlich: grauer Himmel, Nieselregen, hier und da wabern Nebelschwaden durch die Luft. Unter meinen Schuhsohlen knirscht der Splitt. Im Sommer waren Claudia und ich oft hier. Überall saßen Menschen auf den Wiesen, hielten die Gesichter in die Sonne, tranken Kölsch und hatten Spaß. Jetzt fühlt sich dieser Park wie der trostloseste Ort im ganzen Universum an. In meinem Kopf fahren die Gedanken Achterbahn. Irgendetwas Schlimmes muss passiert sein. Hat uns irgendwer irgendwo gesehen? Wurden wir entdeckt? Oder hat sie nach meinem Zögern in den vergangenen Monaten einfach eine Entscheidung getroffen und will mich nicht mehr sehen? Aber das hätte sie mir doch auch am Telefon sagen können. Bedeute ich ihr mehr? Will sie mir die Pistole auf die Brust setzen und so eine Entscheidung herbeiführen? So viele Fragen. Eines ist sicher: Jede meiner Vermutungen wird Konsequenzen nach sich ziehen. Und ich weiß nicht, ob ich diese Konsequenzen zu tragen bereit bin.

Ich sehe Claudia an einer Bank stehen und gehe noch ein wenig schneller.

»Hi.« Wir umarmen uns, küssen uns kurz. In meinen Armen halte ich nicht die Claudia, die ich kenne. Es ist, als hielte ich eine leere Hülle. Da ist keine Körperspannung, ihr Gesichtsausdruck ist seltsam leer.

»Hi«, sagt sie, kramt nervös in ihrer Manteltasche herum und drückt mir ein längliches Kunststoffteil in die Hand. Dann, mit Tränen in den Augen: »Ich bin schwanger.«

Ich halte den Schwangerschaftstest in meinen großen Händen, starre auf das Ergebnis im Sichtfeld, während der See, die Bäume und der ganze Park beginnen, sich immer schneller um mich zu drehen. Ich mache einen Ausfallschritt, um nicht zu fallen, und von einer Sekunde auf die nächste wird mir klar, dass das hier gerade mein ganzes Leben verändern und kein Stein mehr auf dem andern bleiben wird. Claudia weint verzweifelt. Ich nehme sie in den Arm, vielleicht, um ihr Trost zu spenden, vielleicht auch nur, damit ich mich an irgendetwas festhalten kann.

»Mensch, Andreas, wie soll es denn jetzt weitergehen?«

»Wir bekommen das alles hin.«

»Aber wie, Andreas? Wie? Du bist verheiratet. Du hast dich von Petra immer noch nicht getrennt, obwohl du schon länger davon redest. Von Anfang an habe ich dir gesagt, dass ich so ein Affären-Ding nicht mitmache. Und jetzt ... Andreas, wir bekommen ein Kind. Wie soll das funktionieren?

»Ich kriege das alles in den Griff«, sage ich, um Claudia zu beruhigen und mich auch. »Ich wünsche mir, dass du unser Kind auf die Welt bringst. Ich werde als Vater da sein. Das verspreche ich dir. Eine Abtreibung kommt für mich nicht infrage. Und alles Weitere werde ich klären. Ich trenne mich von Petra.«

Claudia fängt wieder an zu weinen, ich halte sie weiter, und wir stehen einige Minuten schweigend in diesem grauen, trostlosen Park. In meinem Kopf spiele ich alle möglichen Szenarien für die kommenden Jahre durch.

Ich sehe mich als Vater, und mein Herz wird weit. Petra und ich haben bisher noch nie konkret übers Kinderkriegen gesprochen. Wir genießen das Reisen und unsere Freiheit. Aber ähnlich wie auch schon bei unserer Hochzeit ist uns beiden klar, dass wir irgendwann Kinder haben werden. Zumindest war das der Stand, bis ich Claudia kennengelernt habe.

Ich sehe eine am Boden zerstörte, weinende Petra, die verlassen zurückbleibt, und mein Herz wird eng.

Und ich sehe Claudia als Mutter und habe keine Ahnung, wie ein Leben mit ihr aussehen könnte. Das Handy vibriert in meiner Hosentasche und reißt mich aus den Gedanken. Ich zucke zusammen. Es ist Petra. Was für ein grotesker Moment. Ich habe gerade von der Frau, in die ich mich als verheirateter Mann verliebt habe, erfahren, dass ich zum ersten Mal Vater werde, und zeitgleich ruft meine Ehefrau an und möchte wahrscheinlich wissen, wo ich bleibe. Fuck, ich muss los, damit mir Petra nicht auf die Schliche kommt. Paradox.

Sie wird es doch sowieso erfahren. Du kannst jetzt auch hierbleiben und ihr nachher alles erzählen. Dann liegt die Wahrheit auf dem Tisch, denke ich. Und entscheide mich dagegen. Ich bin noch nicht so weit.

Mit zentnerschweren Schultern fahre ich nach Hause. Ich fühle mich schuldig, schlecht, hilflos, klein und tue weiterhin zu Hause so, als wäre alles in Ordnung.

Zwei, drei Wochen läuft mein Alltag routiniert ab. Ich habe meine Rüstung angezogen, ziehe Trainings- und Ligaspiele knallhart durch. Funktioniere. Leiste. Bin der Eisen-Renz, der immer stark ist. Mit einem Freund über meine Probleme zu sprechen kommt für mich nicht infrage, denn das wäre ja ein Anzeichen von Schwäche. Ich weiß, dass das kompletter Schwachsinn ist, und doch kann ich nicht über meinen Schatten springen. Seit ich denken kann, löst Schwäche in mir Angst aus. Da ist der Gedanke, dass etwas Schlimmes passiert, wenn ich schwach bin. Schon als Kind habe ich daher versucht, immer stark zu sein, meinen Eltern nicht zur Last zu fallen und die Dinge mit mir selbst auszumachen. Außerdem habe ich es nicht gelernt, unangenehme Themen direkt anzusprechen. Bei uns in der Familie wurde eher geschwiegen beziehungsweise verschwiegen.

Aber gefühlt ist sowieso niemand da, mit dem ich über meine Situation sprechen könnte, niemand, dem ich so sehr vertrauen würde, um diese Katastrophe mit ihm zu teilen. Petra war immer dieser Mensch für mich. Und ausgerechnet über dieses Thema kann ich jetzt nicht mit ihr reden. Ich bin allein auf weiter Flur.

Kurz vor Weihnachten halte ich den Druck in mir nicht mehr aus und fasse allen Mut zusammen.

»Wir müssen mal reden, Petra.«

Sie sieht mich besorgt an. Keine Ahnung, ob sie meine emotionale Abwesenheit seit dem Sommer mitbekommen hat und etwas ahnt. Vielleicht denkt sie an eine Affäre, an einen kleinen Ausrutscher. Irgendetwas Unbedeutendes. Aber an ein Kind wird sie bestimmt nicht denken.

»Ich habe jemanden kennengelernt«, beginne ich, und dann sprudelt es auch schon aus mir heraus. Ich erzähle von Claudia, ich erzähle vom Sommer und ... Völlig schockiert steht Petra da. Mit weit aufgerissenen Augen, in denen sich Tränen sammeln, und still. Ich erwarte den großen Knall, wilde Beschimpfungen, Schreie, Gegenstände, die nach mir geworfen werden. Aber Petra steht nur da, mit kreidebleichem Gesicht, fängt an zu taumeln, verliert das Bewusstsein und bricht zusammen. Dass Claudia von mir schwanger ist, bekommt sie nicht mehr mit.

»Petra, hey, Petra«, ich knie mich vor sie, hebe ihren Kopf, prüfe ihre Atmung. Sie atmet nicht. Scheiße, sie atmet nicht. Jetzt doch. Ihr Brustkorb hebt sich. Sie atmet. Ich streiche ihr die Haare aus dem Gesicht, rede mit ihr, während sie schlaff in meinen Armen liegt, die Augen halb geschlossen, vollkommen abwesend. Nach ein paar Minuten nimmt ihr Gesicht wieder etwas Farbe an. Ich erzähle weiter irgendetwas, nur, um mit ihr im Kontakt zu bleiben, als könnte ich sie so vor einem weiteren Kollaps bewahren. Sie antwortet nicht. Schweigt nur, starrt ins Leere. Ich versuche sie hochzuziehen, doch ihre Beine knicken immer wieder ein, können das, was da gerade gesagt wurde, nicht tragen.

»Komm, ich fahre dich jetzt ins Krankenhaus«, sage ich zu ihr, während ich sie mehr tragend als stützend durch unsere Wohnung befördere.

Im Auto sitzt sie die meiste Zeit schweigend neben mir. Keine Vorwürfe, keine Beschimpfungen. Es ist, als wäre sie gar nicht wirklich da. Als säße eine leere Petra-Hülle auf dem Beifahrersitz. Ich hingegen rede viel, sage, dass schließlich alles gut werden wird, dass wir das in den Griff bekommen und dass ich eine Lösung finden werde. Wenn ich nicht rede, laufen unablässig Erinnerungsfilme in meinem Kopf ab. Unser Kennenlernen damals an der Fasnet. Die vielen Reisen in exotische Länder. Unsere traumhafte Hochzeit.

Fast mein halbes Leben habe ich mit ihr an meiner Seite verbracht. Sie hat mir den Rücken freigehalten, für mich auf vieles verzichtet und mich unterstützt. Und dann baue ich solch einen Mist. Herrgott, was ist nur in mich gefahren?

In der Notaufnahme kümmern sich die Ärzte um Petra und geben nach kurzer Zeit Entwarnung. »Also, körperlich können wir nichts weiter feststellen. Ihre Frau hatte eine Schockreaktion. Das wirkt erst einmal bedrohlich, aber ihr Kreislauf ist jetzt wieder stabil. Wir sehen keine Herzrhythmusstörungen im EKG, auch nichts, was auf einen Infarkt oder Ähnliches deutet. Von unserer Seite aus besteht kein Anlass, Ihre Frau hierzubehalten.«

»Aber ich kann sie doch unmöglich in diesem Zustand mit nach Hause nehmen? Ich habe Ihnen doch erzählt, dass ich der Grund für ihren Nervenzusammenbruch bin«, erkläre ich der diensthabenden Ärztin fast schon flehend. »Herr Renz, so leid es mir tut. Wir sind heute Nacht voll belegt. Wir können Ihre Frau nicht stationär aufnehmen. Die Beruhigungsmittel werden helfen, und vielleicht sieht die Welt ja morgen wieder ganz anders aus. Mehr kann ich nicht für Sie tun. Auf Wiedersehen.« Sie dreht sich um und verlässt den Raum.

Es fühlt sich an, als hätte die Ärztin mir den Boden unter den Füßen weggezogen. Wenn sie wüsste. Morgen wird die Welt nicht anders aussehen. Ganz im Gegenteil. Sie ist für Petra, für mich, für unsere Ehe mehr als ins Wanken geraten. Am liebsten würde ich mich verkriechen, ganz weit weg sein. Das geht jetzt aber nicht.

Die ganze Nacht sitze ich an Petras Bett. Sehe, wie sie weint. Versuche ihr zu helfen. Aber es ist natürlich komplett paradox, denn der Grund, warum sie so daliegt, sitzt direkt vor ihrem Bett. Das ist der Horror. Ich fühle mich unendlich mies, weil ich an allem schuld bin.

»Bitte verlass mich nicht«, sagt sie immer wieder.

Und ich würde am liebsten im Boden versinken. Weg sein. Mich davonstehlen. Aber diese Gedanken schaufeln noch mehr Schuldgefühle in meinen Kopf. Ich habe keine Ahnung, wie das alles weitergehen kann oder soll.

»Wir schaffen das, Andi. Wirklich. Wir gehören zusammen. Das kannst du doch nicht einfach wegwerfen.«

Selbst jetzt, wie Petra da so im Bett liegt, völlig aufgelöst und weinend, ist da kein Zeichen von Wut in ihr. »Ich verzeihe dir. Und wir kriegen das hin. Nur bitte verlass mich nicht.«

Was gäbe ich dafür, wenn sie mich anschreien würde. Mich gerechterweise als Arschloch bezeichnen oder direkt rausschmeißen würde. Damit könnte ich besser umgehen. So sitze ich schweigend neben ihr. Innerlich zerrissen. In tausend kleine Teile, die sich nie wieder kitten lassen werden, davon bin ich überzeugt.

Am nächsten Morgen wird Petra von ihrem Vater abgeholt, den sie noch in der Nacht angerufen hat. Ich fühle mich wie ein begossener Pudel. Wer tritt schon gerne nach solch einem monströsen Geständnis seinem Schwiegervater gegenüber. Und dessen Reaktion beschämt mich nur noch mehr.

»Andi, was passiert ist, ist passiert. Aber ich liebe dich wie meinen eigenen Sohn, und das wird so bleiben. Und wenn du das möchtest, dann bekommen wir auch das hier hin.«

Was bin ich nur für ein schlechter Mensch? Wie kann ich einem Menschen, dem ich so viel zu verdanken habe, mit dem ich so viel wertvolle Zeit verbracht habe, den ich so sehr geliebt habe, derart wehtun? Wie konnte ich das nur zulassen? Wie konnte mir das nur passieren? Ich gestehe meiner Frau eine Affäre, und trotzdem wird mir mit so viel Zuneigung begegnet. Am liebsten würde ich im Erdboden versinken. Was habe ich nur getan?

Irgendwann sind sie weg. Zurück in den Schwarzwald. Ich bleibe allein in Köln. Und noch nie in meinem Leben habe ich mich so schlecht gefühlt.

Eine Woche später fahre ich über Weihnachten nach Hause, besuche meine Eltern und beichte meiner Frau den Rest der Geschichte: Ich habe nicht nur eine Affäre, ich werde zusätzlich auch noch Vater. Wieder bricht Petra zusammen. Wieder höre ich keine Anschuldigungen, werde stattdessen angefleht, sie nicht zu verlassen. Und wieder fühle ich mich wie der Zerstörer eines ganzen Lebens. Ich habe alles kaputtgemacht. Frohe Weihnachten, Andi!

Auf der Autofahrt zurück vom Schwarzwald in Richtung Köln spüre ich einen tonnenschweren Rucksack voller Schuld und Scham auf meinem Rücken. Ja, ich habe Petra endlich alles gesagt. Ja, ich habe unsere Ehe – glaube ich – beendet. Gleichzeitig spüre ich, dass ich mit diesem Rucksack niemals frei eine Beziehung mit Claudia beginnen kann. Nicht mit den Bildern im Kopf, wie Petra vor mir zusammengebrochen ist.

In Köln angekommen rufe ich Claudia an. »Ich habe es ihr gesagt. Alles.«

Sie schweigt eine Weile am anderen Ende. Dann: »Wie geht es dir jetzt?«

»Nicht gut. Es ist grausam, einem Menschen so wehzutun.«

»Das kann ich verstehen. Aber immerhin gibt es jetzt Klarheit. Und keine Lügen mehr.«

»Keine Lügen mehr, das stimmt.«

Wieder schweigt Claudia. Dann: »Und was ist mit deiner Klarheit?«

»Ich brauche etwas Zeit. Glaube ich. Ich ...«, komme ich ins Stocken.

»Schon okay. Bis irgendwann, Andreas!«

Mit dem Telefon in der Hand bleibe ich noch eine Weile wie versteinert im Flur meiner Wohnung stehen. Oder unserer Wohnung? Oder ehemals unserer Wohnung. Oder ... Ich weiß es nicht. Ich weiß gar nichts mehr.

KAPITEL 11

Erstes Suchen

In den folgenden Wochen funktioniere ich eigentlich nur. Sobald ich auf dem Eis bin, egal ob zum Training oder für ein Spiel, ist alles gut. Da weiß ich, was ich zu tun habe. Es gibt keine Zweifel, kein Entweder-oder. Da gibt es nur mich, das Spiel und den Gegner. Und vielleicht gehe ich in diesen Tagen noch eine Spur härter in die Zweikämpfe, renne noch einen Tick schneller, bin noch etwas aggressiver. Ganz so, als würde ich meine privaten Probleme, all das, was in meinem Kopf rumort, über den Körper abbauen können. Aber dieser Druck kommt rasend schnell zurück und legt alles in eine graue Watte, die mich einhüllt und von der Welt abschottet. Telefonate mit Petra, Gespräche mit Claudia. Und immer geht es darum, wie es denn weitergehen soll. Ich will das alles nicht. Ich kann das alles nicht. Wie soll ich mich entscheiden? Ich habe niemanden, mit dem ich darüber reden kann. Niemanden, der mir einen guten Ratschlag geben könnte.

Ich erinnere mich an ein Gespräch, das ich vor einiger Zeit geführt habe. Small Talk, nicht mehr. Ich erwähnte, dass ich gerne etwas mehr Klarheit in mein Leben bringen würde. In beiläufigem Tonfall, damit mein Gegenüber den Ernst der Lage nicht bemerkte. Ich achte nach wie vor peinlich darauf, mir nichts von meinen privaten Problemen anmerken zu lassen. »Geh mal zu Mariella«, sagte dann jemand und gab mir eine Telefonnummer. »Sie ist so eine Art Hellseherin und weiß Sachen aus deinem Leben, die du selbst nicht weißt.«

Ich krame also den Zettel mit der Telefonnummer aus meinem Portemonnaie und rufe Mariella an. Unser Gespräch ist nur kurz. Mit starkem italienischem Akzent gibt sie mir eine Adresse, und wir verabreden uns für den kommenden Tag.

Am späten Nachmittag des folgenden Tages fahre ich durch eine Hochhaussiedlung tief im Kölner Süden und suche nach der richtigen Hausnummer. Nicht unbedingt das vertrauenerweckendste Umfeld und auch nicht unbedingt das Umfeld, in dem ich eine Hellseherin mit übersinnlichen Fähigkeiten vermuten würde. Ich finde schließlich sowohl die Hausnummer als auch einen Parkplatz. Ein paar Minuten später stehe ich in einer kleinen Zweieinhalb-Zimmer-Wohnung im Innern dieses Betonmonstrums und sitze mit Mariella an ihrem Küchentisch. Das ganze Setting hier und das, was ich erwartet habe, gehen zu hundert Prozent auseinander. Ich schätze Mariella auf Anfang bis Mitte dreißig, mein Alter also. Ihre wasserstoffblonden Haare wollen ebenso wenig zu meiner Vorstellung von einer italienischen Hellseherin passen wie die jugendlichen Stoff-Turnschuhe an ihren Füßen. Die Geräuschkulisse in der kleinen Wohnung ist der Wahnsinn, denn Mariella ist vierfache Mutter. Aus dem Wohnzimmer dröhnt Spielkonsolen-Sound, im Kinderzimmer streiten gerade zwei Kids im Alter von vielleicht sechs und acht Jahren um die Vorherrschaft über irgendein Spielzeug.

»Was kann isch für dich tun?«, fragt sie und unterbricht mich, noch bevor ich überhaupt ein einziges Wort sagen kann. »Aber erst mal: Willst du auch eine Cappuccino?« Sie steht wieder auf, geht zur Küchenzeile und fängt an, an einer beeindruckend professionell aussehenden Siebträgermaschine rumzumachen. »Und wie heißt du überhaupt? Isch bin Mariella.«

»Ich bin Andreas, und ich nehme gerne einen Cappuccino.«

»Prego.«

Während sie an der Kaffeemaschine werkelt, erzählt sie ein wenig von sich. Von ihrem Mann, der als Koch arbeitet und auch aus Italien stammt, und wie es sie nach Deutschland verschlagen hat. Mariella hat bis vor ein paar Jahren ihre hellseherischen Fähigkeiten auch irgendwelchen lokalen Mafiagrößen zur Verfügung gestellt. Dann kam es zum Zerwürfnis, warum genau, sagt Mariella nicht, und aus Angst vor den nicht völlig unwahrscheinlichen Vergeltungsmaßnahmen aus der Unterwelt hat sie Mann und Kinder geschnappt und sich nach Deutschland aufgemacht. Das alles klingt natürlich komplett irre, und es würde mich nicht wundern, wenn sie diese Geschichte aus Marketinggründen komplett erfunden hätte. Was das für ihre hellseherischen Fähigkeiten bedeutet, kann ich nicht einschätzen und bin ein wenig skeptisch. Wie soll mir bitte schön diese kleine Frau in diesem Chaos, mit umherrennenden Kindern, zuschlagenden Türen und dem nervtötenden Sound aus der Playstation in irgendeiner Weise helfen können? Was soll sie mir über meine Zukunft erzählen? Ich hatte schwere Samtvorhänge erwartet, schummeriges Kerzenlicht, den süßlich-schweren Duft von Räucherstäbchen, vielleicht sogar eine Kristallkugel. Stattdessen bekomme ich einen Cappuccino.

Aber der ist super!

Wir reden noch ein wenig, und Mariella erzählt, wie sie arbeitet. Als weiße Hexe, wie sie sich selbst bezeichnet, kann sie die Energiefelder des Menschen sehen oder spüren, sie hat einen Draht in andere Dimensionen hinein, und sie legt Tarotkarten, aus denen sie das bisherige und zukünftige Leben ihrer Klienten ablesen kann. All diese Gaben hat sie von ihrer Mutter geerbt, die immer schon anderen Menschen mit ihren Ratschlägen geholfen hat. Glaube ich alles, was Mariella sagt? Auf keinen Fall. Aber vielleicht ist da ja nur ein ganz kleiner Funke von einer höheren Instanz, dessen Energie sie anzapfen kann und der mir hilft. Ein winziger verklausulierter Hinweis, der mir die Entscheidung erleichtert. Ich bin so verzweifelt, hilflos und einsam, dass ich nach jedem Strohhalm greife.

»Was kann isch also für dich tun, Andreas?«

»Ich stehe gerade an einem Scheideweg und weiß nicht, wie es zukünftig für mich weitergehen soll«, sage ich ein wenig kryptisch. Ich will ihr nicht zu viel verraten. Mal schauen, wie gut sie wirklich ist.

»Kann isch dir legen Karten und dir dein Leben zeigen.«

Ich überlege kurz, ob das hier wirklich eine gute Idee ist und ob ich wirklich wissen will, wie es mit meinem Leben weitergehen soll. Kann einen ja auch beängstigen. Was ist, wenn sie mir sagt, dass ich das kommende Jahr nicht überleben werde? Andererseits kann ich mich in diesem Fall ja auch auf meine Skepsis berufen und das alles hier als großen, spaßigen Humbug abtun.

»Ja, gerne.«

Sie steht auf, schließt die Küchentür, damit Krach und Kinder für ein paar Minuten außen vor bleiben, und beginnt, einen abgegriffenen Stapel Tarotkarten zu mischen. Mit flinken Händen und geschlossenen Augen mischt sie und mischt und mischt und zitiert dabei rhythmisch einen italienischen Text. Ich verstehe die Worte *santo*, *dio* und *angeli* und *amore madre mia*. Okay, es sind zumindest keine finsteren Mächte, die sie herbeiruft.

Mit flappendem Geräusch legt sie Reihe für Reihe die Karten auf den Tisch. Ich erkenne die Sonne, den Mond, Schwerter, Türme, den Sensenmann und sogar einen Gehängten. Einige Augenblicke lang betrachtet sie das Kartendeck, das nun den halben Küchentisch bedeckt, tippt mal auf diese Karte, mal auf jene und murmelt auf Italienisch etwas vor sich hin.

»Isch sehe viel Dunkles in deine Seele. Viel Trauer. Schmerz. Große Leere im Herzen.«

Ich nicke. Und bleibe skeptisch. Die Chance, dass jemand, der freiwillig zu einer Hellseherin geht, gewisse Probleme mit sich rumschleppt und Trauer und Dunkelheit im Herzen verspürt, die ist jetzt nicht so gering. Das ist zwar ein Treffer. Aber ein leichter. Penalty ohne Torwart sozusagen.

»Und da sind viele Frauen in deinem Leben. Viele, viele Frauen.«

Okay, das ist jetzt schon etwas konkreter.

»Und isch sehe einen neuen Weg, den du einschlagen wirst. Aber noch nicht jetzt. Dauert noch. Wird kommen in Zukunft.«

Jetzt muss ich doch nachhaken und gebe ihr ein paar weitere Infos. »Also, ich stehe momentan zwischen zwei Frauen. Mit der einen bin ich verheiratet. Die andere ist gerade schwanger von mir.« Ich schaue Mariella ernst, fast ein wenig hilflos an. »Und ich weiß nicht, mit welcher ich den Rest meines Lebens verbringen möchte. Ich weiß nicht, was die richtige Entscheidung sein wird.«

Mariella fährt unbeeindruckt fort und berichtet weiter, was sie in den Karten zu sehen glaubt: »Die Karten zeigen, dass du eins, zwei, drei, ohhhh, vier Kinder haben wirst.«

»Vier Kinder?«

»Vier Kinder. Und ich sehe drei Mütter.«

»Da fehlen mir dann aber noch drei Kinder. Und ehrlich gesagt reichen mir auch schon zwei Frauen, zwischen denen ich mich nicht entscheiden kann. Wo soll die dritte denn herkommen?«

»Die dritte Frau kommt auf deine lange Weg.«

Weil die Geschichte gerade in eine Richtung läuft, die ich für völlig sinnlos halte, versuche ich es mit einer mehr oder weniger konkreten Frage. »Aber wenn wir die dritte Frau in Zukunft mal beiseitelassen und nur die beiden Frauen jetzt betrachten. Sagen die Karten dazu etwas?«

»Die Karten sagen, du kannst zu eine Frau gehen oder zu andere Frau. Isse egal. Die Karten sagen, dass Weg mit Frauen jetzt nicht weitergeht. Kommt dritte Frau auf lange Weg. Bis dahin musst du dich kümmern um deine Herz und Dunkelheit wegmachen. Kann dauern zehn Jahre.«

Ich spüre eine große Enttäuschung in mir aufsteigen. Natürlich habe ich die ganze Sache nicht komplett ernst genommen. Sollte man bei solchen Sachen nie tun. Aber ich hatte doch gehofft, dass mir Mariellas Input in irgendeiner Form weiterhelfen könnte. Und sei es nur eine kryptische Formulierung, in die ich meine unbewussten Hoffnungen hineininterpretieren könnte. Aber diesbezüglich sind die Aussagen der hellsichtigen Italienerin außergewöhnlich konkret. So konkret, dass ich damit einfach nichts anfangen kann. Was soll das mit den vier Kindern und der dritten Frau? Ich versuche, weitere Infos aus Mariella herauszubekommen, aber viel mehr sagen ihr die Karten anscheinend nicht. Stattdessen wiederholt sie die bisherige Faktenlage.

»Okay, wenn es wirklich so sein sollte. Die Sache mit der Dunkelheit und Leere in meinem Herzen, wie bekomme ich das weg? Was muss ich tun?«

Mariella schaut mich an. »Mache ich Energiearbeit mit dir. Reiki. Versuche ich dein Herz ein bisschen aufzumachen, dass du findest Zugang und kannst Herz ganz aufstoßen.«

In den nächsten Tagen und Wochen besuche ich Mariella noch einige Male. Mit Handauflegen und anderen Ritualen versucht sie, mein in ihren Augen verschlossenes Herz zu öffnen. Und wenn ich mich in diesen Sitzungen sehr darauf konzentriere, dann glaube ich zu spüren, wie mein gepanzertes Herz Risse bekommt und durchlässiger wird. Vor meinem inneren Auge sehe ich das alles ganz klar. Aber dieses Gefühl hält nie lange vor. Sobald ich ihre Plattenbauwohnung verlasse und durch die trostlose Umgebung zu meinem Auto gehe, ist davon kaum noch etwas zu spüren.

Trotzdem hat sie mich auf irgendeine Art und Weise sehr beeindruckt. Diese ungezwungene Selbstverständlichkeit, mit der sie ihre vermeintliche Gabe am Küchentisch einer vollkommen chaotischen Zweieinhalb-Zimmer-Wohnung mit mir teilt, ist bemerkenswert. Dazu ihr wirklich netter Mann, den ich kennenlerne, die lauten, quirligen Kinder. Das alles wirkt auf mich sehr lebendig, echt und liebenswert. Mir fällt es schwer, diese Sitzungen bei ihr einzuordnen. Okay, des Geldes wegen macht sie das wahrscheinlich nicht. Gerade mal fünfzig Euro will sie für eine Session haben, die oft drei Stunden dauert. Entsprechend großzügig bin ich mit meinem Trinkgeld, was sie jedes Mal ablehnt. Vielleicht hat sie ja wirklich die Gabe, irgendwelche Energiefelder anzuzapfen. Vielleicht klappt es nur bei mir nicht. Lediglich bei ihrer Hellsichtigkeit bleibe ich skeptisch. Drei Frauen, vier Kinder. Das erscheint mir ziemlich unrealistisch.

Nach sieben, acht, neun Sitzungen verliere ich meine Motivation, weiter mit Mariella die Dunkelheit in meinem Herzen zu bekämpfen. Vielleicht sind meine Fortschritte zu gering, vielleicht gibt es auch gar keine Fortschritte, und alles, was sich nach ihren Sitzungen so gut anfühlt, ist nichts anderes als ein Placeboeffekt. Ich weiß es nicht. Weiß nur, dass sie mir bei meinem aktuellen Problem nicht weiterhelfen kann.

KAPITEL 12
Auf dem Kilimandscharo

Anfang April 2007 läuft es bei mir nicht nur privat sauschlecht. Im zweiten Playoff-Halbfinalspiel gegen Mannheim reißt nach einem harten Bodycheck mein linkes Innenband. Ich spüre den stechenden Schmerz, und mir ist sofort klar, dass ich wieder einmal jegliche Schmerzgrenze überwinden muss. Einfach weitermachen. Weiterkämpfen. Nicht zum ersten Mal. Das ist neben meiner harten Spielweise auch ein Grund, warum ich mittlerweile Eisen-Renz genannt werde.

Wir verlieren das Spiel und liegen in der Playoff-Serie jetzt 0:2 hinten. Eine weitere Niederlage, und wir können unseren gemeinsamen Traum vom Titel für diese Saison begraben. Mit kaputtem Knie trete ich beim dritten entscheidenden Spiel an. Die Schmerzen lasse ich mir nicht anmerken. Eine Spritze kommt für mich nicht infrage, nicht zu spielen schon gar nicht. Mit meiner Einstellung möchte ich meiner Mannschaft Mut machen. Den Mut der Verzweiflung, denn Mannheim ist in diesem Jahr einfach zu stark. Wir verlieren das Spiel vor heimischer Kulisse, scheiden aus dem Titelkampf aus, mein Knie ist im Arsch, und die Weltmeisterschaft in Moskau kann ich mir damit ebenfalls abschminken.

Emotional bin ich am Boden zerstört. Seit zig Jahren habe ich an jeder Weltmeisterschaft teilgenommen, bin fester Bestandteil der Nationalmannschaft und eine sichere Bank in der Abwehr. Für die Haie zu spielen ist eine Sache. Für Deutschland zu spielen noch einmal eine ganz andere. Eine Ehre. Und eine, die mich mit sehr viel Stolz erfüllt. Ich gehöre zu den Besten des Landes. Eine absolute Bestätigung meines Könnens. Und doch gibt es einen Anteil in mir, der zweifelt und Angst hat, wieder weggeschickt zu werden. Manchmal habe ich das Gefühl, dieser Anteil fühlt sich nie gut genug. Egal, wie gut ich spiele, egal, wie viele Siege ich mit meinem Team einfahre, nie verspüre ich so etwas wie eine beständige Sicherheit. Nach einem Moment der Euphorie kommen die Selbstzweifel schneller zurück, als mir lieb ist.

»Werde ich beim nächsten Mal wieder so gut sein?«

»Ich muss weiter trainieren. Ach was, noch härter, damit ich mithalten kann.«

»Ich darf nicht verlieren. Niemals.«

Solche Gedanken habe ich oft schon wenige Augenblicke nach einem triumphalen Sieg. Nach dem Spiel ist vor dem Spiel. Für mich ist das nicht nur eine Sportweisheit. Ich lebe das jeden Tag. Ob ich will oder nicht. Ich bin getrieben und wie besessen.

Die Halbfinalniederlage und mein WM-Aus sind Futter für meine Selbstzweifel. »Wenn ich nicht nach Moskau fahre, werde ich bald ausgemustert«, sage ich am Morgen nach dem Ausscheiden fast schon panisch zu Tino, meinem engsten Vertrauten im Team der Haie.

»Jetzt übertreib doch nicht, Renzi. Mach dich locker. Verletzungen gehören zum Geschäft.«

»Fuck, ich muss die WM absagen! Da wächst eine Mannschaft zusammen. Nur jetzt eben ohne mich.«

»Und wenn du wieder fit bist, holen sie dich zurück ins Team. Die brauchen dich. Es gibt nur einen Eisen-Renz.«

»Abwarten. Wer weiß, ob ich nach der WM wirklich noch gebraucht werde.«

Tino ist einer der wenigen Menschen außerhalb meiner Familie, die von meinem privaten Chaos wissen. Zumindest von den bloßen Fakten her. Aber er hat keine Ahnung, wie es wirklich in mir aussieht, was ich fühle oder wovor ich mich fürchte. Ich habe viele Bekannte, Mannschaftskollegen, Freunde von früher, aber nur zu wenigen ein so inniges Verhältnis, dass ich mit ihnen über tiefere Themen sprechen könnte. Oder über das, was ich fühle. Das mache ich nach wie vor mit mir selbst aus. Und auch deshalb ist die

Verletzung so schlimm für mich. In den vergangenen Wochen und Monaten konnte ich mich gut mit dem Sport ablenken. Immer waren da das nächste Spiel und der nächste Gegner, auf die ich mich konzentrieren musste. Drehte sich das Gedankenkarussell in meinem Kopf zu schnell, ging ich aufs Eis, schob eine extra Trainingseinheit und powerte mich bis zur Erschöpfung aus. Das vertrieb die Gedanken, Petra und Claudia waren auf einmal weit weg, und es gab nur mich in meiner Rüstung, das Eis und den Puck.

Ohne die Ablenkung durch den Sport treffen mich meine privaten Probleme mit voller Wucht. Die Zerrissenheit zwischen Petra und Claudia. Die anstehende Vaterrolle und die damit verbundenen Ängste, nicht gut genug zu sein. Claudia ist jetzt im vierten Monat schwanger. Noch ein knappes halbes Jahr, und meine Rolle als Vater wird ganz real.

Ich habe es wirklich versucht. Habe mich zum Jahreswechsel viel mit Claudia getroffen und mir Mühe gegeben, eine Antwort auf die Frage zu finden, zu welcher Frau ich gehöre. Aber die Leichtigkeit, wenn wir zusammen sind, ist nicht mehr da. Natürlich nicht. Wir bekommen jetzt ungeplanterweise ein Kind und haben Dinge zu besprechen, die alles andere als leicht sind. Außerdem merke ich, dass mir die tiefen Gespräche mit Petra fehlen. Und ihre Nähe. Dann suche ich den Kontakt, verspreche, die Sache mit Claudia zu beenden, und unserer Ehe noch eine Chance zu geben. Aber nach ein paar Tagen schwenkt das Pendel wieder in die andere Richtung, und ich hänge am Telefon und spreche mit Claudia.

So sitze ich eines Morgens beim Frühstück, blättere durch die Tageszeitung und bleibe bei einem Artikel hängen.

Plötzlich ist sie da, diese Erinnerung an eine große Sehnsucht in mir. Seit vielen Jahren zieht es mich nach Afrika. Ich will auf den Kilimandscharo. Dort oben, so mein Gedanke, wird mir alles klar werden. Ich werde über den afrikanischen Kontinent schauen, dem Himmel ganz nah sein, und alles, alles wird sich in meinem Leben fügen. Claudia, Petra, das ungeborene Kind. Ich werde wissen, wohin ich gehöre. Und wenn ich das dann weiß, kann ich mich auch um das Knie kümmern und um die nächste Saison.

Ich laufe also schnurstracks, leicht humpelnd, in ein großes Kölner Reisebüro und frage mich noch einmal ganz kurz, ob das alles richtig ist und ob mein Knie wohl halten wird. Diesbezüglich bleibe ich aber zuversichtlich. Ich kenne meinen Körper nach so vielen Profijahren ganz gut. Mit meinem gerissenen Innenband sind die kraftvollen seitlichen Abstoßbewegungen beim Schlittschuhlaufen nicht möglich. Das Knie knickt einfach weg. Normales Gehen? Möglich. Eine Bergtour? Müsste möglich sein. Sinnvoll wohl nicht, wahrscheinlich eher total gaga. Aber möglich.

»Ich würde gerne kurzfristig eine Tour nach Afrika machen und auf den Kilimandscharo rauf.«

Die Dame hinter ihrem Schreibtisch lächelt freundlich und deutet auf den freien Stuhl vor ihrem Tisch.

»Da kann ich Ihnen auf jeden Fall helfen. Auch kurzfristig lässt sich da bestimmt etwas finden. Jetzt haben wir dort ja noch Regenzeit, wann möchten Sie denn genau los?«

»So schnell wie möglich. Nächste Woche, wenn es geht.«

Skepsis legt sich über ihre Freundlichkeit. Wird schwer mit mir werden. Ich weiß.

»Also, normalerweise benötigt solch eine Reise einen gewissen Vorlauf. Die Touren auf den Kilimandscharo sind zwar Trekkingtouren und auch für Nicht-Bergsteiger gut zu meistern. Aber ein paar Vorbereitungen müssen schon getroffen werden. Ihre Ausrüstung haben Sie komplett?«

»Ich habe noch gar nichts. Das besorge ich mir dann gleich.«

»Okaaaaay«, seufzt sie leicht. »Ich schaue mal, was ich für Sie tun kann.«

Entgegen meiner und wohl auch ihrer Befürchtungen bin ich dann aber doch gar kein schwieriger Kunde. Lediglich einer, der möglichst schnell wegwill. Und dieser Wunsch sollte in einem Reisebüro eigentlich zum Alltagsgeschäft gehören.

Schließlich findet die Reiseverkehrskauffrau einen passenden Flug, eine Unterkunft, von der aus ich starten kann, und ist so lieb, mir noch einen Flyer mitzugeben, auf dem mir eine umfangreiche Packliste verrät, was ich alles für meinen Spontantrip brauche. *Was Sie auf Ihrem Kilimandscharo-Trip beachten sollten.* Oder so.

Bewaffnet mit diesem Zettel, gehe ich direkt weiter in ein Geschäft für Sport- und Outdoorbekleidung, Wanderkram und all so Zeug. Auch hier schaut der nette Verkäufer erst ein klein wenig irritiert, als ich ihm von meinem Plan erzähle, wittert dann aber ein großes Geschäft. Und in der Tat: Ich verlasse den Laden mit jeder Menge High-End-Klamotten – Zelt, ergonomischem Rucksack, Schuhen, Kleinkram – und einer ganzen Stange Geld weniger. Egal. Ich will weg. Einfach weg.

Eine Woche später stehe ich vor dem Machame-Gate, das den Eingang in den Kilimandscharo-Nationalpark bildet. Weil Regenzeit ist, gießt es in Strömen. Vor mir sehe ich den höchsten Berg Afrikas, der in dieser ansonsten flachen Steppenlandschaft deplatziert wirkt, als hätten ihn irgendwelche Götter vor Urzeiten hierhin geworfen. Ich habe mich nach meiner Ankunft bewusst für diese Route entschieden. Sie ist weniger frequentiert als die sogenannte Coca-Cola-Route, die den Luxus bietet, auf dem Weg zum Gipfel von zahlreichen festen Hütten flankiert zu werden. Aber die Hütten sind mir egal. Ich will vor allen Dingen keine Menschen sehen. Oder zumindest so wenige wie möglich.

Sieben Tage wird die Tour zum Gipfel und zurück dauern. Begleitet werde ich von meinem Guide, einem Koch sowie zwei Trägern. Deren erste Amtshandlung ist es, meinen sauteuren, höchst ergonomischen Rucksack in einem Plastikmüllsack zu verstauen und ihn auf dem Kopf zu tragen. Ich schaue an mir herunter, sehe meine Funktionsklamotten und die nigelnagelneuen Trekkingstiefel, schaue dann zu den ausgelatschten Flip-Flops der beiden Träger und muss schmunzeln. Das mag hier zwar eine superindividuelle Tour sein, aber natürlich bin ich ganz klar als deutscher

Touri erkennbar. Und nur, weil die Einheimischen den Berg mit solch einem Schuhwerk bezwingen, muss ich das ja nicht auch machen. Ich bin hier, um mich selbst zu bezwingen. Oder meine Unentschlossenheit. Die Zweifel. Der Berg vor mir mag noch so groß sein – das Geröllmassiv an Lügen, Erwartungen und Enttäuschungen in mir ist doppelt so groß. Mindestens.

Mein Führer ist ein relativ kleiner Mann. Er ist vielleicht dreißig Jahre alt, drahtig und mit Muskeln an genau den Stellen, die es braucht, um alle paar Wochen ein knapp sechstausend Meter hohes Bergmassiv zu besteigen. Er lächelt freundlich, seine Augen strahlen. Ich sehe Neugier, Weisheit und spüre die Energie eines Menschen, der sehr in sich selbst ruht.

»Jambo. Welcome to Africa«, begrüßt er mich mit sehr gebrochenem Englisch. »Welcome to Tansania. My name is Issar.«

»Jambo. I'm Andi.«

Vor der Besteigung des Kilimandscharo mit meinem Guide Issar. Frühjahr 2007

Er lächelt weiter. In einem Mix aus der Landessprache Swahili, Englisch, Händen und Füßen stellt er mir die Träger und den Koch vor und erklärt mir grob den Ablauf der kommenden Tage. Wir werden täglich ungefähr sechs Stunden laufen. Um Zelt, Schlafsack und Verpflegung muss ich mich nicht kümmern, die tragen seine Kollegen. Sogar einen Holzkäfig mit lebenden Hühnern sehe ich. Die Träger gehen vor, bauen das Lager auf und bereiten das Essen vor. Am nächsten Tag, wenn ich mit Issar losgehe, bauen sie das Lager ab und machen sich ebenfalls auf den Weg. Irgendwann werden sie uns überholen, das Lager für die kommende Nacht vorbereiten, und dann beginnt das Spiel von vorn.

»You understand?«

»Yes, I do.«

»Okay. Good. Then let's go!«

»Yeah. Let's do it.«

Ich drehe mich noch einmal um, als wenn ich mich von irgendetwas verabschieden müsste. Ich sehe, wie die Träger unsere Sachen zusammenpacken, sehe hinter ihnen, ein paar Tausend Kilometer entfernt, mein Leben, das an allen Ecken und Enden brüchig geworden ist. Ich sehe zwei Frauen, ein ungeborenes Kind und einen durch viele Jahre Profisport geschundenen Körper. Schnell drehe ich mich wieder um. Vor mir liegt alles, was ich brauche. Ein Weg. Eine Herausforderung. Ein zu erklimmender Gipfel. Und ganz oben dann die Gewissheit, wie es weitergehen wird. Da bin ich mir sicher.

Schritt für Schritt folge ich dem Guide. Zu Beginn der Tour gibt es noch viele Bäume, und die Umgebung erinnert mich eher an eine Dschungelexpedition als an eine Bergbesteigung. Der Dauerregen ist nicht angenehm, aber ich bin so fasziniert und überwältigt von der Natur und der Tatsache, dass ich hier am Fuß des Kilimandscharos stehe, dass er mich nicht sonderlich stört. Mein gerissenes Innenband schickt bei jedem Auftreten einen stechenden Schmerz durch meinen Körper. Ganz so, als wollte es mir sagen, dass ich hier in Afrika verdammt noch mal nichts zu suchen habe. Aber ich habe in den vergangenen Jahren meinen eigenen Umgang mit solchen Signalen entwickelt: Ich höre, was mein Körper mir sagt. Ich handle nur nicht danach. Dafür ist mein Wille zuständig. Und dass der stärker als mein Körper ist, habe ich mir schon oft genug bewiesen.

Schnell finde ich einen Schrittrhythmus, doch Issar mahnt mich immer wieder, langsamer zu gehen.

»Pole, pole«, sagt er. Und schiebt die Übersetzung gleich hinterher: »Slow, slow.« Dann deutet er auf seine Füße und zeigt mir, wie langsam ich gehen soll. Und das ist wirklich sehr langsam.

In den kommenden Stunden reden wir nicht viel miteinander, was sich anfangs etwas unbehaglich anfühlt. Auch, weil sich die ganze Situation für mich ziemlich schräg anfühlt. Ich, der weiße Mann aus dem reichen Deutschland, der ihn bezahlt. Was er wohl in mir sieht? Gleichzeitig fühle ich mich von ihm komplett abhängig. Ich vertraue auf sein Wissen, seine Ortskenntnis, sein Gespür für Gefahren. Im Grunde lege ich gerade mein Leben in die Hände dieses drahtigen Burschen. Schade, dass solche komplexen Gedankenspiele an der Sprachbarriere scheitern.

Schritt um Schritt gehen wir weiter durch den Wald, durch den Regen.

Mit Übersetzungsspielchen versuche ich das peinliche Schweigen zu brechen. Nehme einen Stein in die Hand und wende mich an den Guide.

»In Germany we say ›Stein‹, ›stone‹ in English. What's the right word for a stone in your language?«

Issar lächelt mich freundlich an. Ob er wirklich Bock auf solcherlei Spielchen hat, kann ich nicht sagen, aber er macht mit.

»We say ›jiwe‹.«

Ich halte den Stein etwas höher und wiederhole: »jiwe«, sage dann betont langsam »Steiiiiin« und noch einmal »jiwe«.

Issar tut es mir nach, sagt »Steiiiiin« und wartet auf meine Reaktion. Ich nicke, und jeder von uns beiden wiederholt noch einige Male das Wort in der jeweils anderen Sprache.

Irgendwann nach ein paar Kilometern beginne ich die Stille und das Schweigen zu genießen. Das Knirschen des schroffen Bodens unter meinen Füßen und der Takt meiner Schritte haben eine meditative, fast schon hypnotische Wirkung auf mich. Der Gedankenkreisel in meinem Kopf wird erst langsamer und steht bald darauf komplett still. Da ist nur der Rhythmus meines Atems, meiner Schritte und diese unglaublich wundervolle Natur um mich herum.

Allein Issar schafft es hin und wieder, mich mit seinem mahnenden »Pole, pole« aus diesem Zustand der Ruhe herauszuholen.

Und dann erreichen wir auch schon das Ziel unserer ersten Etappe, das Machame Camp. Unwillkürlich muss ich an die vielen Abenteuerfilme denken, die ich als Kind im Fernsehen sah. Vor uns liegt ein komplett aufgebautes Zeltlager, über einem Feuer dampfen Töpfe, und der Geruch von Kaffee zieht mir in die Nase. Erst jetzt realisiere ich, dass wir für heute fertig sind mit dem Wandern. Irgendwo in den letzten sechs Stunden muss ich wohl mein Zeitgefühl verloren haben. Ich atme durch, lasse mich in meinem Zelt auf den Schlafsack fallen und spüre in mich hinein. Das Knie schmerzt ein wenig, und mein Kopf ist angenehm leer. Körperlich war es überhaupt nicht anstrengend.

Du bist eine durchtrainierte Maschine, denke ich. Und dann noch: Wenn das so weitergeht, dann wird der Weg zum Gipfel ein Spaziergang.

Nur mein Knie macht mir etwas Sorgen. Das muss halten. Egal wie. Ich stelle mir vor, wie ich den Aufstieg abbrechen muss, weil ich den rhythmischen Schmerz, der bei jeder Belastung des linken Beins durch meinen Körper schneidet, nicht mehr aushalten kann. Solch eine Niederlage könnte ich nicht ertragen. Nicht nach dieser Saison. Nicht nach Mannheim, nicht nach Petra und Claudia, nicht nach der verpassten WM und nicht nach dem ganzen Chaos in meinem Leben. Das wären Schmerzen, die ich nicht aushalten könnte. Mein Innenband werde ich schon irgendwie in den Griff bekommen.

Die Dunkelheit bricht früh über uns herein. Bereits um achtzehn Uhr ist es stockdunkel. Ich sitze mit dem Guide am Feuer, wir essen Omeletts, trinken heißen Tee, und immer wieder lernen wir Vokabeln voneinander.

»Essen?«, frage ich in seine Richtung und führe die Hand mit einem Stück Omelett an den Mund.

»Chakula« antwortet er. Und lächelt.

Nur wenig später rolle ich mich zufrieden in meinen Schlafsack. »Der Berg kann mir nichts«, schreibe ich im Schein einer LED-Lampe in ein kleines Tagebuch, das ich unbedingt mitnehmen musste. Wohl auch, weil ich hoffte, dass mir durchs Schreiben klarer werden würde, wohin ich gehöre. Mit welcher Frau ich den Rest meines Lebens verbringen möchte. Und wie das alles weitergehen soll.

Aber solche Erkenntnisse bleiben an diesem Abend aus. Ich bin ja erst am Anfang meiner Tour.

Der nächste Morgen beginnt früh um fünf. Erholt und gut ausgeschlafen frühstücken Issar und ich ausgiebig. Heißer Tee, rohe Avocados und frische Eier von den Hühnern, die die Träger auf ihren Schultern hier hochwuchten, sollen uns für den Tag ausreichend mit Energie versorgen. Bereits eine Stunde später brechen wir auf. Unsere Zelte und die Vorräte lassen wir stehen und liegen. Darum werden sich die beiden Träger kümmern. Ich genieße es, mich um all dies nicht kümmern zu müssen, auch wenn mich ganz leicht ein schlechtes Gewissen überkommt. Die Besteigung ganz alleine zu machen, auf sich selbst gestellt zu sein, nicht diesen Komfort zu genießen – das würde die ganze Sache echter oder authentischer machen. Aber, ganz ehrlich, ich glaube, das würde ich nicht packen.

Wie schon am Vortag gehen wir über weite Strecken schweigend. Immer, wenn ich denke, ich habe meinen Rhythmus gefunden, kommt allerdings ein lachendes »Pole, pole« von Issar. Bewusst langsam zu gehen fällt mir nicht leicht, obwohl ich merke, dass ich dadurch viel mehr wahrnehme. Ich spüre den Boden unter mir, achte auf Wurzeln oder kleine Erdlöcher, um nicht zu stolpern, und fühle mich im wahrsten Sinne des Wortes geerdet. Ich sehe, wie die Bäume, die gestern unseren Pfad säumten, nun langsam von Büschen abgelöst werden. Wir haben also schon einige Höhenmeter geschafft.

Nach zwei oder drei Stunden überholen uns die Träger. Denen sagt niemand, dass sie »Pole, pole« laufen sollen. Wieder regt sich kurz mein Gewissen, während ich die beiden Jungs, bepackt mit meinen Klamotten, hinter der nächsten Wegbiegung verschwinden sehe. Aber bereits gestern habe ich verstanden, dass sie stolze junge Männer sind, die diesen Job lieben. Er sorgt für ein gutes Einkommen, mit dem sie ihre Familien ernähren, und für ein gewisses Ansehen im Dorf. Ich muss mich also nicht wie ein Ausbeuter fühlen. Außerdem bin ich völlig fasziniert davon, was ihre hageren Körper zu leisten fähig sind. Da kommt der Eisen-Renz aus Deutschland daher, mit seiner Tiptop-Ausrüstung, hält sich für die ultimativ durchtrainierte Kampfmaschine und wird am Hang von zwei vollbepackten Einheimischen in Gummisandalen fröhlich lachend überholt.

Am späten Mittag steigen wir dann zu unserem Etappenziel hinab. »Walk high, sleep low«, lautet die Devise, wenn man auf den Kilimandscharo will. Bedeutet: Im Laufe des Tages läuft man jede Menge Höhenmeter nach oben, schläft dann aber wieder auf einem etwas tieferen Level. So kann sich der Köper am besten an Luftdruck und Sauerstoffgehalt anpassen. Denn auch wenn der höchste Berg Afrikas ohne große bergsteigerische Erfahrung quasi erwandert werden kann, sind 5895 Höhenmeter eine echte Herausforderung für den Körper. Aber so weit oben bin ich noch nicht.

Als wir das Shira Camp auf dreitausendachthundert Metern erreichen, brutzelt bereits das Essen in der Pfanne, und wieder liegt Kaffeeduft in der Luft. Angenehm erschöpft und müde schlüpfe ich ziemlich schnell in meinen Schlafsack und fühle mich nach diesem Tag sehr verbunden. Verbunden mit den Trägern und meinem Guide, deren Herzlichkeit ich liebe. Und in deren Blicken immer etwas strahlt. Ein Lachen, ein Scherz, eine Hochachtung vor der Natur und diesem Berg, dem sie so viel verdanken. Und obwohl wir nur wenig miteinander sprechen, habe ich das Gefühl, ihnen sehr nah zu sein.

Ich fühle mich mit dieser überwältigenden Natur verbunden, die mir hinter jeder Biegung des Weges neue Eindrücke schenkt. Für ein paar Sekunden fühle ich mich sogar mit mir selbst verbunden. Ich denke an mein ungeborenes Kind, und eine Welle der Liebe durchflutet mich. Dann an Claudia. Dann an Petra. Und die Welle der Liebe verschwindet in dem Riss, den ich in meinem Herzen fühle. Was bin ich für ein Mensch? Wie möchte ich leben? Mit wem möchte ich leben? Und wie soll das alles eigentlich weitergehen? Mit diesen Fragen im Kopf schlafe ich ein. Antworten habe ich keine. Ich weiß nur eines, ich möchte mich während dieser Besteigung entscheiden. Ich werde das schaffen.

Der dritte Tag beginnt schlecht. Mein Gefühl der Verbundenheit hat sich über Nacht verabschiedet. Stattdessen bemerke ich, dass mein Körper sich anders anfühlt, irgendwie nicht rundläuft. Dazu leichte Kopfschmerzen, die ich auf die zunehmende Höhe schiebe. Nach dem Frühstück mit Tee, Avocados und Eiern machen wir uns schweigend an die heutige Etappe. Mir ist nicht nach anstrengender Kommunikation mit Händen und Füßen.

»Are you okay?«, fragt mich Issar.

»Of course«, antworte ich und erhöhe wie zum Beweis mein Schritttempo. Prompt stolpere ich über einen Stein und liege auf dem Boden.

»Scheiße«, sage ich mehr zu mir selbst und blicke in das lachende Gesicht von Issar.

»Scheiß ... jiwe.« Ich greife nach irgendeinem Stein auf dem Weg, stellvertretend für den, der mich stolpern ließ, und halte ihn in die Luft. Dann noch mal: »Scheiß jiwe.« Jetzt aber schon deutlich weniger genervt.

»Andreas, you have to go slow. You know. Pole, pole.«

»Ja, ja. Langsam, langsam. Ich weiß.« Ich stehe wieder und schüttele mir den Staub aus den Klamotten.

»Yes, langsam, langsam«, sagt Issar. Und lächelt.

Nach etwa zwei Stunden Fußmarsch, in denen es mich noch mehrfach geschmissen hat, wird die Landschaft langsam karger. Gras, Flechten und Moos lösen die Sträucher ab. Und immer mehr lockeres Gestein säumt jetzt unseren Pfad.

Dann passiert etwas Typisches für Bergregionen. Innerhalb von wenigen Minuten verdunkelt sich der Himmel, und es beginnt wie aus Kübeln zu schütten. Ein richtiger Wolkenbruch. Issar geht ein paar Meter vor mir und zieht das Tempo ein wenig an. Sofort habe ich Mühe, ihm zu folgen. Da ist ein Druck auf meiner Brust. Mein Herz rast. Obwohl ich ja objektiv gesehen immer noch sehr langsam unterwegs bin, liegt mein Puls weit über hundertdreißig. Die Kopfschmerzen werden von Minute zu Minute heftiger. Issar schaut mich besorgt an, gibt mir aber zu verstehen, dass es bis zum Camp nicht mehr sehr weit sei und der Weg nur noch bergab führe.

»Today we went high. Over four thousand meters. Now we go down under four thousand meters.«

»Walk high, sleep low«, sage ich gequält.

»Yes. Walk high, sleep low.«

Ich stolpere weiter durch den strömenden Regen und bin heilfroh, als wir endlich am Barranco Camp ankommen. Wie an den Tagen zuvor ist wieder das Essen vorbereitet.

»Ich kann nix essen«, sage ich, schüttele dann den Kopf und winke ab, damit die Jungs mich auch wirklich verstehen. Ich taumele in mein Zelt und lege mich im Zeitlupentempo auf den Schlafsack. Die Kopfschmerzen sind so stark, dass ich Angst habe, mein Schädel würde bei einer schnelleren Bewegung explodieren. Kaum liege ich in meinem Zelt, beginnt sich alles zu drehen. Mein Magen zieht sich zusammen, ich spüre den Würgereiz in meinem Hals und schaffe es gerade noch aus dem Zelt, bevor ich mich übergeben muss. Die Mannschaft schaut besorgt, Issar kommt zu mir und fragt, wie schlimm es sei.

»Terrible«, sage ich stöhnend.

Issar erklärt mir in einem Mix aus Englisch, Händen, Füßen und Swahili, dass ich wohl stark auf die Höhe reagiere. Bei viertausend Metern würden viele Besucher die Höhe körperlich spüren. Manche nur wenig, manche stärker und ich extrem.

Er geht zu den Trägern, redet mit ihnen, und es wird ein paar Minuten lautstark diskutiert. Dann kommt er zurück und stellt mir meine Optionen vor.

»So, Andreas, we can stay here in the camp for five or six days. You can regenerate and your body will hopefully better accept the height. Or we climb very fast to the top and walk down in just two days.«

In Bruchteilen einer Sekunde laufen in meinem Kopf Argumentationsketten ab:

Sechs Tage hier im Zelt ich wollte viel schneller sein mein Kopf zerplatzt gleich in zwei Tagen hoch und wieder runter das kann ich schaffen und lieber zwei Tage Kopfschmerzen als sechs Tage vielleicht auch mit Kopfschmerzen du kannst das schaffen Andi du kannst alles schaffen ich will nicht sechs Tage hier rumhängen ich kann das schaffen.

Ich grinse gequält. »Okay, we'll go fast.«

»Are you sure?«

»Yes.«

Ich krieche zurück ins Zelt, lege mich auf den Schlafsack und schließe die Augen. Der Schwindel ist noch da, die Kopfschmerzen lassen etwas nach. Vielleicht liegt es daran, dass ich mich gerade übergeben habe. Vielleicht liegt es daran, dass ich eine Entscheidung getroffen habe. Meine Herzfrequenz sinkt. Ich krame nach meinem Tagebuch, schreibe stichpunktartig auf, was mir durch den Kopf geht, und halte fest, auf welchen Ebenen mich diese Tour fordert. Ich erinnere mich an meinen Schwiegervater, der viele Jahre vor mir ebenfalls diese Tour gemacht hat. Obwohl er deutlich unsportlicher als ich ist, hatte er keinerlei körperliche

Probleme beim Aufstieg. Man fasse halt die Entscheidung, den Berg zu besteigen, und das würde man dann einfach durchziehen.

Über die Fragen, wie sich dieser Gedanke auf meine Tour zum Gipfel übertragen lässt, was das für mein Leben bedeutet und warum sich mein Körper so gegen den Aufstieg wehrt, schlafe ich erschöpft ein.

Am nächsten Morgen erwache ich hungrig und gut gelaunt. Die Kopfschmerzen sind weg, kein Schwindel, keine Übelkeit. Selbst der Regen hat nachgelassen. Mit großem Appetit frühstücke ich Avocados und Omelett, scherze mit Issar und den Trägern und bin schon kurze Zeit später wieder gemeinsam mit dem Guide auf dem schmalen Weg am Hang des Berges.

Bereits nach wenigen Metern spüre ich erneut die Erschöpfung. Meine Beine sind schwer wie Blei, und jeder Schritt fällt mir schwer. Zu »Pole, pole« muss mich Issar heute nicht ermahnen. Ich kann sowieso nur langsam gehen. Und mit jedem Höhenmeter wird es schlimmer. Etwa bei viertausend Metern, also der Höhe, bei der ich gestern massiv abgebaut habe, meldet sich auch heute mein Körper. Ein Druck legt sich auf meine Lunge, ich atme schnell und habe trotzdem das Gefühl, keine Luft zu bekommen. Puls: konstant über hundertsechzig.

Die Umgebung um uns herum besteht inzwischen nahezu ausschließlich aus Felsen und Geröll. Ich muss höllisch aufpassen, dass ich nicht stolpere oder umknicke. In meinem Kopf wechseln sich verschiedene Mantras ab, die unwillkürlich wechseln.

Du schaffst das, Andi.

Pole, pole, pole, pole.

Petra. Claudia.

Du entscheidest dich. Und dann ziehst du es einfach durch.

So geht es – so gehe ich – Meter um Meter bergauf. Ich bin im Tunnel. Windböen zerren an meiner Jacke – ich ziehe den Reißverschluss bis unters Kinn und gehe weiter. Regenschauer brechen über uns herein – ich setze mir die Kapuze auf. Und gehe weiter.

Du schaffst das, Andi.

Ich bemerke, dass Issar gern schneller gehen würde, und spüre seinen besorgten Blick, der mich bei jeder Pause, die wir einlegen müssen, weil ich keine Luft bekomme, mustert.

»Are you okay?«, fragt er anfangs noch.

»Yes!«, antworte ich. Aber ich befürchte, dass er mir mit jedem Mal weniger glaubt.

Kritisch wird es am Kissing Rock, der gefährlichsten Stelle des ganzen Aufstiegs. Der Pfad wird extrem schmal, und ein vorstehender Felsen scheint das Weiterkommen verhindern zu wollen. Um nicht in die Tiefe zu stürzen, muss man den Felsen umarmen und das Gesicht an ihn pressen. Daher haben ihm die Einheimischen den Namen Kissing Rock gegeben. Ich spüre Issars besorgte Blicke, die er ermutigend wegzulächeln versucht. »Pole, Pole – you can do it, Andi!« Der Regen hat den Untergrund aufgeweicht, und meine Füße finden kaum einen festen Punkt. Wie Issar es mir vorgemacht hat, umarme ich den Felsen und versuche mich irgendwie, irgendwo festzuhalten. Reflexartig schaue ich auf meine Füße und blicke in die Leere unter mir. Scheiße, ist das tief. Plötzlich steigt Panik in mir auf. Mir wird schwindelig.

»Andreas, don't look down! Andreas!«.

Seine Stimme dringt kaum noch zu mir durch. Ich kann mich nicht bewegen, bin versteinert, als wäre ich Teil dieses Felsens geworden. Keinen Millimeter kann ich mehr vor oder zurück. Was für ein symbolisches Bild. Ich hänge über einem tiefen Abgrund an einem Felsen und weiß nicht mehr weiter. Petra, Claudia oder ...?

Ein fester Händedruck reißt mich aus meiner Starre. »Andi, I help you. Pole. Step by step. We can do it.« Und Issar hat recht. Ganz langsam schiebt er mich am Kissing Rock vorbei. Ich habe wieder festen Boden unter den Füßen. Meine Beine zittern, ich höre meinen Herzschlag in den Ohren pochen und sacke erst einmal auf die Knie. »What the fuck?«, rufe ich in die Wildnis vor mir und schaue zu meinem Guide. Der lächelt nur.

»Good, Andreas. That was good.«

Fast zehn Stunden marschieren wir weiter durch diese Einöde, bis endlich hinter einer Biegung das Barafu Camp vor uns auftaucht. Ein windiges Steinplateau. Höhe: mehr als viertausendsechshundert Meter. Es ist das letzte Camp vor dem Gipfel. Hier werden alle Vorbereitungen getroffen, um am nächsten oder übernächsten Tag den Gipfel zu besteigen. Mein Zelt steht nur wenige Meter von der Kante des Plateaus entfernt, und mir wird vielleicht – trotz der Kopfschmerzen und der Übelkeit – zum ersten Mal wirklich bewusst, dass das hier schon eine megakrasse Erfahrung ist. Kein normaler All-inclusive-Urlaub. Kein sicherer Spaziergang auf eine Alm im Allgäu. Das hier ist echte, raue und brutale Natur.

Unsere Träger haben auch hier oben bereits das Abendessen vorbereitet. Es gibt ein sehr schmackhaftes Gericht mit Hühnchen. Das Federvieh wird also weder den Gipfel noch den Abstieg erleben. Issar bedeutet mir, dass ich viel und gut essen und dann versuchen soll, möglichst schnell einzuschlafen. Unser Aufstieg würde mitten in der Nacht beginnen. Spätestens um Mitternacht müssten wir aufbrechen, damit wir zu Sonnenaufgang am Gipfel wären.

Etwas später liege ich also in meinem Zelt und versuche zu schlafen. Es gelingt mir nicht. Meine Pulsuhr zeigt mir selbst im Liegen keinen Wert unter hundertsechzig an. Ich wälze mich von einer Seite auf die andere. Und jedes Mal strengt es mich unendlich an. Mein Herz rast noch schneller, ich ringe nach Luft, aber davon gibt es hier oben offensichtlich zu wenig für meinen Körper. Irgendwann höre ich, wie die Jungs draußen flüsternd ihre Vorbereitungen treffen. Die hellen Lichtkegel ihrer Stirnlampen tanzen über die Zeltwände. Der Reißverschluss meines Zeltes wird geöffnet, ich blicke in gleißend helle LED-Birnen.

»Psst, Andreas, you have to get up.«

»Yeah, I am awake.«

Dass ich die ganze Nacht nicht geschlafen habe, sage ich ihm lieber nicht. Ich will auf den Gipfel. Heute. Jetzt!

Ich schaue auf die Uhr. Es ist kurz nach elf. Durch den geöffneten Eingang des Zeltes drücken kräftige Windböen, die meine

Stoffbehausung wie einen Luftballon aufblasen. Nicht gerade die beste Motivation, um aufzustehen. Der Gedanke, in wenigen Stunden oben auf dem Dach von Afrika zu stehen und vielleicht endlich Klarheit zu erlangen, besiegt dann aber meine Trägheit, und ich schäle mich aus Schlafsack und Zelt. Der Sturm peitscht mir Schneeflocken ins Gesicht, die sich wie tausend kleine Messerstiche auf der Haut anfühlen. Mein Körper ist in Beton gegossen. Jede Bewegung führe ich in Zeitlupe aus, weil ich Angst habe, dass andernfalls mein Herz kapituliert.

Ich binde mir die Trekkingschuhe zu. Keine zwei Wochen ist es her, da stand dieses Paar noch in einem Outdoor-Laden in Köln. Und das alles hier war nicht viel mehr als eine verrückte Idee in meinem Kopf. Habe ich mich überschätzt? Oder den Berg unterschätzt? Klar, einen Spaziergang habe ich nicht erwartet. Dass ich körperlich allerdings so an meine Grenzen komme, auch nicht.

Ich brauche fast eine halbe Stunde, bis die Schuhe geschnürt sind. Handgriffe, die unter normalen Umständen automatisch innerhalb von Sekunden ablaufen, werden hier oben zu einer echten Herausforderung.

»Come on, Andreas. We have to start. Sure, you are okay?«

Ich blicke in sein Gesicht. Der unbeschwerte Ausdruck, das Lächeln um die Mundwinkel, das Strahlen in den Augen – alles weg. Issar ist besorgt. Wegen des Sturms. Und wegen mir.

»The weather is really, really bad«, sagt er. »You have to walk very carefully. And langsam, langsam. You know.«

»Yes, I'm ready. And don't care, I will walk very slowly. Obviously I am not able to walk faster.«

Sein Gesicht verfinstert sich ein wenig mehr. Er schaut mir tief in die Augen, als würde er dort, irgendwo in meinem Kopf, meinen aktuellen Gesundheitszustand abchecken. Dann nickt er.

»Let's go.«

It's not for Bob, it's for du, denke ich exakt im Tonfall meines ehemaligen Trainers Bob Burns und muss trotz der Atemnot schmunzeln. Er konnte uns junge Burschen damals ähnlich krass an die Leistungsgrenze bringen. Und dieses Durchbeißen, das Weitermachen um jeden Preis, das habe ich von ihm gelernt. Oder zumindest unter ihm perfektioniert. Wenn er damals nicht mein Trainer gewesen wäre, wäre ich heute wahrscheinlich nicht aufgestanden. Aber ohne ihn wäre ich vielleicht gar nicht hier oben. Weil ich nicht bei den Kölner Haien gespielt hätte. Und dann hätte ich auch nicht Claudia kennengelernt. Und alles wäre etwas einfacher gewesen. Oder zumindest: anders.

Bereits wenige Minuten nach unserem Start merke ich, dass diese finale Etappe eine ganz besondere Herausforderung für mich sein wird. Auch mental. Der Schneesturm ist echt heftig, der Boden unter meinen Füßen nass und glitschig. Ständig rutsche ich aus und muss meine Konzentration komplett auf den nächsten Schritt richten, damit es mich nicht hinschmeißt, ich umknicke, mir irgendetwas breche und deshalb so kurz vor dem Ziel aufgeben muss. Eine Bergrettung gibt es hier oben auch nicht. Gestern oder vorgestern zeigte Issar mir auf unserem Weg eine primitive Trage aus Holz mit einem Autoreifen. Damit würden Schwerverletzte hinunter auf die Ebene gebracht, erklärte er mir lapidar.

»No helicopters? No docs? First aid?«, fragte ich ungläubig.

»No, no, no.«

Ich muss also höllisch aufpassen, um nicht auf solch einem Bretterkarren den Kili zu verlassen.

Die Dunkelheit und dieser fucking Schneesturm ängstigen mich zusätzlich. Der Schein meiner Stirnlampe reicht kaum zwei Meter weit, dahinter wird alles schwarz. Und weil ich so langsam bin, verschwindet Issar eigentlich immer in diesem Schwarz.

Wenn er jetzt irgendwo abbiegt und ich das nicht mitbekomme, dann bin ich verloren, denke ich und muss hart gegen die aufkommende Panik ankämpfen. Der Sturm braust so laut in meinen Ohren, dass ich mich auch nicht auf mein Gehör verlassen kann. Ich ahne oftmals nur, wo Issar gerade ist.

Alle paar Schritte muss ich eine Pause machen, weil mein Körper nicht mehr will. Es ist, als wehrte er sich mit aller Macht, den Gipfel zu erreichen.

Du packst das nicht, denke ich. Der Berg ist zu groß für dich.

Issar ist jetzt nicht mehr nur um mich besorgt. Er selbst hat ebenfalls mindestens ein mulmiges Gefühl bei den aktuellen Wetterbedingungen. In seinem gebrochenen Englisch erklärt er mir, dass ich mich jetzt wirklich zusammenreißen muss. »We cannot go back. Too much snow. We must go to the top and then go down on the other side. Andreas, you understand. We must go now.«

Es gibt kein Zurück, denke ich. Sagt man ja oft genug. Aber selten hat es so sehr gepasst wie in dieser Nacht am Gipfelhang des Kilimandscharos.

Drei Schritte – Pause – drei Schritte – Pause. So geht es im Schneckentempo vorwärts. Meine Kopfschmerzen sind wieder da und hämmern gegen meine Schädeldecke. Mir wird schwindelig. Ich lehne mich gegen einen Felsen und muss brechen. Im Schein der Stirnlampe sehe ich, wie sich der Schnee blutrot verfärbt. »Lungenembolie« ist mein erster Gedanke. Und schlagartig werde ich ganz ruhig. »Okay. Andi, das war es dann. Du hattest deine Erfolge, du hast geliebt und du hast ein Kind gezeugt. So unendlich schade, dass ich nicht mehr sehen werde, wie es aufwächst. Ich werde also an diesem verfluchten Berg sterben. Einsam. Ohne die Möglichkeit, mich zu verabschieden. Sie werden mich auf einem Bretterkarren nach unten bringen, aber ich werde da längst tot sein. Es ist okay.«

Issar kommt zu mir, fasst mich an der Schulter und will mich wieder antreiben. Ich deute wortlos auf den roten Schnee. »It's blood«, schiebe ich erklärend hinterher. »I'm gonna die.« Er kniet sich hin, betrachtet sehr genau das, was ich da von mir gegeben habe, kommt wieder hoch und schaut mir in den Mund.

»It is not your blood, Andreas.« Obwohl mich seine Stirnlampe blendet, kann ich die Erleichterung in seinen Gesichtszügen erkennen. Fast ist da ein Lächeln um seine Mundwinkel. Dann erklärt er mir, dass das, was ich da erbrochen habe, der Beerensaft sei, den mir die Träger nach dem Aufstehen zum Frühstück gaben.

»I will not die«, sage ich. Halb fragend, halb feststellend.

»No, no, no, you will not die here. But now hurry up, we must go faster.«

Ich bin immer noch im Schockzustand. Jetzt zusätzlich erleichtert, verwirrt, irritiert. Das alles ist definitiv zu viel für mich. Wäre es für jeden anderen wahrscheinlich auch. Also mache ich das, was ich am besten kann: den grübelnden Geist ausschalten, kämpfen und funktionieren. Schritt für Schritt für Schritt.

Wir kämpfen uns eine ganze Weile durch das Schneegestöber. Bei jeder Pause denke ich, dass ich es nicht schaffen werde. Und gehe trotzdem weiter. Irgendwann beginnt es zu dämmern, und ich kann schemenhaft die Umgebung erahnen. Die Dunkelheit haben wir also überwunden. Tiefster Tiefpunkt, Tal der Tränen, ab jetzt geht es aufwärts. Ich schmunzele ein wenig. Aufwärts bedeutet hier nichts als Anstrengung. Abwärts wäre mir gerade viel lieber.

»Look, Andreas«, Issar deutet in den dämmrigen Himmel. »The top of Kilimandscharo.«

Ich folge seinem Fingerzeig und sehe im dämmrigen Grau des Himmels die scharfen Kanten des Gipfels. Es sind kaum mehr als hundert Meter. Luftlinie. Aber zwischen uns und diesem Gipfel liegt noch ein Eisfeld. Schritt – Schritt – Pause. Schritt – Schritt – Pause. So kämpfe ich mich vorwärts. Die Nerven von Issar liegen inzwischen auch blank. Er ist ungeduldig, stampft in den Schnee, schreit mich an, dass ich weitergehen soll. Und vor allen Dingen schneller. Aber ich kann nicht schneller. Er beißt sich am Eisen-Renz die Zähne aus.

Drei Stunden benötigen wir für diese letzten hundert Meter. Ich krieche teilweise auf allen vieren vorwärts übers Eis. Issar hat aufgegeben und geht schweigend neben mir. Ich stelle mir vor, was wir beide für ein Bild abgeben. Der große DEL-Verteidiger kriecht mit letzter Kraft über einen Gletscher und wird von einem hageren afrikanischen Tour-Guide angeschnauzt. Nie wieder in meinem Leben habe ich mich so kraft- und hilflos gefühlt. Nie wieder war ich – zumindest gefühlt – dem Tode so nahe.

Dann stehen wir endlich unter dem Gipfelkreuz. Ich brauche ein paar Sekunden, um es zu begreifen, komme langsam aus dem Tunnel raus, in dem ich die letzten vier, fünf, sechs Stunden verbracht habe. Und alles wird auf einmal magisch. Der Schneesturm hat sich verzogen. Vielleicht sogar schon vor einer halben Stunde, aber ich bemerke es erst jetzt. Ich sehe, wie die Sonne irgendwo ganz weit hinten am Horizont aufgeht. Hinter mir der Krater des Vulkans. Vor mir die Weite der afrikanischen Steppe. Ich habe es auf den höchsten Punkt des Kontinents geschafft, bin nicht verunglückt, hatte keine Lungenembolie, bin nicht gestorben. Wir fallen uns in die Arme. Alle Anspannung ist auf einmal verschwunden, und ein unendliches Glücksgefühl bricht über mich herein. Ich spüre keine Schmerzen mehr, mein Schwindel hat sich gelegt, selbst das Atmen fällt mir etwas leichter. Jetzt habe ich ansatzweise eine Ahnung davon, wie sich Mütter direkt nach der Geburt fühlen müssen, wenn da nur noch Glück im Körper ist. So viel Glück, dass es keinen Platz mehr gibt für so etwas Banales wie Schmerzen, Schwindel oder Übelkeit.

Ich weine. Issar weint auch. Zumindest ein bisschen. Es zeigt mir, dass dieser Aufstieg auch für ihn ein außergewöhnliches Ereignis war. Das Wetter war herausfordernd. Ich war herausfordernd. Aber wir haben es geschafft. Gemeinsam.

Ich gehe ein paar Schritte, um kurz mit mir allein zu sein. Schließlich habe ich mir fest vorgenommen, hier oben endlich die Antwort auf die alles entscheidende Frage zu bekommen: Wo gehöre ich hin? Ich schaue in die überwältigend schöne Weite und höre in mich hinein. Doch es kommt keine Antwort. Ich denke an Petra, ich denke an Claudia, und ich fühle immer noch – selbst hier oben – nichts als Zerrissenheit. Meine Hoffnung ist dahin. Issar gibt mir einen Stift, ich suche mir einen Stein und schreibe einen Namen darauf. Miu. Diesen Namen haben Claudia und ich für unsere Tochter gewählt. Für sie werde ich da sein, egal was kommt. Sie soll nicht unter meiner Zerrissenheit leiden. Das schwöre ich ihr – und mir – auf dem höchsten Punkt Afrikas. Mich hat der Wunsch nach Erkenntnis hierhergetrieben. Jetzt habe ich Erkenntnis. Nicht die, die ich mir erhofft hatte. Aber eine andere. Mein Gewaltmarsch hatte einen Sinn.

Ich merke, wie das High nachlässt und sich die Kopfschmerzen zurückmelden. Issar bemerkt es auch, packt mich und gibt mir zu verstehen, dass wir nun schnell wieder hinabsteigen müssten. Seine Bestimmtheit verunsichert mich, aber ich folge nur noch seinen Anweisungen. Schnellen Schrittes geht es nun Meter für Meter nach unten. »Pole, pole« gilt nicht mehr. Issar will mich möglichst rasch aus dieser gesundheitsgefährdenden Höhe scheuchen, egal wie. Mehrmals stolpere ich, rolle ein paar Meter über den Schnee, bevor ich mich fangen kann. Etwas weiter unten passiert mir Gleiches auf dem harten Geröll. Aber da habe ich kaum noch so etwas wie Bewusstsein. Ich gehe und gehe und stolpere und gehe und höre die Worte von Issar. Aber nichts davon fühlt sich echt an. Der Abstieg ist ein Film. Ich bin Schauspieler und Zuschauer in einer Person. Was ich allerdings sehr genau wahrnehme, ist mein Knie. Das konstante Bergab ist alles andere als gut. Ich spüre, wie sich das Knie mit Wasser füllt, und fühle bei jedem Umknicken einen stechenden Schmerz.

Nach ungefähr einer Stunde erreichen wir von der anderen Seite des Gipfels aus wieder das Camp. Es ist halb sieben am Morgen. Ich falle vollkommen kraftlos in mein Zelt, die Crew muss mir sogar die Schuhe ausziehen. Erschöpft schlafe ich innerhalb von ein paar Sekunden ein. Mein Körper kapituliert. Ich wollte auf den Gipfel, das hat er mir ermöglicht. Jetzt macht er Pause.

Gegen acht Uhr rüttelt mich Issar aus dem Schlaf und deutet mir an, dass wir nun weiter absteigen müssen. Die Träger haben die anderen Zelte bereits abgebaut. An Frühstück ist nicht zu denken. Ich habe keinen Hunger, ich bin nur noch erschöpft. Zu viert brechen wir kurze Zeit später auf, und Issar erklärt mir, dass wir das Camp auf dem Abstieg auslassen und so schnell wie nur möglich absteigen. Heute am späten Abend werden wir den Fuß des Berges erreichen. Da, wo wir vor knapp einer Woche aufgebrochen sind, fünftausend Höhenmeter an einem Tag. Mir ist alles egal. Ich habe nur noch die Kraft, die ich benötige, um einen Fuß vor den anderen zu setzen.

So gehen wir Schritt für Schritt, Meter für Meter den Berg hinab. Ich bin zurück in meinem Tunnel, nehme kaum noch etwas um mich herum wahr. Die Landschaft, die mich auf dem Hinweg begeistert und mir nach jeder Biegung des Weges neue überraschende Bilder gezeigt hat, zieht einfach nur an mir vorbei. Das Geröll wird weniger, und immer mehr Gräser säumen unseren Weg: egal. Die Gräser werden von Büschen abgelöst: egal. Die ersten Bäume zeigen sich: auch egal. Ich merke, wie gut mir die abnehmende Höhe tut. Das Atmen fällt leichter, der Druck in meinem Kopf lässt nach, mein Herzschlag verlangsamt sich.

Hinter mir wird es lauter, die Träger streiten sich mit Issar. Als ich stehen bleibe, um mich nach ihnen umzusehen, schauen sie mich allesamt an. Wieder ist da Besorgnis in ihren Blicken, und irgendetwas sagt mir, dass ich der Grund für die Auseinandersetzung bin. Letztendlich erhöhen die beiden Träger das Tempo, ziehen – augenscheinlich genervt – an mir vorbei und sind nur ein paar Momente später hinter einer Kurve verschwunden. Issar versucht mir den Grund des Streits zu erklären, es scheint um meinen gesundheitlichen Zustand zu gehen und seinen Plan, noch heute Abend am Fuß des Berges zu sein. Genauer verstehe ich ihn aber nicht. Ich muss einen Fuß vor den anderen setzen, alles Weitere überfordert mich. Unten wird mich ein Arzt in Empfang nehmen, der mich durchchecken und wieder auf Vordermann bringen wird, davon bin ich überzeugt. Und es ist dieser Gedanke, der mich weitergehen lässt. Keine Sinnsuche mehr, kein Hoffen auf das große, erkenntnisreiche Aha-Erlebnis, keine Erleuchtung, die es zu erreichen gilt. Eigentlich will ich nichts anderes als überleben. Mich hinlegen. Schlafen. Ausruhen.

So gehen wir Stunde um Stunde. Große Pausen machen wir nicht. Ab und zu bleiben wir kurz stehen, damit ich ein Kleidungsstück ausziehen kann, denn je näher wir der Ebene kommen, desto wärmer wird es. So wird es Nachmittag, irgendwann setzt die Dämmerung ein, kurz darauf laufen wir wie in der Nacht zuvor im Schein unserer Stirnlampen. Um uns herum nichts als Dunkelheit.

Tief in der Nacht erreichen wir endlich unser Ziel: eine Hütte in der Ebene. Einen Arzt gibt es dort nicht. Stattdessen nimmt mich eine Einheimische in Empfang. Sie redet kurz mit Issar. Wahrscheinlich geht es um mich, denn beide betrachten mich während ihres Wortwechsels, während ich etwas verloren in der Hütte stehe. Es fühlt sich so an, als wäre ich gar nicht wirklich anwesend. Issar verabschiedet sich und drückt mich lange und herzlich. Dann ist er verschwunden.

Die Frau zeigt auf ein Bett, reicht mir ein Glas mit Saft und deutet an, dass ich mich hinlegen soll. Abgesehen von den anderthalb Stunden Schlaf nach dem Abstieg vom Gipfel bin ich jetzt seit rund vierundzwanzig Stunden auf den Beinen. Bin durch die totale Erschöpfung hindurch aufs Dach von Afrika gekrochen, habe kurz mit meinem Leben abgeschlossen, Todesängste ausgestanden, dann in einem Gewaltmarsch ein paar Tausend Höhenmeter hinter mir gelassen, die Hoffnung auf bestimmte Antworten für mein Leben aufgegeben und andere Antworten bekommen. Zu viel für einen Tag im Leben eines Menschen. Zu viel für mich. Ich falle innerhalb von Sekunden in einen tiefen Schlaf. So hatte ich mir meinen Trip zum Kili nicht vorgestellt.

Als ich wieder aufwache, sitzt die Frau neben meinem Bett, singt und lächelt mich mit liebevollem Blick an. Ich schaue mich um.

Wo bin ich hier?

Wer ist sie?

Wo ist der Arzt?

Ich habe wahnsinnigen Durst und greife nach einem Glas mit Wasser, das auf einem Hocker neben dem Bett steht. Ich stoße mir die Hand, weil meine Koordination wohl noch nicht aufgewacht ist und die Muskeln in meinem Arm schwer wie nach drei Stunden Krafttraining sind. Gierig trinke ich das Glas in einem Zug leer. Ich schaue auf meine Armbanduhr: Es ist Vormittag. Ich habe also ein paar Stunden Schlaf gefunden. Dann stutze ich, als ich die Datumsanzeige sehe. Ich habe nicht nur ein paar Stunden geschlafen, sondern zwei Tage und ein paar Stunden. Ich setze mich aufrecht hin. Jeder Muskel tut weh, meine Füße schmerzen, als steckten sie in einem Topf mit kochendem Wasser. Langsam kommen die Erinnerungen zurück. Der Aufstieg in der Nacht, der Abstieg in der Nacht, dazwischen dieses kurze, vollkommene Gefühl des Glücks auf dem Gipfel. Und mit jeder neuen Erinnerung wächst mein Stolz. Ich habe es wieder einmal geschafft. Meinen Körper besiegt, meine Ängste besiegt. Ich habe gekämpft, und ich habe ... Ja, was eigentlich? Meine Probleme in Deutschland sind nach wie vor da. Meine Zerrissenheit auch. Selbst auf den höchsten Punkt Afrikas habe ich meine Probleme wie einen schweren Rucksack mitgenommen. Selbst so hoch oben haben sie sich nicht aufgelöst. Sie sind in mir. Egal, wo ich bin. Egal, wie sehr ich mich schinde. Ich nehme das alles immer mit.

Ich bleibe noch ein paar Tage hier. Gönne meinen mit Blasen übersäten Füßen eine Auszeit. Lasse mir von den Einheimischen im Geländewagen den Nationalpark zeigen. Ich sehe Elefanten und Giraffen, genieße die Weite und versuche, meine Eindrücke der vergangenen Tage zu sortieren. Das Verarbeiten wird noch viel länger dauern.

Auf dem Rückflug habe ich das Gefühl, dass ich sehr viel von dieser Reise mitnehme. Ich weiß nur noch nicht, was das ist.

KAPITEL 13

Weiter, immer weiter

Am 8. August 2007 bringt Claudia in Köln-Lindenthal unsere Tochter Miu zur Welt. Im wahrsten Sinne des Wortes eine schwere Geburt mit einigen Komplikationen und ärztlichen Entscheidungen, die weder Claudia noch ich nachvollziehen können.

Als ich meine Tochter das erste Mal im Arm halte, zerspringe ich fast vor Glück. So unentschlossen, zweifelnd und zerrissen ich mich auch fühle, wenn es um Claudia und Petra geht, so rein und aufrichtig ist meine Liebe zu diesem kleinen Wesen. Sie soll niemals unter meinem Beziehungschaos leiden, das verspreche ich ihr schon in den ersten Minuten ihres Lebens.

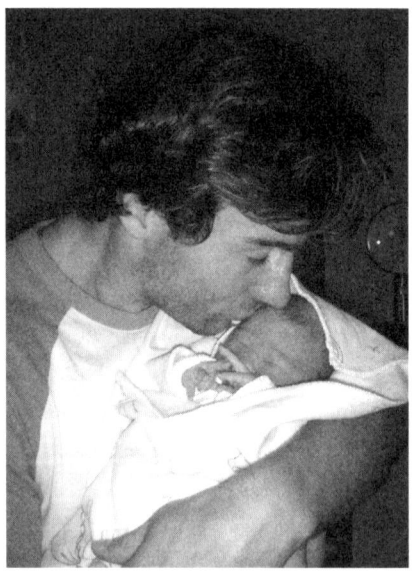

Die Geburt meiner Tochter Miu im August 2007

Mein Beziehungsstatus in jener Zeit: Es ist kompliziert.

Selbst nach der überwältigenden Geburt und der überschäumenden Freude über dieses neue Leben kann ich nicht anders und melde mich bei Petra. Sage ihr, wie sehr ich sie vermisse, wie sehr mir die Nähe und die Tiefe fehlen, die unsere Beziehung ausmachen. Und ein paar Tage später versuchen Petra und ich es noch einmal, schwören, an uns und der Beziehung zu arbeiten und um unsere Ehe zu kämpfen. Aber meine Beteuerungen halten nicht lange. Es dauert keine zwei Monate. Ich halte die Sehnsucht nach Claudia nicht mehr aus und bin mir sicher, dass sie die richtige Frau für mich ist.

Von da an kommt diese nicht auszuhaltende Sehnsucht alle sechs bis acht Wochen in mir hoch, egal, bei welcher Frau ich gerade bin, und ich klopfe wieder bei der jeweils anderen an. Ich kann nicht mit, und ich kann nicht ohne. Nicht mit Petra. Nicht mit Claudia. Aber auch nicht ohne. Da wo ich bin, fehlt mir das andere. Alleinsein kann ich schon gar nicht.

In dieser Zeit fühle ich mich häufig wie der Zuschauer meines eigenen Lebens. Ich mache Dinge, von denen ich ganz genau weiß, dass sie falsch sind. Ich lüge, überlege mir Ausreden und schleiche mich immer wieder zu der jeweils anderen Frau. Mehr als einmal werde ich erwischt, und mein Doppelleben fällt mir immer wieder schmerzhaft auf die Füße.

Sportlich läuft es in der Saison 2007/2008 für die Kölner Haie etwas erfolgreicher. Nach einer ereignisreichen Vorrunde kommt die Mannschaft immer besser ins Spiel. Der vermeintliche Rückschlag, weil uns Star-Torwart Travis Scott mitten in der Saison verlässt, wird zum Moralbooster fürs Team.

In Aktion als Verteidiger während eines Weltmeisterschaftsspiels 2001 gegen Italien. Im Tor steht mein Freund Robert Müller.

Denn unser neuer Mann zwischen den Pfosten heißt Robert Müller – Deutschlands bester Torhüter. Er bringt nicht nur Sicherheit und Ruhe in unser Spiel, sondern auch noch eine Extraportion Siegeswillen. Und der kommt nicht von ungefähr: Robert leidet an einem Glioblastom, einem unheilbaren Hirntumor. Bereits 2006 musste er am Schädel operiert werden, und seine Karriere schien vorbei zu sein. Nicht wenige Ärzte und Beobachter hielten ein Comeback für ausgeschlossen. Robert belehrte sie eines Besseren. Er kämpfte sich zurück und ist jetzt für uns eine sichere Bank im Kasten. Die Narbe auf seinem Kopf reicht von einem Ohr zum anderen. Haare wachsen im vorderen Bereich seines Kopfes auch nicht mehr, eine Folge der Strahlenbehandlung. Ein seltsam beklemmender Anblick für Außenstehende. Er selbst redet jedoch kaum von seiner Erkrankung, viel wichtiger ist ihm das nächste Spiel. Und in dieser Saison zeigt er bei den Haien seine vielleicht beste Leistung. Das dritte Playoff-Viertelfinale gegen die Adler Mannheim, seinen ehemaligen Club, geht als das bis dato längste

Spiel der DEL und als drittlängstes Eishockeyspiel, das jemals auf der Welt gespielt wurde, in die Geschichtsbücher ein. Ein Spiel für die Ewigkeit. Und so fühlt es sich auch an. Erst nach mehr als 168 Minuten reiner Spielzeit – also ungefähr sechseinhalb Stunden auf dem Eis – erzielen die Haie in der sechsten Verlängerung den entscheidenden Siegtreffer. Mit sechsundneunzig parierten Schüssen stellt Robert ebenfalls einen Rekord auf. Das sind die Geschichten, die das Publikum liebt. Und mit dieser Energie ist die gesamte Mannschaft infiziert. Erst im Finale müssen wir uns den Berliner Eisbären geschlagen geben.

Trotz der Vizemeisterschaft bin ich ziemlich enttäuscht. Für mich bist du als Zweiter der erste Verlierer. Diese Saison waren wir so nahe am Titelgewinn dran, und der Stachel sitzt tief. Anders als zu Beginn meiner Karriere bei den Wild Wings habe ich nun nicht mehr das Gefühl, dass noch viele Erfolge vor mir liegen. Ich bin inzwischen über dreißig Jahre alt, und wer weiß, wie lange meine Knochen und Bänder die tägliche Schinderei noch mitmachen. Viele Chancen auf eine weitere Meisterschaft habe ich nicht mehr. Außerdem macht mir mein Herz zunehmend Probleme. Seit meiner Jugend habe ich sehr selten, aber einmal jährlich wiederkehrend Herzrhythmusstörungen, die bei ganz bestimmten Bewegungen auftauchen: Ein Schlagschuss mit voller Wucht, in einem ganz bestimmten Winkel, und mein Herz schlägt Purzelbäume. Das kenne ich seit vielen Jahren. »Mach dir keine Sorgen, Andi«, sagten mir die Ärzte immer wieder bei den routinemäßigen kardiologischen Untersuchungen. »Dein Herz ist topfit.« Seit einigen Monaten häufen sich diese Herzstolperer jedoch zunehmend. Inzwischen habe ich fast täglich Episoden, in denen meine Pumpe aus dem Takt gerät und grundlos wie bescheuert losrast. Puls hundertachtzig.

Kein Wunder, denke ich mir. Du hast einfach viel zu viel Stress.

Ich stelle mir vor, wie der andauernde Kampf um Petra und Claudia sich psychosomatisch auf mein Herz auswirkt. Herzschmerz. Aber deutlich auf dem EKG zu sehen.

Seit anderthalb Jahren stehe ich nun zwischen zwei Frauen, beteuere immer wieder, dass von nun an alles anders werden wird und ich bei Petra bleibe, nur um ein paar Wochen später wieder bei Claudia vor der Tür zu stehen. Doch auch ihr wird es irgendwann zu viel, und sie zieht die Reißleine.

»Andi, das kann so nicht weitergehen. Ich will dich nicht mehr sehen. Und wenn ich ehrlich bin, möchte ich auch, dass du unsere Tochter eine Zeit lang nicht siehst. Das Hin und Her tut ihr nicht gut. Das klappt einfach nicht. Du weißt genau, wie das früher oder später endet. Und ich kann das einfach nicht mehr. Das geht alles schon viel zu lange, als dass ich dir noch irgendetwas glauben könnte.«

Ein paar Monate lang halten wir diese rigorose Trennung durch, aber irgendwann gewinnt dann doch wieder mein Vaterherz. Ich will meine Tochter sehen. Nach ein paar Telefonaten habe ich Claudia überzeugt, dass es für unsere Tochter wichtig ist, mit ihrem Papa Zeit zu verbringen. Und so beginnt alles wieder von vorne. Am Anfang sehe ich die Kleine alleine, irgendwann trinken Claudia und ich einen Tee beim Zurückbringen, dann wird aus dem Tee ein Abendessen, ein gemeinsamer Ausflug. Und irgendwann ist sie wieder voll da, diese unglaubliche Anziehung, die Claudia und ich füreinander empfinden. Und obwohl wir beide in klaren Momenten wissen, dass dieses schmerzhafte Hin und Her weitergehen wird, beginnen wir beide eine neue Runde. Vielleicht mit einer tiefen Hoffnung, dass es dieses Mal anders wird.

Während der Saisonvorbereitung im August 2008 behindern mich meine Herzrhythmusstörungen massiv bei der Ausübung meines Berufs als Eishockeyprofi. Fast bei jeder Trainingseinheit muss ich für ein paar Minuten auf die Knie, um meinen Puls runterzubekommen. Zum Glück wissen die Trainer über mein Herz Bescheid und denken nicht, dass ich konditionelle Defizite habe. Bei dem einen oder anderen Mitspieler bin ich mir da nicht so sicher. Mir gefällt dieses Bild selbst nicht. Ich, der Eisen-Renz, auf den Knien, schwach, geschlagen, während die anderen weiter trainieren und besser werden. Und da sind sie dann auch immer und immer wieder, diese Gedanken und das Gefühl, nicht gut genug zu sein. Diese Stimme in mir, die mir sagt, dass es nur eine Frage der Zeit ist, bis ich wieder weggeschickt werde. Die Angst davor ist tiefer als meine Angst vor einer Herz-OP. Aus diesem Grund beschließe ich nach Rücksprache mit den Verantwortlichen bei den Haien, mich in der Klinik Bogenhausen in München operieren zu lassen. Die Chefärztin dort ist Prof. Dr. med. Ellen Hoffmann, sie hat einen hervorragenden Ruf. Zu diesem Zeitpunkt habe ich weder mit Petra noch mit Claudia Kontakt, beide wissen nichts von der OP. Selbst meiner Familie habe ich nicht erzählt, dass ich mich am Herzen operieren lasse. In den vergangenen Monaten habe ich mich ziemlich zurückgezogen. Mit Mannschaftskollegen bin ich kaum noch unterwegs. Also sitze ich abends oft allein in meiner Wohnung und zergrüble mir das Hirn. In dieser Stimmung bereite ich mich auf die Herz-OP vor.

Was soll schon passieren?, denke ich. Und selbst wenn, es wäre doch auch egal.

Zwei Tage vor dem Eingriff habe ich nachmittags eine Vorbesprechung mit dem Ärzteteam. Ich höre mir aufmerksam an, was über den Eingriff berichtet wird, und bin ziemlich angespannt. Bis auf eine Blinddarm-OP als Kind bin ich bisher gut durch mein Leben als Profisportler gekommen, ohne mich von Ärzten aufschneiden lassen zu müssen. Die Vorstellung, dass an mir rumgeschnitten wird, lässt mich zu einem kleinen Jungen werden, dem rationale Erklärungen vollkommen egal sind. Ein kleiner Junge, der einfach nur Angst hat.

Am nächsten Morgen wird es ein paar Voruntersuchungen geben, übermorgen dann den Eingriff. Und nächste Woche bin ich wieder ready für leichtes Training.

»Sie müssen sich also gar keine Sorgen machen, Herr Renz. Das ist ein absoluter Routine-Eingriff.«

»Na ja, für mich sind Schläuche in meinem Herzen aber keine Routine. Ich habe noch eine Frage zu der Narkose. Ich muss als Profisportler sehr vorsichtig sein, was die Dopingbestimmungen angeht.« Ich schiebe der Ärztin eine Liste mit Medikamenten über den Tisch, die unter die Dopingregeln fallen. »Wird davon irgendwas verwendet?«

Die Ärztin zieht die Liste zu sich rüber, überfliegt einmal flüchtig die Namen und sagt: »Was die Narkose angeht, sind Sie aus dem Schneider. Sie bekommen nämlich gar keine.«

»Wie, ich bekomme keine Narkose?«

»Wir führen den Eingriff bei vollem Bewusstsein durch, da wir Ihr Herz ohne die Auswirkungen einer Narkose benötigen.«

»Okay. Aber ich bekomme doch dann bestimmt so ein Beruhigungsmittel. Wie bei der Darmspiegelung. Dass ich so halb weggetreten bin.«

»Nein, Herr Renz, Sie bekommen gar nichts.«

»Also nur zum Verständnis. Sie wollen mir eine Sonde ins Herz schieben und irgendetwas wegbrennen, und ich kriege das alles voll mit?« Ich muss bei meinen Ausführungen selbst ein wenig lachen, so absurd finde ich das.

Auch Frau Doktor hat Humor und lacht mit. »Genau so sieht es aus, Herr Renz.«

»Alles klar!«, sage ich kopfschüttelnd und muss grinsen, während ich die diversen Aufklärungs- und Zustimmungszettel unterschreibe.

Etwas später checke ich in mein Klinikzimmer ein, packe meine Sachen in den Schrank und denke immer wieder: »Ohne Narkose. Die haben doch einen an der Waffel.« Eines ist sicher: Ich bin mehr als nur angespannt. Ich steigere mich von Minute zu Minute mehr in die Angst hinein. Wie ein Tiger laufe ich durch mein Zimmer, versuche mich zu beruhigen. »Ein Routine-Eingriff, Andi. Die machen das zig Mal am Tag. Jetzt reiß dich zusammen und stell dich nicht so an. Du bist ein Kämpfer und wirst auch diese

Hürde meistern.« Das klappt ein paar Minuten, bis ich mir wieder vorstelle, wie ich übermorgen bei vollem Bewusstsein auf einem OP-Tisch liege und die mir einen Schlauch über die Leiste bis ins Herz schieben. Irgendwann halte ich es nicht mehr aus. Ich räume meinen Schrank wieder aus, organisiere mir ein einfaches Gästezimmer in der Münchner Innenstadt und flüchte aus dem Krankenhaus. »Ohne Narkose. Die spinnen doch.«

Nachdem ich bei einer ganz wundervollen älteren Dame mein Zimmerchen bezogen habe, zieht es mich noch in die Stadt. Ich werde morgen früh zur Voruntersuchung gehen und übermorgen auch den Eingriff machen lassen. Aber heute kann ich einfach nicht im Krankenhaus bleiben. Falls doch etwas schiefgehen sollte, will ich noch etwas Spaß haben. Vielleicht will ich mich auch einfach nur ablenken. Ich finde ein Plätzchen in einer gut gefüllten Bar. Heute steht Karaoke auf dem Programm, und das ist jetzt genau das, was ich brauche. Einfach mal ein wenig albern sein und sich hemmungslos schief singend auf der Bühne zum Hampelmann machen. Super.

Der Rotwein schmeckt mir an diesem Abend verdammt gut. Und durstig bin ich auch. Binnen kürzester Zeit habe ich einen gehörigen Party-Schwips und schmettere auf der Bühne gleich mehrere traurige Liebeslieder. Keine Petra, keine Claudia. Dafür ordentlich Alkohol im Blut und ein im wahrsten Sinne des Wortes kaputtes Herz. Ich gebe mich an diesem Abend ganz einer melancholischen Stimmung hin, lerne eine junge Frau kennen und erzähle ihr – zumindest gefühlt – das gesamte Drama meines Lebens in aller Breite. Tief in der Nacht falle ich allein und sturzbetrunken in das Bett meines kleinen Gästezimmers.

Als ich Stunden später wieder wach werde, fehlt mir für ein paar Augenblicke die Orientierung.

Das hier ist nicht meine Wohnung, stimmt, ich bin in München. In diesem Gästezimmer. Gestern wild gefeiert. Wegen der Herz-OP. Eigentlich sollte ich ja im Krankenhaus liegen.

Im Krankenhaus. Ich schrecke hoch, blicke auf die Uhr. Es ist vierzehn Uhr. Meine Voruntersuchung war für halb neun am Morgen geplant. Scheiße. Das ganze Zimmer dreht sich, da ist wohl noch der eine oder andere Rotwein in meinem Blut. Innerhalb weniger Minuten mache ich mich frisch – versuche es zumindest –, packe meine Siebensachen und haste im Taxi Richtung Krankenhaus.

»Hallo, Herr Renz«, sagt die Krankenschwester hinter ihrem Info-Schalter und guckt ein wenig irritiert. »Hatten Sie nicht heute Morgen Ihren Termin?«

»Genau. Und es tut mir fürchterlich leid, aber da sind mir gleich mehrere Dinge dazwischengekommen, und ich habe es noch nicht einmal geschafft, rechtzeitig abzusagen.« Genau, Andi. Dazwischengekommen sind dir nämlich eine Frau in einer Bar, zwei Flaschen Rotwein und mindestens drei Einsätze auf der Karaoke-Bühne.

Ich setze mein charmantestes Lächeln auf.

»Ich schau mal gerade. Ja. Kein Problem. Jetzt sind Sie ja hier, und wir können Voruntersuchung und die Blutentnahme gleich machen. In der Zwischenzeit können Sie wieder Ihr Zimmer beziehen.«

Puh. Das war knapp. Und oh, es ist wohl aufgefallen, dass ich ausgecheckt habe. Wie peinlich.

Etwas später sitze ich im Zimmer und warte darauf, dass die wirklich gut aussehende angehende Ärztin ihre Utensilien zur Blutentnahme zusammengesucht hat. Kannst du nicht einmal an etwas anderes denken, Andi? Immer Frauen, Frauen, Frauen. Und dann landest du wieder in einer Bar und erzählst irgendwem, wie schrecklich dein Leben verläuft.

»Ich habe da mal eine Frage.«

»Ja, bitte, Herr Renz. Dafür sind wir schließlich hier.«

»Also, welche Blutwerte ermitteln Sie denn eigentlich aus der Probe?«

Die junge Frau unterbricht kurz ihre Vorbereitungen und schaut skeptisch zu mir rüber.

»Also, wenn da jetzt beispielsweise rein hypothetisch Alkohol im Blut wäre – würde sich das in irgendeiner Form negativ auf die Ergebnisse auswirken?«

Sie lächelt ein wenig erleichtert. Keine Ahnung, was für eine Frage sie befürchtet hatte. Mein Restalkohol scheint sie jedenfalls nicht sonderlich zu beeindrucken. »Da müssen Sie sich keine Sorgen machen, Herr Renz. Das sehen wir dann im Blutbild. Aber es wirkt sich nicht auf die Werte aus, die für uns wichtig sind. Haben Sie gestern noch ein Bier getrunken? Und dann heute Morgen verschlafen?«

»Fragen Sie lieber nicht.«

Abends liege ich allein in meinem Klinikbett. Wie schon am Tag zuvor beginnt mein Gedankenkarussell zu rotieren, sobald ich zur Ruhe komme. Hoffentlich geht alles gut. Wie wird sich der Eingriff anfühlen? Und wie lange wird es dauern, bis ich wieder mit voller Power aufs Eis kann? Morgen um halb acht ist es so weit. Das sind nur noch ein paar Stunden. Wird wirklich alles gut gehen? Wie schön wäre es, wenn jetzt Petra hier stehen würde. Wie schön wäre es, wenn jetzt Claudia hier stehen würde. Mit meiner Tochter.

Binnen weniger Minuten entwickelt sich aus diesen Gedankenfetzen in meinem Kopf eine Eins-a-Panikattacke. Schweiß klebt auf meiner Stirn, mein Puls rast, ich ringe nach Luft, habe Angst zu ersticken. Und wie bereits gestern weiß ich mir nicht anders zu helfen, als mir mein weißes Krankenhausleibchen vom Körper zu reißen, mich in meine Klamotten zu werfen und zu flüchten. Raus aus dem Zimmer. Raus aus der Klinik. Einfach nur weg.

Die kühle Luft draußen vor dem Klinikgebäude tut mir gut. Die Panik legt sich etwas, und mein Kreislauf pendelt sich im Normalbereich ein. Wo soll ich denn jetzt hin? Es ist kurz vor Mitternacht. In meiner Jackentasche finde ich die Telefonnummer der älteren Dame, die mir gestern das Zimmer vermietet hat. Kurz entschlossen und mit mächtig schlechtem Gewissen rufe ich dort an, entschuldige mich mehrfach wegen der späten Störung und frage, ob ich das Zimmer auch in dieser Nacht haben könne. Kann ich.

Und so sitze ich eine halbe Stunde später in der Küche der Gästezimmer-Vermieterin. Sie bietet mir einen Tee an, und wir beginnen ein Gespräch, das ziemlich schnell in einen Monolog mündet. Wie schon gestern in der Karaoke-Bar schütte ich auch heute wieder einer völlig fremden Person mein Herz aus. Die ältere Dame sitzt nur da und hört sich die Geschichten aus meinem Leben an. Erst von meiner Angst vor der OP in ein paar Stunden, dann von Petra und Claudia, von meiner Tochter und wie bescheuert ich bin, weil ich mich anscheinend überhaupt nicht entscheiden kann. Wie ein Wasserfall rede ich und kann gar nicht mehr aufhören. Nur selten sagt sie etwas, aber das ist auch gar nicht so wichtig. Mir tut das Erzählen einfach gut, und ich spüre, dass meine Vermieterin das weiß. So sitzen wir die ganze Nacht in ihrer Küche, bis es zu dämmern beginnt. »Sie müssen jetzt wohl wirklich los, junger Mann. Machen Sie sich keine Sorgen. Jetzt machen die Ärzte erst einmal Ihr Herz heile, und alles andere wird sich auch fügen, wenn die Zeit dafür gekommen ist.«

»Ja. Ich muss jetzt wohl los.«

Mit halbstündiger Verspätung treffe ich am Krankenhaus ein. Die Mannschaft dort ist bereits in heller Aufregung, weil ich zum angesetzten Zeitpunkt nicht auffindbar war. Ich hole mir einen zünftigen Einlauf der Ärztin ab, schaffe es aber, dass sie ihre anschließenden Eingriffe nach hinten verschiebt und mich jetzt, hier, sofort und auf der Stelle operiert. Nicht dass ich es mir noch einmal anders überlege und wieder verschwinde. Zehn Minuten später werde ich in den kühlen und grell beleuchteten OP gefahren. Ich habe Angst.

Die einleitenden Worte der Ärztin tragen nicht zu meiner Beruhigung bei. »Herr Renz, dieser Eingriff ist absolute Routine und wirklich nicht gefährlich. Ich kann Ihnen versprechen, dass Ihr Leben nicht gefährdet ist. Ich muss Ihnen aber auch sagen, dass es ein gewisses Restrisiko gibt, was Ihre Leistungsfähigkeit als Profisportler betrifft.« Ja, das ist mir bewusst. Das sagte sie mir schon im Vorgespräch. Und es stand auch auf einem der vielen Zettel, die ich unterschreiben musste. Sie hätte es also jetzt nicht unbedingt noch einmal erwähnen müssen. »Ich weiß. Legen Sie los.«

Über die Leiste wird eine Sonde bis zum Herzen geschoben. Als die betroffenen Stellen verödet werden, zwickt es, und der Gedanke daran, dass da gerade Gewebe an meinem Herzen entfernt wird, lässt mich zusammenzucken. »Herr Renz, Sie müssen komplett still liegen bleiben, sonst verletzen wir Ihr Herz!«, raunt mich die Ärztin an.

Nach fünfundvierzig Minuten, die sich wie eine Ewigkeit in einer Folterkammer anfühlen, sind die Ärzte fertig. Ich bin es sowieso. Um zu schauen, ob mit meinem Herzen alles in Ordnung ist, schicken sie über die Sonde irgendwelche Impulse ans Herz. Puls hundertvierzig. Puls hundertsechzig. Puls hundertachtzig. Das fühlt sich komplett irre an.

»Das schaut wirklich alles sehr gut aus, Herr Renz. Jetzt ruhen Sie sich noch ein paar Stunden aus, und dann können Sie heute Nachmittag nach Hause.«

Nach Hause, denke ich, nach Hause würde ich gerne mal wieder kommen. Wenn ich nur wüsste, wo dieses Zuhause eigentlich ist.

KAPITEL 14

Dunkle Zeiten, Schweigezeiten

Die Saison 2008/2009 ist ein Albtraum. Obwohl ich nach der überstandenen Herz-OP wieder richtig fit bin und wir als Vizemeister mit großen Ambitionen in die neue Spielzeit starten, verfolgt uns das Pech. Goalie und Publikumsliebling Robert Müller erleidet einen Rückfall im Kampf gegen den Krebs, wird im August erneut operiert und kann nicht an der Vorbereitung teilnehmen.

Vielleicht liegt es auch an dem Schock, dass Robert nicht bei der Mannschaft ist, jedenfalls starten wir desaströs in die neue Saison. Bereits zu Beginn der Spielzeit scheiden wir in der ersten Pokalrunde aus und kassieren in der Liga sieben Niederlagen in Folge – der schlechteste Saisonstart ever für die Haie. Ende September wird Cheftrainer Doug Mason entlassen, und Clayton Beddoes, bisher Co-Trainer, übernimmt. Doch auch unter ihm bleiben unsere Leistungen wechselhaft.

Nach und nach sickert durch, wie schlimm es um Robert wirklich steht. Im November richtet sich sein Arzt an die Öffentlichkeit. Robert hat ihn von seiner Schweigepflicht entbunden, weil er selbst kein Mann der großen Worte ist und sich vielleicht auch nicht mehr als nötig mit dem Thema auseinandersetzen will. Denn es sieht schlecht für ihn aus. Sehr schlecht. Der Krebs war nie ganz weg und ist nach wie vor äußerst aggressiv. Der Goalie mit der immer etwas gruselig ausschauenden Halbglatze, die eine Folge seiner ersten Hirn-OP ist, wird früher oder später den Kampf verlieren.

Das macht mich komplett fertig, denn es gibt nur wenige Menschen in der großen Eishockeyfamilie, die mir so nahestehen wie

Robert. Und es ist brutal mitzuerleben, wie er kämpft, sich mit seinem Willen und seinem Humor gegen den Tumor wehrt, alle Energie, die noch übrig ist, ins Training investiert und er trotzdem immer weiter abbaut. Frage ich ihn, wie es geht, kommt selten mehr als ein »Gut«. Wir wissen beide, dass das nicht stimmt. Einmal ist er ein wenig gesprächiger: »Andreas, ich habe zwei gesunde Kinder, eine wundervolle Frau, und ich darf immer noch mit euch zum Training aufs Eis. Das ist schon verdammt viel wert. Alles andere habe ich nicht in der Hand.«

Ich fühle mich hilflos wie nie zuvor in meinem Leben. Und vielen Fans scheint es ähnlich zu gehen. Als er im November beim Spiel gegen Nürnberg für die letzten acht Minuten eingewechselt wird, tobt die Kölnarena. Unzählige Schilder mit der 80, seiner Rückennummer, werden von den Fans hochgehalten. Natürlich ist das vor allen Dingen eine symbolische Einwechselung: Wir führen zu diesem Zeitpunkt recht komfortabel, der Trainer kann es sich also leisten. Denn spielfähig ist Robert eigentlich nicht mehr. Der Tumor wirkt sich auf seine kognitiven Fähigkeiten aus, und körperlich würde er kein komplettes Spiel mehr durchhalten. Robert vergisst öfter einmal Dinge. Wirkt beizeiten abwesend. Die Reaktionen des einstmals besten Torhüters des Landes hat der Tumor zerstört. Und trotzdem steht er jetzt hier auf dem Eis und lebt noch einmal für ein paar Minuten seinen Traum. Unaufhörlich singen die Fans seinen Namen, jubeln, als hätten wir gerade die Meisterschaft gewonnen. Tränen schießen mir in die Augen. Und ich wünschte mir, so wie wahrscheinlich gerade jeder andere in der Halle, dass ich irgendetwas für Robert tun könnte. Den Krebs wegchecken, den Tumor wegbrüllen, Heilung auf einer Welle des Jubels herbeibeschwören. Irgendetwas tun, um diesem außergewöhnlichen Menschen zu helfen. In diesen acht Minuten wirft sich die ganze Mannschaft in jeden Zweikampf und in jeden geschossenen Puck, um Robert zu schützen. Ich kann kaum etwas erkennen, weil mir die Tränen in den Augen brennen. Aber wir schaffen es. Obwohl das Team aus Nürnberg noch einmal richtig Druck aufbaut, ziehen wir mit unserer Energie eine magische Wand hoch: Nur ein einziger Schuss kommt überhaupt auf unser Tor. Und für diesen Schuss reichen Roberts Reflexe noch.

In den folgenden Tagen muss ich immer wieder an Roberts Einwechslung denken. Und wenn ich allein bin, berührt mich die Situation so sehr, dass ich weinen muss. So viel brutal ungerechtes Schicksal. So viel Hilflosigkeit. Und so viel reine, tiefe und ehrliche Anteilnahme. Wie viel das alles mit mir selbst zu tun hat, ahne ich nicht. Aber das Weinen hilft. Für einige Momente nimmt es den Druck von mir und macht mich etwas leichter.

Noch im November folgt der dritte Cheftrainer der Spielzeit: Rupert Meister, bisher Torwarttrainer. Die Mannschaft stabilisiert sich etwas, aber wir haben zu diesem Zeitpunkt einfach schon zu viele Punkte verloren. Die Playoff-Runde ist in weite Ferne gerückt.

Ich selbst weiß zu diesem Zeitpunkt gar nicht so genau, wo ich stehe. Die Erkrankung von Robert frisst sich tief in meine Seele und belastet mich mehr, als ich es wahrscheinlich wahrhaben will. Dazu der sportliche Misserfolg, der an mir nagt: Wenn es im Team nicht läuft, bin ich sofort in Alarmbereitschaft. Hoffentlich werde ich nicht aussortiert. Ich bin nicht der Top-Scorer. Für meine Rolle hinten in der Abwehr gibt es genügend andere Spieler. Publikumsliebling hin oder her: Wir haben so viele Spiele verloren, und natürlich stellt sich dann die Frage, ob die Abwehr vielleicht einfach zu schwach ist. Diese Selbstzweifel werde ich wahrscheinlich nie ganz loswerden.

Und dann ist da mein Privatleben, das ich immer noch nicht in den Griff bekommen habe. Meine Tochter ist jetzt anderthalb, und ich liebe sie mehr als alles andere auf dieser Welt. Was meine Beziehung zu Claudia angeht, ist die Sache ungleich komplizierter. Noch immer fühle ich mich abwechselnd zu ihr hingezogen, dann wieder zu Petra. Seit zweieinhalb Jahren geht das nun so. Und es zerreißt mich fast. Zweieinhalb Jahre lang mal hier, mal da. Mit vielen Diskussionen, Beteuerungen und endgültigen Entscheidungen, die nach ein paar Tagen längst nicht mehr so endgültig für mich sind. Wie absurd ist das eigentlich? Zweieinhalb Jahre! Würde mir ein Freund solch eine Geschichte erzählen, ich würde ihn durchschütteln und sagen, dass er ein Kind sei, das immer alles haben will und deshalb nicht erwachsen werden möchte.

Irgendwann am Ende der Saison telefoniere ich mit Robert. Seit einigen Wochen darf er nicht mehr mit der Mannschaft trainieren. In seiner körperlichen und kognitiven Verfassung ist das Risiko einfach zu groß.

»Hey, Robert, wie geht es dir?«

»Gut« lügt er, wortkarg wie immer, wenn es sich um seine Gesundheit dreht. »Aber ich vermisse das Training. Ich würde so gerne wieder mit euch aufs Eis.«

Ich muss schlucken und kann nur schweigen. Was sollte ich auch sagen? Er lebt für das Spiel mit dem Puck, so wie ich dafür lebe. Aber er hat bereits den Tod vor Augen und muss sich jetzt damit abfinden, dass er nicht mehr für die Haie spielen wird. Bei dem Gedanken läuft es mir eiskalt den Rücken runter. Wir plaudern noch ein wenig: Belanglosigkeiten über das Training, Neuigkeiten aus der Mannschaft. Irgendetwas, das eine gewisse Normalität simulieren soll.

Ein paar Tage später kommt es zu einem heftigen Wintereinbruch. Ganz Köln zittert bei eiskalten Nächten und Dauerfrost am Tag. Als ich den Wetterbericht im TV sehe, habe ich eine Idee. Kurz entschlossen trommle ich einen Teil der Mannschaft zusammen, telefoniere mit Roberts Frau Jenny und plane eine Überraschung für ihn. Bei strahlendem Winterwetter holen wir Robert am nächsten Tag ab. Wir packen Schlittschuhe und ein paar Schläger ein, fahren zum zugefrorenen Decksteiner Weiher im Kölner Grüngürtel und spielen wie ein paar Kinder unbeschwert Eishockey. Ohne Bande, ohne Schiedsrichter, einfach zum Spaß. Robert genießt diesen Tag, seine Augen strahlen, und für ein paar Momente tritt das Sterben in den Hintergrund, obwohl uns gleichzeitig allen klar ist, dass das hier bereits ein Abschied ist.

Leider bekommt die Boulevardpresse Wind von unserer Aktion und schießt heimlich Bilder von uns. Ich versuche alles, um eine Veröffentlichung zu verhindern, und flehe den Chefredakteur an, von der Story Abstand zu nehmen. »Ich kann Sie verstehen, Herr Renz«, sagt er. »Aber die Geschichte ist einfach zu stark. Die muss ich bringen. Wir sind doch beide Profis und wissen, wie das Geschäft läuft.« Zwei Tage später erscheint das Ganze auf einer Doppelseite. Mit dramatischer Headline. So läuft das Geschäft.

Ende Februar ist die Horror-Saison in Köln für mich beendet. Die Haie landen auf dem vorletzten Platz und verpassen erstmals seit siebenundzwanzig Jahren die Playoffs: eine bittere Enttäuschung und der schlechteste Saisonabschluss der Clubgeschichte. Die anschließende Weltmeisterschaft in der Schweiz wird ein ähnliches Fiasko. Zwar geht ein weiterer Kindheitstraum für mich in Erfüllung, und ich darf bei einem großen Turnier die Nationalmannschaft als Kapitän anführen. Doch genau diesem Amt und dem damit verbundenen Druck bin ich in meiner Verfassung mental nicht gewachsen. Wir beenden das Turnier auf dem vorletzten Platz, und nur die Ausrichtung der WM im kommenden Jahr in Deutschland verhindert den Abstieg aus der Top Division.

Emotional angeschlagen verlasse ich die Eishockeybühne für diese Spielzeit. Wie so oft suche ich auch diesmal den Abstand zum Alltag in den weit entfernten Gefilden Südostasiens. Gemeinsam mit Petra fliege ich nach Vietnam und will das vergangene Jahr einfach nur vergessen. Abhaken. Das ganze System neu starten. Doch daraus wird nichts: Am 21. Mai erreicht mich in Vietnam die Nachricht von Roberts Tod. Alles um mich herum scheint sich zu drehen. Oder drehe ich mich? Die sportlichen Tiefschläge der vergangenen Saison, meine Zerrissenheit zwischen Petra und Claudia und jetzt noch der Tod meines Freundes sind zu viel für mich. Ich suche nach Halt und finde ihn nicht. Wie zum Teufel soll ich denn neu anfangen, wenn mir das Leben ständig emotionale Knüppel zwischen die Beine wirft?

Nach unserer Rückkehr aus Asien spüre ich eine tiefe Sehnsucht nach Ruhe. Ich brauche Zeit, um die Ereignisse der vergangenen Monate in Ruhe verarbeiten zu können. Ich erinnere mich an einen Tipp, den mir irgendjemand mal gegeben hat. Ein Kloster der Dominikanerinnen bei Koblenz. »Da musst du mal hin, wenn du abschalten willst«, hieß es. »Dort kannst du so richtig runterkommen.« Also setze ich mich an den Rechner und suche nach besagtem Kloster. Die Internetseite verspricht viel: ein riesiges Gästehaus, Schwimmbad und Sauna, jede Menge Angebote für Leib und Seele. Das erinnert mich zwar eher an ein Wellnesshotel als an ein Kloster, aber immerhin sind auf den Bildern jede Menge Ordensschwestern zu sehen. Und warum nicht? Ich bin vielleicht nicht der Vorzeigekatholik, aber ich bin offen für Spiritualität und Energien, die sich nicht mit wissenschaftlichen Mitteln beweisen lassen. Außerdem besteht die Möglichkeit, den Aufenthalt dort im Schweigen zu begehen. Und diese Erfahrung will ich schon seit langer Zeit einmal machen. Was wird da so alles hochkommen, wenn man selbst einmal für einen längeren Zeitraum nichts sagt? Und stattdessen in sich hineinhorcht.

Kurz entschlossen rufe ich dort an und buche kurzfristig ein Zimmer für zwei Wochen. Bereits ein paar Tage später stehe ich mit meinem Zeug an der Rezeption des Gästehauses. Das wirkt wirklich alles wie ein Hotel. Die freundliche junge Dame am Empfang bringt mich nach dem Check-in auf mein Zimmer und erklärt mir kurz die wichtigsten Abläufe: Wann es Essen gibt, wo das Schwimmbad zu finden ist und wie ich mich für die zahlreichen Angebote und Anwendungen anmelden kann.

Im Zimmer setze ich mich erst einmal aufs Bett, schalte mein Mobiltelefon aus und lege es in die Schublade des Nachttischchens. Ich will keinen Kontakt in den kommenden Tagen. Zu niemandem. Die nächsten zwei Wochen sind nur für mich. Ich atme tief aus, versuche Stress und Anspannung wegzuatmen und im Hier und Jetzt anzukommen. Das Zimmer ist sehr komfortabel: Parkettboden, bodengleiche Dusche, moderne, stilvolle Möbel.

Wäre da nicht das kleine Kreuz an der Wand, würde ich im Leben nicht darauf kommen, dass das hier eine Klosterzelle ist.

Bis zum Abendessen vertreibe ich mir die Zeit mit einem Spaziergang durch den klostereigenen Kräutergarten und über das weitläufige Gelände. Ich will hier Ruhe finden und im besten Fall Antworten, wie es weitergehen soll. Der Kili hat mir diese Antworten verweigert, auch die Besuche bei einer Hellseherin und einem Schamanen waren diesbezüglich nur semi-hilfreich. Die Tipps klangen gut und klug, vielleicht sogar weise, aber irgendwo beim Transfer in meinen eigenen Alltag stellte ich dann schnell fest, dass es doch nicht so einfach war.

»Die Antworten findest du in dir selbst. Alles ist schon da«, habe ich mehrfach gehört und gelesen. Ja, aber wo denn? Ist ja nicht so, dass ich erst seit gestern suche. In mir ist manchmal so viel Leere, ich finde da keine Antworten. Und vielleicht liegt es dann doch einfach an mir. Vielleicht stelle ich nicht die richtigen Fragen? Vielleicht habe ich viel zu viele Fragen? Vielleicht bin ich blind und taub, wenn es um mein Inneres geht? Ich kann kämpfen und beißen, kann mich auf meinen Gegner fokussieren, mich am Jubel der Fans erfreuen, mit wildfremden Frauen flirten, mit ihnen im Bett landen, stundenlang bei Autogrammstunden Small Talk halten. All das findet immer im Außen statt. Ich kann es sehen, hören, riechen und greifen. Das ist alles echt, weil es da ist. Aber was ist in mir?

Der Splitt unter meinen Füßen knirscht im Takt meiner Schritte. Gelegentlich kommen mir andere Gäste entgegen. Sie lächeln, ich lächle zurück und nicke ihnen einen Gruß zu. Vielleicht bin ich hier ja genau richtig. Vielleicht muss ich einfach mal die Außenwelt ausblenden, mich wirklich auf mich konzentrieren. Gespräche aufs Nötigste reduzieren und schauen, ob ich nicht doch etwas in mir entdecke. Antworten. Wege. Ein Ziel, auf das ich hinarbeiten kann.

Ab achtzehn Uhr gibt es Abendessen. Salate, Brot und Brötchen, alles wie in einem Hotel. In einem großen Speisesaal sitzen viele überwiegend ältere Menschen an Vierer- oder Sechsertischen und unterhalten sich. Ich schaufele mir Salat auf den Teller und gehe in den Schweige-Speisesaal. Hier sitzen die Gäste überwiegend allein an den Tischen. Ich suche mir einen freien Platz und mache mich über meinen Salatteller her. Obwohl hier niemand redet, wabert das Stimmengemurmel aus dem anderen Speisesaal herüber. Wenn man allein in einem Speisesaal sitzt, passiert es ja fast automatisch, dass man die anderen Gäste heimlich beobachtet. Und so blicke auch ich immer wieder verstohlen durch den Raum, bleibe mal an diesem Tisch hängen und mal an jenem. Irgendwie scheinen die anderen Gäste die Ruhe dieses Ortes schon komplett verinnerlicht zu haben. Sie essen sehr achtsam, genießen jeden Bissen und sind in diesem Moment bei nichts anderem als ihrem Abendbrot. Das imponiert mir sehr, denn wenn ich ehrlich bin, irritiert mich die Stille schon sehr. Ich bin es nicht gewohnt, im Gegenteil. Auf dem Eis geht es eher laut zu, vor allen Dingen bei Spielen. Wenn ein ganzes Stadion singt, trommelt und jubelt, dann muss man schon mal schreien, um sicherzugehen, dass einen die anderen Mitspieler auch wirklich hören. Hier höre ich nur das gelegentliche Klappern von Messer und Gabel auf Porzellan. Und verstehen muss mich niemand, denn da ist keiner, mit dem ich kommunizieren will. In den kommenden zwei Wochen soll es nur um mich gehen. Ich will diese Sache mit dem Schweigen auch mal ausprobieren und bin gespannt, welche Erkenntnisse die Zeit mit mir selbst bringen wird.

Am Abend sitze ich in meinem Zimmer und schreibe mir die Erwartungen und Hoffnungen für diesen Aufenthalt von der Seele: Klarheit gewinnen, Ruhe finden, Roberts Tod verarbeiten und neue Kraft schöpfen. Kraft für den Weg, der sich mir hoffentlich zeigen wird.

In den kommenden Tagen schweige ich, so konsequent es geht. Meine Mahlzeiten nehme ich im Schweigebereich ein, im Klostercafé bleibe ich etwas abseits und suche bewusst keinen Kontakt zu anderen Gästen. Stattdessen meditiere ich, bewege mich viel im Klosterpark und ziehe meine Bahnen im Schwimmbad. Jeden Morgen stehe ich auf und horche in mich hinein, ob da auf einmal über Nacht oder durch einen göttlichen Wink Antworten zu finden sind. Aber da sind keine. Da ist weiterhin nur ein großes Fragezeichen, das mich wie eine dunkle Wolke auf Schritt und Tritt begleitet. Und mit jedem neuen Tag spüre ich, wie meine Ungeduld wächst.

Im Speisesaal beobachte ich weiterhin die anderen Gäste. Inzwischen habe ich sie auf eine etwas seltsame Weise kennengelernt: aus der Distanz von meinem Platz aus. Die alte Dame mit dem Rollator da vorne lächelt immer freundlich. Das Ehepaar am Tisch in der Ecke geht viel spazieren. Und der Herr mittleren Alters am Fenster scheint ein Geistlicher zu sein, zumindest wirkt er in seinem schwarzen Anzug beim Essen stets etwas salbungsvoll. Was mir bei fast allen Gästen auffällt: Mit jedem Tag wirken ihre Gesichtszüge entspannter. Ganz so, als gäbe der Ort hier nach und nach eine positive Energie an die Gäste ab. Nur bei mir passiert nichts. Ich gehe in die Hauskirche, und nichts passiert. Ich sitze in Andachten, und nichts passiert. Ich höre viel von Gottes Wegen, gehe achtsam durch den Park ... Und. Nichts. Passiert.

Nach genau einer Woche sitze ich abends in meinem Zimmer und gebe mein selbst auferlegtes Schweigegelübde auf. Das macht keinen Sinn. Ich habe wirklich viel in mich reingehört, und verdammt noch mal, da sind keine Antworten in mir. Im Gegenteil! Mit jedem Tag habe ich das Gefühl, noch weniger von mir zu hören. Ich schweige nicht nur nach außen. Ich schweige mich anscheinend auch innerlich selbst an. Vielleicht war es ein Irrtum, dieses Schweigen. Denn in meiner selbst gewählten Stille hat auf einmal die Einsamkeit jede Menge Platz und breitet sich in mir aus. Ich wehre mich gegen den Impuls, mein Handy aus dem Nachttisch zu holen und jemanden anzurufen. Wer sollte das auch sein? Petra? Claudia? Meine Eltern? Irgendein Mannschaftskollege? Was bleibt eigentlich von mir noch übrig, wenn die Dinge, die mir so viel bedeuten, nicht da sind? Wer ist Andreas Renz, wenn er nicht Eishockey spielt? Wer bin ich eigentlich ohne Petra, ohne Claudia und ohne all die schnellen Eroberungen für eine Nacht? Ich weiß es nicht. Und das fühlt sich verdammt bedrohlich an. Dunkel und leer. Ich habe Angst, mich in dieser Dunkelheit zu verirren, sollte ich jetzt weiter schweigen. Es war eine Schnapsidee. Was genau? Das Kloster? Mein Schweigen? War dieser Spiri-Gedanke – alles ist in dir – ein Fehler? Vielleicht habe ich gerade schon eine Woche kostbarer Zeit verschenkt, weil ich zu überheblich war und dachte, die Antworten würden mir einfach so zufliegen. Vielleicht bin ich nur wieder mal nicht am richtigen Ort. Ich lege mich ins Bett, in der Hoffnung, möglichst schnell einzuschlafen. Damit dieser Tag endet. Ab morgen wird es anders. Wenn ich mich nur fest genug anstrenge, wird dieser Klosteraufenthalt unter Umständen doch noch gut für mich. Mit diesem versöhnlichen Gedanken schlafe ich ein.

Am nächsten Morgen gehe ich nicht in den kleinen Schweigebereich, sondern setze mich an einen Tisch im großen Speisesaal. Erst jetzt wird mir bewusst, wie viele Gäste in diesem Kloster eine Auszeit machen. Im Haus mit all seinen Etagen, Flügeln und Gängen fällt das gar nicht auf. Auch draußen im Park verteilen sich all die Gäste. Aber hier beim Essen wird deutlich, wie lebendig und wuselig es zugeht.

Ein Ehepaar kommt zu mir an den Tisch. »Dürfen wir uns dazusetzen?«, fragt die Frau etwas zögerlich.

»Gerne.« Ich nicke lächelnd.

Nachdem die beiden sich mit Brötchen, Kaffee und Tee vom Büfett versorgt haben, entsteht ein etwas unbehagliches Schweigen. Schließlich ist es in Hotels nicht gerade üblich, dass man die Mahlzeiten mit wildfremden Menschen an einem Tisch teilt. Der Mann nimmt einen Schluck aus seiner Kaffeetasse und sieht interessiert zu mir rüber. Wohl auch, weil ich nicht so ganz in das ansonsten deutlich ältere Publikum reinpasse. »Und? Sind Sie auch gestern angekommen?« In mir macht sich ein wohliges Gefühl breit. Selbst solch ein Small Talk am Frühstückstisch ist nach einer Woche ohne viel Gerede eine befreiende Wohltat. »Nein, ich bin schon eine ganze Woche hier. Habe aber drüben im Schweigesaal gegessen. Sie sind gestern angereist?«

»Genau«, strahlt die Frau mich an. »Mal wieder ein paar Tage die Ruhe hier genießen. Ein- bis zweimal im Jahr kommen wir hierher. Und jeder Aufenthalt ist eine Wohltat.«

»Ich bin zum ersten Mal hier und wollte eigentlich zwei Wochen ins Schweigen. Aber ich habe gemerkt, dass dieser Plan eine Nummer zu groß für mich war. Das ist schon schwer.«

»Da kommt bestimmt viel hoch, könnte ich mir vorstellen«, sagt der Mann und gießt sich Kaffee nach.

»Ja, das stimmt wohl«, erwidere ich mit leicht gequältem Lächeln im Gesicht.

»Guten Morgen zusammen«, sagt eine alte Ordensschwester, die plötzlich neben unserem Tisch steht. Sie mag um die siebzig sein, aber in ihrem Blick liegt etwas Verschmitzt-Kindliches. An ihrer Ordenskluft trägt sie ein Namensschild, »Gästebetreuung« steht da drauf. Und natürlich ihr Ordensname. Sie klopft dem Mann jovial auf die Schulter, lässt sich auf den letzten freien Stuhl an unserem Tisch fallen und legt mit hörbar rheinischem Zungenschlag los.

»Na, habta jut jeschlafen?«

Ich schmunzle innerlich, weil der freundschaftliche Umgang und lockere Tonfall so gar nicht in mein Bild von einer würdevollen, vergeistigten Ordensschwester passen. Und wenn ich ehrlich bin – in den vergangenen sieben Tagen habe ich zwar reichlich Schwestern auf dem Gelände und im Haus gesehen, aber kaum mehr als ein paar Grußworte mit ihnen gewechselt. Einerseits wollte ich ja gar nicht sprechen, sondern mich voll aufs Schweigen konzentrieren, andererseits fühlte ich mich aber auch wie ein Eindringling, der in das Zuhause der Schwestern kommt und dort aus Respekt so wenig wie möglich stören oder auffallen will.

»Und wat machen Sie heute noch so?«, wendet sich die Gästebetreuerin an mich.

»Ja. Gute Frage. Ich weiß gar nicht so richtig. Bisher habe ich viel geschwiegen und nachgedacht. Jetzt muss ich mal schauen. Reden wäre bestimmt nicht schlecht.«

»Ja, reden können Se hier auch. Seelsorjespräche können Se am Empfang buchen. Und wenn Se lieber wat arbeiten wollen, freuen sich die Mitschwestern in der Kräuterwerkstatt über 'ne helfende Hand von sonnem jungen Mann.«

»Gute Idee. Danke für den Tipp.«

»So, dann will ich mal weiter. Habt 'nen schönen Tach.« Die Schwester wuchtet sich vom Stuhl hoch, streicht sich ihre weiße Ordenskluft zurecht und geht zum nächsten Tisch.

»Na, habta jut geschlafen?«

Das Ehepaar widmet sich wieder dem Frühstück. Ich räume mein inzwischen leeres Geschirr zusammen und verabschiede mich. Heute wird ein guter Tag.

An der Rezeption setze ich die Idee der Schwester sofort um und buche für den folgenden Tag ein Gespräch mit dem Seelsorger; einem Geistlichen, der hier ebenfalls im Kloster arbeitet. Vielleicht bringt mich das endlich weiter. Vielleicht bekomme ich dadurch neuen Input, neue Impulse oder einfach Antworten auf meine ganzen Fragen. Ich bin offen und bereit. Ich will. Ich will mein Leben so sehr in den Griff bekommen und in Zukunft klarer und bewusster leben. Verbindlich. Ich will einfach wissen, wohin ich gehöre.

Am Nachmittag besuche ich die Kräuterei in einem Nebengebäude des Klosters. Hier, habe ich erfahren, werden die geernteten Kräuter aus dem Klostergarten getrocknet, gezupft und zu Teemischungen zusammengestellt, die auch bei den Mahlzeiten im Speisesaal gereicht werden. Schon als ich den Hausflur betrete, umhüllt mich eine Wolke aus intensivem Kräuterduft. Ich rieche Thymian, Lavendel und Melisse, und meine Laune hebt sich schlagartig. Das fühlt sich an, als hätte ich gerade den Spa-Bereich eines Wellnesshotels betreten. Aus dem ersten Stock höre ich Stimmen, gehe die Treppen hoch und betrete einen Raum, in dem es noch viel intensiver duftet. Ich schließe die Augen, atme tief ein, spüre dem Duft nach und atme aus. Ich öffne die Augen, schaue mich im Raum um und sehe vier Ordensschwestern an einem Tisch voller Kräuter sitzen. Sie sind alle weit über siebzig und mustern mich ebenso interessiert wie amüsiert.

»Oh, hallo«, sage ich etwas verlegen. »Eine Ihrer Schwestern hat mir beim Frühstück erzählt, Sie könnten Hilfe gebrauchen.«

»Ja, sicher. Das ist sehr nett«, sagt eine Schwester. Eine andere dann: »Nehmen Sie sich einen Stuhl, junger Mann. Ich zeige Ihnen, was Sie tun können.«

Ich greife mir einen Stapelstuhl, setze mich dazu und werde sofort in meine Aufgabe eingewiesen. Gute zwei Stunden lang sitze ich im Kreis der Nonnen und genieße es sehr. Ich zupfe die getrockneten Kräuter, bestaune die Ruhe und Achtsamkeit, mit der die alten Damen ihrer Arbeit nachgehen, und plaudere auf sehr schöne Art und Weise mit den Schwestern. Nachdem ich berichtet habe, dass ich Profisportler bin, sind sie ganz interessiert, offen und neugierig. Das berührt mich sehr, weil sich das ganz authentisch und echt anfühlt. Selbst in diesem hohen Alter haben sich die Schwestern eine fast kindliche Neugier bewahrt. Sie staunen, fragen nach, und ihre Augen sind ganz wach und aufmerksam. Da interessiert sich jemand für mich. Ohne Neid und Hintergedanken, ohne das Bedürfnis, sich durch vermeintliches Expertenwissen profilieren zu wollen. Und auch ohne die verklärende Fan-Sicht auf meinen Beruf. Das sind einfach ein paar alte Damen, die Bock darauf haben, über den eigenen Tellerrand zu schauen. Nicht einmal habe ich in diesen zwei Stunden das Gefühl, skeptisch oder kritisch betrachtet zu werden, weil ich ja nun einmal nicht der typische Kirchgänger bin. Sie nehmen mich einfach so, wie ich bin, und begegnen mir mit einer Offenheit und Wärme, die ich gar nicht ganz an mich heranlassen kann, weil ich sonst wahrscheinlich überwältigt zusammenbrechen würde.

Wenn sie wüssten, denke ich, dass ich meine Ehefrau betrogen habe, dann würden sie mich wahrscheinlich anders betrachten.

Am nächsten Tag gehe ich mit einer gehörigen Portion Aufregung in das Seelsorgegespräch. Will ich wirklich sagen, was mir auf dem Herzen liegt? Wie wird ein katholischer Geistlicher wohl reagieren, wenn ich von meinen Frauengeschichten anfange? Was wird er dazu sagen? Und vor allen Dingen: Was wird er sich denken? Mit diesen Fragen und reichlich Zweifeln im Kopf warte ich auf einem Sofa im Foyer des Gästehauses darauf, dass mich der Seelsorger abholt. Die Zeit vertreibe ich mir damit, die anderen Gäste hier im Foyer und im angrenzenden Klostercafé zu beobachten. Viele Gesichter habe ich in den vergangenen Tagen immer mal wieder gesehen, und jetzt gerade, in diesem Moment, fällt mir auf, wie sehr sich einige von ihnen verändert haben. Sie wirken viel entspannter, gelöster und befreiter als noch vor ein paar Tagen.

Erholen. Begegnen. Heilen. So lautet das Motto des Hauses, das auch auf der Website und in den Infobroschüren zu finden ist. Und irgendetwas scheint da wirklich dran zu sein. Ob das jetzt das Wirken Gottes ist, irgendeine universelle positive Energie, die sich genau hier manifestiert, oder einfach die Fürsorge und Herzlichkeit der Schwestern und Mitarbeitenden, sei dahingestellt. Aber dieser Ort macht etwas mit den Menschen. Doch warum macht er dann nichts mit mir? Obwohl ich mir so viel Mühe gebe und alles versuche, um Klarheit zu gewinnen.

Dann erscheint der Seelsorger, ein Mann mittleren Alters. Er schlägt vor, unser Gespräch mit einem Spaziergang durch den Klosterpark zu verbinden, statt in seinem Büro zu sitzen. »Draußen beim Gehen redet es sich manchmal leichter als auf einem Stuhl im Büro«, sagt er, und das fühlt sich für mich genau richtig an.

Wir gehen also vor die Tür, und während es in meinem Kopf noch immer ziemlich rotiert und ich mich frage, wie ich in solch ein Gespräch einsteigen und was ich genau erzählen soll, fängt er einfach an. Ein wenig Small Talk übers Wetter, wie mir mein Aufenthalt bisher so gefällt und was ich schon alles gemacht habe. Klar, er weiß, wie man Menschen dazu bekommt, über das zu reden, was sie belastet. Das ist sein Job. Das macht er jeden Tag mehrfach. Und er macht es gut.

Nach ein paar Minuten springe ich über meinen Schatten und lege los. Erzähle von meiner Ehe, meiner Affäre und dass ich überhaupt nicht weiß, wie es weitergehen soll. Scham erfüllt mich, weil mein aktuelles Leben so gar nicht zu den Werten passt, die der Geistliche vertritt. Entsprechend schuldbewusst erwarte ich, dass er mir ins Gewissen reden wird. Mir mit tadelndem Ton sagt, was ich selbst längst weiß: dass ich mich entscheiden muss. Und das will ich ja auch. Ich weiß nur nicht wie.

Aber er reagiert ganz anders, als ich es erwartet habe. Er hält mir keine Moralpredigt und spart sich größtenteils Tipps, wie ich das alles in den Griff bekommen könnte. In erster Linie lässt er mich einfach reden. Und hört zu. Er verurteilt mich auch nicht, sieht in mir nicht den bösen Ehebrecher. Er sieht in mir einen Menschen, der nicht weiß, wo er hingehört. Und der unter diesem Zustand leidet. Der nach Hilfe sucht und verzweifelt ist. Das beschämt mich noch mehr. Es fühlt sich unglaublich gut an, völlig wertfrei angenommen zu werden. Und gleichzeitig ist da ein Teil in mir, der wütend brüllt, dass ich das alles gar nicht verdient habe.

Abends liege ich im Bett und versuche den Tag einzuordnen. War es ein guter Tag? Irgendwie ja. Weiß ich nun, wie es weitergehen wird? Nein, überhaupt nicht. Habe ich Klarheit? Auch nicht. Warum war es dann ein guter Tag? Ich weiß es nicht.

Meine letzten Tage im Kloster bringen mir etwas Ruhe und einige bereichernde Gespräche mit anderen Gästen und den Schwestern aus der Kräuterei, die ich noch mehrfach besuche. Aber beim Auschecken am letzten Morgen spüre ich sofort wieder eine Unruhe in mir aufsteigen. Jetzt fahre ich gleich nach Hause. Nach Köln?

In den Schwarzwald? Ich weiß es nicht, bin noch genauso hilflos wie vor zwei Wochen. Panik steigt in mir auf, als ich meine Sachen ins Auto packe und mich hinters Steuer setze. Ich rufe Claudia an, erzähle ihr, wie schön die Gegend am Deutschen Eck ist, wo die Mosel in den Rhein mündet, und schaffe es, sie davon zu überzeugen, spontan ein paar Tage mit mir hier in der Gegend zu verbringen. Die Panik lässt nach, stattdessen sind da Aufregung und Anziehung, weil ich Claudia wiedersehen werde. Auch Freude, weil meine Tochter mitkommen wird. Das Kloster, meine Gefühlsachterbahn in den vergangenen zwei Wochen mit all der Einsamkeit und Leere in mir, mit der liebevollen Annahme und der schmerzvollen Scham sind schon viel zu weit weg, als ich vom Parkplatz fahre und das alte Gebäude in meinem Rückspiegel verschwindet.

KAPITEL 15

Die letzte Kölner Saison – der Anfang vom Ende

Nach meiner Auszeit im Kloster beginnt für mich ein paar Wochen später die Vorbereitung für die Saison 2009/2010. Nach dem vergangenen sportlichen Horror-Jahr starten wir hochmotiviert mit Igor Pawlow als neuem Chef hinter der Bande und zehn neuen Spielern in die anstehende Spielzeit, um die Schmach der letzten Saison zu tilgen. Ich selbst kann weiterhin meine Leistungen im Training und bei Spielen abrufen, kämpfe wie eh und je, merke aber, dass meine privaten Probleme an meiner Substanz zehren. Es fällt mir immer schwerer, die Rüstung anzulegen und alles andere auszublenden. Roberts Tod ist gerade einmal ein paar Monate her, und beim Blick auf seinen leeren Platz in der Kabine zieht sich mein Magen zusammen. Sein Tod bleibt für mich eine Hypothek, die ich mit mir herumschleppe. Neben all den anderen Hypotheken, auf denen »Claudia« steht und »Petra« und »Ehemann« und »Betrüger«.

Sportlich läuft es im Herbst und Winter 2009 sehr durchwachsen. Als Team schaffen wir es nicht, an die erfolgreichen Zeiten anzuknüpfen. Viel existenzieller ist aber die wirtschaftliche Situation. Die weltweite Finanzkrise zwei Jahre zuvor steckt vielen noch in den Knochen. Jetzt kommen zusätzlich fast täglich besorgniserregende Neuigkeiten aus Griechenland. Das Land steht kurz vor der Pleite, in den Nachrichten wird von astronomischen Summen berichtet, die hin- und hergeschoben werden, um Europa und den Euro vor dem drohenden Zusammenbruch zu bewahren. Das macht Sponsoren und Ausstatter nervös, die ihre Unterstützung reduzieren. Und nicht zuletzt auch den ganz normalen Fan. Der bleibt häufiger zu Hause. Die Zeiten, in denen wir Woche für Woche vor einem vollen Haus unsere Heimspiele bestritten haben, egal, ob gegen den Tabellenersten oder -letzten, sind vorbei.

Die Verantwortlichen wissen sich nicht anders zu helfen und feuern Pawlow. Das nimmt kurzfristig etwas Druck aus dem Kessel. Der neue Mann an der Bande heißt Bill Stewart, und er schafft es zumindest, die Stimmung in der Mannschaft zu stabilisieren und dem Haufen von hochtalentierten Spielern wieder so etwas wie Selbstvertrauen zu geben. Was die Finanzen angeht, steht ganz Köln hinter dem Verein. Es werden Spendenaktionen gestartet, Solidaritäts-Shirts verkauft, und selbst der große FC sichert den Haien seine Unterstützung zu. Trotzdem wird langsam deutlich, dass die fetten Jahre in Köln bis auf Weiteres vorbei sind. Das alles passiert für mich zur Unzeit, denn zum Saisonende läuft mein Vertrag in Köln aus, und ich stecke mitten in den Planungen und Verhandlungen, wie es im nächsten Jahr weitergehen soll.

»Andi, du bist der Erste, dem wir einen Vertrag für die kommenden Jahre anbieten würden. Wir rechnen auch zukünftig fest mit dir und wollen dich auf jeden Fall halten«, versucht mich einer der Verantwortlichen bei den Haien zu beruhigen. Das erste Angebot, das mir der Verein dann macht, zeigt aber deutlich: Wenn ich hierbleiben sollte, werde ich massive Gehaltseinbußen hinnehmen müssen. Im Vergleich zu meinem aktuellen Vertrag fehlt da ein dicker Batzen Geld.

Ich zögere verständlicherweise bei dem Angebot der Haie, zumal mein Manager mir signalisiert, dass andere DEL-Clubs ebenfalls Interesse an mir haben. Ich liebe es, für die Haie zu spielen. Die Stadt und Vereinsfarben sind tief in meinem Herzen verankert. Im Vergleich zu manch anderem Spieler bin ich alles andere als ein Söldner, der die Clubs wechselt wie andere Menschen ihre Unterwäsche. Meine bald fünfzehn Jahre im Profisport habe ich nur bei zwei Clubs verbracht. Am liebsten würde ich meine Karriere in ein paar Jahren hier in Köln beenden, und doch muss es finanziell einigermaßen passen. Im Moment sind wir in den Verhandlungen davon noch weit entfernt.

Als wir auch das sechste Spiel in Folge verlieren, werde ich in einem Interview mit dem EXPRESS zu meiner sportlichen Zukunft bei den Haien gefragt. Denn irgendwie hat die Redaktion mitbekommen, dass die Verantwortlichen der Haie auch zukünftig auf mich setzen.

»Du«, sage ich zu dem Journalisten, »wir haben sechs Spiele in Folge verloren. Ich glaube, der Verein hat gerade andere Sorgen, als mit mir einen neuen Vertrag zu machen. Wir müssen es erst mal wieder auf die Reihe bekommen und Spiele gewinnen.«

Als ich einen Tag später beim Frühstück durch den EXPRESS blättere, lese ich den Artikel über die Haie. Andi Renz kritisiert Trainer Bill Stewart, weil Vertragsverhandlungen zu lange dauern, steht da sinngemäß. Habe ich so nie gesagt. Aber was man in solchen Interviews sagt, wie es beim Gegenüber ankommt und was letztendlich zugespitzt formuliert in den Druck geht, ist natürlich eine ganz andere Sache. Auch das Spiel kenne ich. Und meist kann ich mit dem, was so geschrieben wird, ganz gut leben. Aber die Sache kommt jetzt einfach zum ungünstigsten Zeitpunkt, ist in der Welt, und ich werde viel Überzeugungsarbeit leisten müssen, dass ich das so nicht gesagt habe.

Vor dem nächsten Training werde ich direkt ins Büro vom Trainer zitiert. Der hat den Artikel wohl auch schon gelesen.

»Setz dich, Andreas.«

»Coach, es geht bestimmt um die Story im EXPRESS, stimmt's?«

»Yes, der EXPRESS-Artikel.«

»Ich habe das so nicht gesagt. Da hat man mir die Worte im Mund umgedreht.«

»Andreas, es ist egal, wie du das gesagt hast oder was du nicht gesagt hast. Mit einem Spieler, der mich in der Öffentlichkeit angreift und kritisiert, werde ich in der kommenden Saison bei den Haien nicht zusammenarbeiten.« Um seinen Worten Nachdruck zu verleihen, streicht er meinen Namen von einer Tafel, über der steht: Team 2010/11. Ich weiß, dass ich jetzt in dieser Situation nicht weiter diskutieren muss, und verlasse schweigend sein Büro. Mir ist klar, dass nicht alles so heiß gegessen wird, wie es gekocht wird, aber in dem Moment realisiere ich zum ersten Mal, dass meine Zeit in Köln sich wirklich ihrem Ende zuneigen könnte. Doch in meinem Leben ist solch ein Chaos, dass ich dieses Gefühl kaum einordnen kann. Die Fans mögen mich weiterhin. Ich bringe nach wie vor meine Leistung auf dem Eis. Das ist gut. Trotzdem spielen wir jetzt bereits die zweite Saison megaschwach. Das ist schlecht. Ein Wechsel zu einem anderen Verein würde etwas Abstand zwischen mir und Claudia bringen. Was gut wäre. Oder schlecht. Keine Ahnung. Noch immer sind wir mal zusammen, mal getrennt, mal wasweißich. Mit Petra: das Gleiche.

Die wenigen freien Tage zwischen den Jahren nutze ich, um mein Leben etwas zu ordnen. Mit Petra verbringe ich den Heiligabend, und wir planen gemeinsam einen Neustart in Kassel. Die Huskies haben mir einen guten Zweijahresvertrag angeboten und wollen um mich herum eine junge, heiße Mannschaft aufbauen. Ich mag die Stadt und ihr altehrwürdiges Eisstadion. Es erinnert mich ein wenig an Schwenningen. Alles ist dort eine Nummer kleiner als bei den Haien, aber die Stimmung in der Halle ist krass. Immer volles Haus, immer begeisterte Fans. Für diesen Verein zu spielen würde mir schon gefallen. Und vielleicht brauche ich genau diesen Schritt, um endlich, nach fast vier Jahren, mal aus dieser On-off-Petra-Claudia-Geschichte rauszukommen. Ein echter Neuanfang. Mit Petra. In einer neuen Stadt und mit viel Abstand zu Claudia. Das scheint mir ein guter Plan zu sein. Vielleicht konnten meine ganzen Entscheidungen für oder gegen eine der Frauen nie so richtig funktionieren, weil der räumliche Abstand fehlte. Petra flüchtete zwar immer wieder in den Schwarzwald, kam aber ebenso oft zurück nach Köln, um es doch noch einmal zu probieren. Und irgendwann muss das alles auch mal ein Ende haben, weil ich ansonsten früher oder später vor die Hunde gehe. Und mit mir zwei Frauen. Jede von ihnen hat ein gutes, klares Leben in einer verbindlichen Beziehung verdient. Etwas, was ich bisher einfach nicht bieten konnte. Und das will ich nicht mehr.

Und da ist noch etwas, was an mir nagt. Im Februar 2010 finden in Kanada, im Mutterland des Eishockeys, die Olympischen Winterspiele statt. Im Mai dann die Weltmeisterschaft hier in Deutschland. Nach zehn Jahren im Dress der Nationalmannschaft sind diese zwei Turniere nochmals absolute Highlights für mich. Ich denke, dass meine Chancen, dabei zu sein, nicht schlecht sind. Zumal ich beim erfolgreich beendeten Qualifikationsturnier für die Spiele das Team weiterhin als Kapitän anführen durfte.

Ein paar Wochen vor dem Beginn der Winterspiele werde ich aus der Nationalmannschaft aussortiert. Sportlich kann ich die Entscheidung sogar verstehen. Für Abwehrspieler gibt es im Kader sechs bis acht Plätze. Die sind hart umkämpft. In jeder Saison stoßen junge, talentierte Spieler dazu. Ich hingegen werde immer älter. Und anscheinend reicht die Kampfkraft vom Eisen-Renz nicht mehr für Olympia und Weltmeisterschaft. Das ist der Lauf der Dinge, insbesondere im Profisport. Mein Kopf kann sich das alles ganz rational erklären. Aber in meinem Herzen schmerzt es trotzdem brutal. »Ich bin nicht gut genug«, dröhnt es auf einmal wieder in mir. »Nicht mehr gut genug«, korrigiere ich mich. Aber das macht es auch nicht besser.

Was mich zusätzlich verletzt: Meine Karriere in der Nationalmannschaft läuft einfach so aus. Da ist niemand, der mich anruft und mir erklärt, dass ich nicht mehr dabei bin. Ich falle einfach aus den Planungen raus. Dass ich aussortiert wurde, weiß ich nur, weil mich niemand mehr über die kommenden Termine des Nationalteams informiert. Viele, viele Jahre habe ich auch für dieses Team gekämpft. Mit allem, was ich geben konnte. Und dann so was. Niemand, der mit mir spricht und Tacheles redet. Jeder normale Arbeitnehmer bekommt zumindest eine ordentliche Kündigung. Vielleicht per Post oder E-Mail, aber er hat zumindest konkrete Informationen. In meinem Fall läuft der Nationalzirkus einfach weiter. Nur ohne mich.

Irgendwann im Frühjahr 2010 sagt Petra mir, dass sie schwanger ist. Ich fühle mich, als hätte man mich in einer Zeitmaschine ins Jahr 2007 katapultiert, als ich an einem grauen Wintertag in diesem trostlosen Park von Claudias Schwangerschaft erfuhr. Wieder dreht sich alles unter mir, wieder sind da unzählige Gedankenblitze, die mir nahezu zeitgleich durch den Kopf schießen: Wow, ein Kind. Ich werde ein zweites Mal Papa. Passt es mit der Saisonvorbereitung in Kassel? Werden wir eine schöne Wohnung finden? Was wird Claudia denken? Wieso denke ich jetzt gerade an Claudia? Andi, reiß dich zusammen, du hast dich für Petra entschieden. Was bin ich nur für ein Mensch?

Die ganze erste Jahreshälfte 2010 ist eine einzige Achterbahnfahrt der Gefühle. Sportlich wie privat. Immer wieder bricht die Mannschaft ein, verliert grundlos Spiele und das Erreichen der Playoffs, für den Verein das absolute Minimalziel, ist erneut ernsthaft in Gefahr. Meine letzte Saison bei den Haien ist enttäuschend. Und der lukrative Wechsel nach Kassel scheint auch nicht so unproblematisch zu werden. Denn kaum dass ich mich mit der Tatsache angefreundet habe, erneut Vater zu werden und mit Petra einen neuen Lebensabschnitt in Kassel zu beginnen, bekomme ich von verschiedenen Seiten die Information gesteckt, dass die Huskies in großen finanziellen Schwierigkeiten stecken. Ende April meldet der Verein Insolvenz an. Laut Statuen der Liga führt das automatisch zum Verlust der Lizenz. Keine Lizenz, kein Spielbetrieb, kein gültiger Vertrag. Für mich ein absolutes Fiasko. Ich habe das Gefühl, dass mein Leben immer komplizierter wird. Da die meisten DEL-Vereine ihre sportliche Planung für die kommende Saison im Mai bereits abgeschlossen haben, hat mein Manager kein DEL-Angebot mehr auf dem Schreibtisch.

Nur die Wild Wings und München haben wirklich lohnenswerte Angebote abgegeben. Aber die spielen aktuell beide in der zweiten Liga.

Ich treffe mich kurzfristig in meiner Heimatstadt mit den Verantwortlichen des Clubs und höre mir an, was man dort für die kommenden Spielzeiten plant. Und das, was ich höre, gefällt mir. Schwenningen gehöre natürlich in die DEL, heißt es. Alle Planungen des Clubs sind auf dieses eine Ziel gerichtet. Und ich solle als Urgestein und Local Hero das Team als Kapitän anführen und die Mission Meisterschaft zu einem erfolgreichen Abschluss bringen. Auch wenn mein Ego schon ein wenig daran zu knabbern hat, von den großen Kölner Haien zurück in den Schwarzwald zu meinem aktuell zweitklassigen Heimatverein zu wechseln, kitzelt der Club-Boss sowohl mein Kämpferherz als auch meinen romantischen Anteil. Die Vorstellung, meine Wild Wings als Leitwolf zurück in die Spitzenklasse zu führen, und das alles in meiner Heimat, gefällt mir schon sehr. Damit würde ich mich in Schwenningen zu einer unsterblichen Legende machen. Gleichzeitig fühlt es sich rundum stimmig an. Dahin zurückzukehren, wo alles anfing. Mit der Ehefrau an meiner Seite, die ich hier kennen- und lieben gelernt habe, mit der ich durch viele schlechte Jahre gegangen bin und die trotzdem noch an meiner Seite steht. Und die jetzt auch noch unser gemeinsames Kind unterm Herzen trägt. Das ist einfach rund.

Und so heuere ich nach neun Jahren in Köln wieder bei den Wild Wings an.

Mein Abschied in der Domstadt wird von viel Aufbruchstimmung, Wehmut und Enttäuschung begleitet. Bis zuletzt hält das Haie-Management meinen Abgang von der Presse und den eigenen Anhängern fern. Gut möglich, dass sie nicht noch mehr Unruhe in der ohnehin angespannten Situation rund um die Haie verursachen möchten. Bei der offiziellen Saisonabschlussfeier werden viele Spieler, die den Club verlassen werden, auf der Bühne gebührend verabschiedet. Erwähnt werde ich nicht. Keine Standing

Ovations, kein Danke, nicht ein letztes Mal, dass Tausende in Köln meinen Namen rufen. Nichts. Ich bin einfach nicht mehr dabei.

Meine Rückkehr nach Schwenningen sorgt in der Stadt für große Euphorie. »Andi Renz ist wieder daheim«, titelt die Presse. Beinahe überall, wo ich hinkomme, werde ich angesprochen. »Andi, schön dass du wieder da bist«, sagen mir zum Teil wildfremde Menschen. Ich bedanke mich und spüre, wie gut sich das in der Gegend ums Herz herum anfühlt. Nach den letzten beiden Krisenjahren bei den Haien genieße ich diese positive Grundstimmung rund um die Wild Wings und meine Person. Die Stadt ist klein und überschaubar. Vielleicht gehöre ich hierher. Und es ist gut, dass ich jetzt wieder da bin.

Als ich das erste Mal seit Langem wieder das Eis am Bauchenberg für ein Training betrete, fühlt sich alles so vertraut an. Und richtig. Ich habe das Gefühl, dass jetzt vielleicht wirklich alles gut werden könnte. Das ist jetzt mein Neuanfang. Unser Neuanfang. Vielleicht war Köln ja nur ein langer, schöner, wilder Traum, aus dem ich jahrelang nicht erwachen konnte.

Aber jetzt!

Im September kommt unser Sohn Otis in einem Hebammenhaus auf die Welt. Obwohl ich das Wunder einer Geburt zum zweiten Mal erleben darf, bin ich nicht weniger berührt, demütig und dankbar. Wieder spüre ich diese bedingungslose Liebe. Wieder weiß ich, dass ich alles geben werde, um diesem Wesen ein liebevoller und fürsorglicher Vater zu sein. Meine Kinder sind mir das Allerwichtigste. Und egal wie sich die Beziehung zu den Müttern entwickelt hat, für die Kids bin ich immer da. Die räumliche Trennung der beiden ist eine Herausforderung, mit der ich umgehen muss. Fast jeden trainingsfreien Tag fahre ich mit dem Auto die knapp fünfhundert Kilometer nach Köln, um Zeit mit Miu zu verbringen. Meistens muss ich in der Nacht noch zurück, da wir am nächsten Morgen Training haben. Wenn ich im Schwarzwald bin, vermisse ich meine Tochter unendlich. Zum Glück wird es im Sommer einfacher, sie zu sehen. Da habe ich trainings- und spielfrei und bin örtlich ungebunden.

Als Profisportler bin ich es gewohnt, mich schnell an neue Lebensumstände anzupassen. Und doch fällt es mir in diesen Tagen unglaublich schwer, aus der zärtlichen, liebevollen Vaterrolle in die Eishockeyausrüstung des Eisen-Renz zu wechseln. Zeit für die Umstellung habe ich nicht, denn keine zwei Wochen später laufe ich zum ersten Mal seit fast einem Jahrzehnt wieder mit dem Trikot der Wild Wings bei einem Heimspiel auf. Meine Nummer ist die 31, wie damals. Die Fans bereiten mir einen großartigen Empfang. Wieder ist es diese dunkle Halle, die Aaaaandiiiii-Renz-Sprechchöre, das Trommeln der Zuschauer. Automatisch denke ich an den Tag, als ich hier mein erstes Spiel als Profi bestritt. Dann an den Tag, als ich zum ersten Mal in der Kölnarena aufs Eis ging. Ich könnte nicht sagen, dass der Empfang heute weniger euphorisch wäre, ganz im Gegenteil. Aber in mir hat sich etwas verändert. Vielleicht bin ich zu alt und habe zu viele Erfahrungen im Profisport gesammelt. Vielleicht bin ich zu abgeklärt. Vielleicht ahne ich auch, dass die Zeit meiner ganz großen Erfolge vorbei ist. Ich weiß es nicht. Ich merke nur: So gut sich das hier auch alles anfühlen mag, ich werde nicht mehr von solch einem Glücksgefühl durchflutet, wie es früher einmal der Fall war.

Trotzdem gebe ich alles für meinen neuen, alten Verein. Die Wild Wings sind für mich eine Herzenssache. Ich kämpfe wie eh und je, werfe mich in jeden Schuss und gönne meinem Gegner keinen Zentimeter Raum. Die Wild Wings starten super in die Hauptrunde, gewinnen oft und verlieren selten. Der Traum von der Meisterschaft wird mit jedem Spieltag ein Stückchen konkreter. Am Ende der Saison ganz oben stehen ist auch mein ganz persönliches Ziel. In dieser Saison muss es der Titel in der zweiten Liga werden – alles andere wird nicht genug für mich sein. Alles andere würde eine Niederlage bedeuten.

Und noch etwas ändert sich im Herbst. So glücklich ich mit der Tatsache bin, meinen winzig kleinen, neugeborenen Sohn in Händen zu halten, so dunkel wird es in mir, wenn ich an mein weiteres Leben mit Petra denke. Ich weiß nicht, wann es anfing, aber eines Morgens, irgendwann im November, war da auf einmal dieser Gedanke in meinem Kopf: Du musst gehen, Andi. Das ist nicht der richtige Weg. Wie konntest du nur so dumm sein und glauben, dass du Claudia durch einen Ortswechsel einfach so vergessen könntest? Zumal diese Trennung von ihr und der Neuanfang hier von Anfang an halbherziger waren, als du es dir eingestehen wolltest. Alle zwei Wochen fährst du Richtung Köln, um deine Tochter zu sehen. Alle zwei Wochen siehst du bei der Übergabe die Frau, die dich durch ihre Anziehung seit Jahren immer wieder komplett aus der Bahn wirft. Toller Neuanfang.« Sofort melden sich mein schlechtes Gewissen und mein Kopf. Wirf das, was du hast, nicht so leichtfertig weg. Jetzt ist gerade dein Sohn geboren, und du denkst über eine Trennung nach? Wieder einmal. Bist du eigentlich komplett bescheuert?

Aber der Gedanke geht nicht weg. Er setzt sich fest. Und so krass die Umstände und der Zeitpunkt auch sein mögen, auf einmal zieht mich wieder alles in Richtung Köln. In Richtung Claudia. Ein paar Wochen kämpfe ich vergebens gegen diesen Drang in mir an. Und obwohl ich versuche, mir nichts anmerken zu lassen, kennt Petra mich viel zu gut. »Wir müssen reden«, sage ich zu ihr. In ihrem Blick liegt die Ahnung, was jetzt kommen wird. »Ich kann nicht mehr, Petra. Das funktioniert alles nicht. Ich muss zurück nach Köln.«

Ich gehe hart mit mir ins Gericht, verurteile mich für meine Inkonsequenz. Dafür, dass ich seit Jahren Petra und Claudia immer und immer wieder verletze. Und mir damit auch selbst mit jeder neuen Trennung, mit jedem Neuanfang, mit jeder jetzt-aber-wirklich-endgültigen Entscheidung selbst ein Stück meiner Seele rausreiße. Ich kann einfach nicht anders. Stecke seit nunmehr vier Jahren in einem Teufelskreis, aus dem mich kein Kloster und keine Hellseherin befreien konnten. Selbst der höchste Berg Afrikas hat das nicht geschafft. Ich bin mit meinem Latein am Ende. Gleichzeitig streikt immer häufiger mein Köper: Ich breche mir die Mittelhand. Und spiele trotzdem. Ich breche mir die Kniescheibe und spiele weiter. Vielleicht auch, weil ich zumindest im sportlichen Bereich nicht die Kontrolle verlieren will. Wenn mich der Nationaltrainer nicht mehr will – okay. Wenn mich die Haie nicht mehr wollen – auch okay. Aber meine Knochen, Bänder und Gelenke gehören mir allein. Da bestimme ich, was geht. Noch kann ich das.

Obwohl wir in meiner ersten Saison als Rückkehrer wirklich gut starten, kommt irgendwann der Leistungseinbruch. Wir verlieren ein Auswärtsspiel nach dem anderen, schaffen es aber aufgrund unseres komfortablen Punktevorsprungs trotzdem in die Play-off-Runde. Die Zeit, in der es im Eishockey um alles oder nichts geht. Wir sind absoluter Titelanwärter, und ganz Schwenningen steht Kopf. Im Viertelfinale hauen wir Kaufbeuren aus dem Wettbewerb, im Halbfinale zieht Dresden den Kürzeren. Gefühlt bin ich in der Rolle des Leitwolfs in den Playoffs so richtig angekommen und pusche das Team zur Höchstleistung. Mit breiter Brust treffen wir im Finale um die Meisterschaft auf Ravensburg. Drei Siege trennen die ganze Stadt, die Fans und uns von dem gemeinsamen Traum. Drei Siege, und ich habe meine Mission erfüllt. Drei Siege, und meine Sehnsucht nach Erfolg wird gestillt. Denn wenn ich ehrlich bin, haben die Enttäuschungen und Niederlagen in den letzten Jahren überwogen. Diesen Titel habe ich verdient. Denke ich zumindest.

Leider zerplatzt auch dieser Traum ziemlich schnell. Wir verlieren drei Finalspiele in Folge. Die Ravensburger Mannschaft ist klar besser und reißt verdient den Meisterpokal in die Höhe. Die Niederlage trifft mich bis ins Mark. Ich habe alles gegeben, und es war nicht genug. Ich bin am Boden zerstört. Privat in einem Teufelskreis, sportlich in einer Abwärtsspirale. Manchmal scheint es mir so, als würde all das, was in den vergangenen fünfzehn, zwanzig Jahren das Fundament meines erfolgreichen Lebens darstellte, Stück für Stück wegbröckeln.

Ich habe Angst, irgendwann den Boden unter den Füßen zu verlieren. Und so klammere ich mich verzweifelt an das, was noch da ist – meine beiden Kinder. Für sie versuche ich, der beste Vater zu sein, den man sich vorstellen kann. Und wenn ich ehrlich bin: Sobald ich Miu oder Otis im Arm halte, werden meine sportlichen Niederlagen auf einmal viel unbedeutender. Meisterschaften, Erfolge, die Nationalmannschaft, erste Liga, zweite Liga, all das ist nebensächlich, wenn du bei deinen Kindern bist, denke ich manchmal. Das sind seltene Momente, in denen ich weicher und wohlwollender bin. Zu den Kids sowieso. Aber auch zu mir selbst.

Über die gemeinsamen Kinder habe ich regelmäßig Berührungspunkte mit Petra und Claudia. Immer wieder sind da schöne Momente, mal mit Claudia in Köln, dann wieder mit Petra im Schwarzwald. Und genau dann, wenn es sich nach einer harmonischen kleinen Familie anfühlt, sagt mir mein Verstand im regelmäßigen Wechsel, dass das jetzt wirklich die Frau für mein Leben ist. Und nach ein paar Wochen ist wieder alles ganz anders. Meine Zerrissenheit zwischen den beiden Frauen wird immer größer, und das On-off nimmt kein Ende. Es gibt aber auch immer mehr Phasen, in denen ich gar keine Gefühle empfinden kann. In denen ich spüre, dass das keine Liebe ist, sondern eher eine Abhängigkeit. In verzweifelten Momenten wünsche ich mir immer öfter, dass eine der beiden oder sogar beide einen endgültigen Schlussstrich unter die Sache ziehen. Diesen Wunsch erfüllt mir weder Petra noch Claudia. Irgendwie sind sie ebenfalls in ihren eigenen Teufelskreisen gefangen. Petra kann mich nicht loslassen. Claudia schon eher. Doch ihre Kontaktsperren bewirken nur, dass ich sofort wieder versuche, sie für mich zu gewinnen. Wir stecken alle gemeinsam in diesem toxischen Spiel. Und sind doch gleichzeitig komplett allein mit unseren jeweiligen Themen.

Im Sommer 2011 fahren Petra, Otis und ich gemeinsam in den Urlaub nach Bali. Dort haben wir so wundervolle Zeiten erlebt, vielleicht schaffen wir es, noch einmal daran anzuknüpfen. Vielleicht merkt Petra auch einfach, dass ich sie nach den sportlichen Nackenschlägen der letzten Monate ganz besonders brauche. Sie hat mir stets den Rücken freigehalten. Und das probiert sie auch jetzt noch.

Unser Urlaub verläuft jedoch anders als erwartet. Die Sonne, der Bali-Spirit und die Natur, also das, was wir immer ganz besonders geliebt haben, berühren mich kaum. Ich bin mit meinen Gedanken ganz woanders. Wo genau? Keine Ahnung. Aber eines Morgens stehe ich auf und habe eine gewisse Klarheit.

»Petra, das geht einfach nicht mehr«, sage ich, und obwohl ich weiß, dass ich diesen Satz so oder so ähnlich schon oft gebracht habe, fahre ich schnell fort. »Und ich glaube, diesmal hat es wirklich nichts mit Claudia zu tun. Ich weiß gar nicht, ob ich mit Claudia zusammen sein will, aber ich weiß, dass ich nicht mit dir zusammen sein will. Zumindest nicht als Paar.« Petra sieht mich an, Tränen schießen ihr in die Augen. »Wir funktionieren einfach nicht mehr als Paar. Du bist vielleicht die beste Freundin, die ich jemals hatte und haben werde, aber da ist keine Liebe mehr. Nicht als Mann und Frau.«

Petra weint. »Andreas, das ist vielleicht das Allerschlimmste«, sagt sie. »Dich als Ehemann zu verlieren, habe ich in den vergangenen Jahren oft genug durchgemacht. Damit kann ich leben. Das hat schon vor Jahren angefangen. Aber dich jetzt endgültig gehen zu lassen und meinen besten Freund zu verlieren, das zerreißt mir das Herz.«

So traurig unser Bali-Urlaub endet, für mich ist es ein erster kleiner Schritt in eine neue Richtung. Ich habe Petra nicht verlassen, weil ich zu Claudia wollte. Ich habe Petra verlassen, weil ich nicht mehr mit Petra sein wollte. Nicht so. Nicht auf diese Art und Weise. Das fühlt sich anders an.

Nach dem Urlaub stürze ich mich in eine harte Vorbereitung auf die kommende Saison. Dieses Jahr muss es mit dem Titel für Schwenningen klappen. Ich werde meine Mission hier erfüllen. Ich muss, ich werde es schaffen.

KAPITEL 16

Das ging ins Auge

»So langsam reicht's mir für heute«, raune ich, ziemlich außer Atem, einem meiner Mitspieler nach einem weiteren Spurt über das Eis zu.

»Sieht aber nicht danach aus, dass der Coach uns zum Duschen schickt«, bekomme ich zur Antwort. Der Tonfall lässt keinen Zweifel daran, dass auch mein Mannschaftskollege alles andere als begeistert ist.

»Für dich auch genau das Richtige! So, wie du neulich gespielt hast, müssten noch so einige Extraeinheiten folgen.«

Ich grinse gequält in das übertrieben empört wirkende Gesicht meines Teamkollegen. Kopfschüttelnd und mit einer abwinkenden Handbewegung dreht er ab, um erneut zu einem Spurt übers Eis anzusetzen.

Ich habe schon den ganzen Tag lang so ein komisches Gefühl. Die Anstrengungen der knallharten Saisonvorbereitung in den letzten fünf Wochen spüre ich außerdem in den Knochen. Morgen Abend ist das nächste Match, und statt es heute trainingsmäßig etwas ruhiger anzugehen, lässt der Trainer uns schuften und schwitzen. Beiße ich mich halt durch, so wie immer, denn aufgeben gibt es nicht bei mir.

Aber ich fühle mich so müde.

Die nächsten Anweisungen werden von unserem Coach Axel Kammerer von der Bande aufs Spielfeld gerufen. Zwei Mannschaften, Trainingsspiel. Okay, damit nähert sich zumindest das Ende des Trainings.

Breit grinst mich mein Mannschaftskollege von gerade eben mit seinem farbigen Mundschutz an.

»Gleich kannst du dich ausruhen, alter Mann«, ruft er mir zu.

»Kopf hoch, nicht dass dich der alte Mann über den Haufen brettert!«, antworte ich und spurte los. Meine Müdigkeit darf sich später wieder melden. Jetzt muss ich spielen.

Das Trainingsspiel verläuft zäh, aber ich mache das, was ich immer mache: Vollgas geben und kämpfen. Vielleicht bin ich nicht mit einhundertzwanzig Prozent bei der Sache, aber mit hundert auf jeden Fall. Und irgendwann wird auch dieses Training enden, so wie jedes andere Training, das mich bis an die körperliche Leistungsgrenze gebracht hat, beizeiten auch darüber hinaus. Das habe ich in den vergangenen siebzehn Profijahren gelernt. Auch die größte Quälerei endet irgendwann einmal. Die Kunst liegt darin, den Frust im Kopf auszuschalten und es einfach durchzuziehen.

Es ist Samstag, der 3. September 2011. Gestern wurde mein Sohn Otis ein Jahr alt. Und heute, in einem Zweikampf während eines Trainingsspiels, passiert es. Der Puck fliegt in die Luft, ich bin in der Vorwärtsbewegung. Neben mir mein junger Teamkollege und jetzt Gegenspieler Max. Sehr klein, sehr wuselig und sehr motiviert. Er reißt den Schläger hoch, will den Puck damit aus der Luft holen und trifft mich im Gesicht. Für den Bruchteil einer Sekunde denke ich noch: Man nimmt den Puck mit der Hand aus der Luft. Niemals mit dem Schläger. Eine der ersten Lektionen in der Jugend.

Dann reißt mich die Realität aus diesem Gedanken. Die Schlägerkelle von Max schiebt sich unter mein Plexiglasvisier und drückt mein rechtes Auge tief in die Höhle. Ich schreie vor Schmerz auf und lasse mich aufs Eis fallen. Sofort spüre ich einen unerträglichen Druck in meinem Kopf.

»Scheiße, scheiße, scheiße«, fluche ich, schüttele die Handschuhe ab und fasse mit der Hand zu meinem rechten Auge. Ich fühle das warme Blut auf meiner Hand, es ist viel Blut.

»Fuck!«, sage ich immer wieder, während ich mich aufrappele und Richtung Bande fahre.

»Bitte, bitte, bitte. Sag mir, wie sieht es aus?«, frage ich einen Mitspieler. »Sag schon, wie schlimm ist es?«

»Oh mein Gott«, sagt er und dreht sich würgend weg.

Genau das wollte ich jetzt nicht hören.

Wie ein kopfloses Huhn taumle ich übers Eis. Ich kann kaum etwas sehen, kann kaum etwas denken. Nur der Schock sorgt dafür, dass ich mich überhaupt noch auf den Beinen halten kann.

So gut und schnell es eben geht, torkele ich Richtung Kabine zu unserem Physiotherapeuten, der uns bei medizinischen Notfällen Erste Hilfe leistet. Zwei Jungs aus dem Team stützen mich. Eigentlich ein Job für den Mannschaftskapitän, der in solchen Situationen Ruhe vermitteln und sowohl den Verletzten als auch die Mannschaft beruhigen soll. Aber ich selbst bin der Kapitän. Und ruhig bin ich auf keinen Fall.

»Scheiße, scheiße, scheiße.«

»Andi, hör mir zu ... Andi. Jetzt beruhige dich erst einmal«, sagt unser Physio Stevo mit professionell strengem Ton. Aber ich höre auch die Besorgnis in seiner Stimme. Ich drücke ihn mit aller Kraft, die in meinem Körper steckt, zur Seite und schiebe mich an ihm vorbei zum Sanitärbereich. Über den Waschbecken hängen Spiegel. Davor stehe ich jetzt, decke mit einer Hand das verletzte Auge ab und sehe verschwommen mit dem anderen all das Blut in meinem Gesicht, zwischen meinen Fingern, auf dem Ärmel meines Trainingstrikots. Ich hole tief Luft und zähle in meinem Kopf runter: »Drei. Zwei. Eins.« Dann nehme ich die Hand weg.

»Fuck!«, schreie ich in Richtung meines Spiegelbildes, bevor der Würgereiz einsetzt und ich mich wegdrehen muss. Direkt in die Arme des Physiotherapeuten, der mich stützt und mich zur Bank in der Kabine begleitet.

»Bleib ruhig, Andi. Der Rettungswagen ist unterwegs. Das wird schon wieder.«

»Wenn mein Auge hin ist, dann ist alles vorbei«, sage ich halb zu mir, halb zu ihm. »Zähne, Nase, Bänder, alles egal. Das kann man wieder flicken. Aber wenn das Auge weg ist, dann war es das für mich.«

Ich schäle mich aus der Ausrüstung: Schuhe. Brustpanzer. Schienbeinschoner. Nach tausendfacher Wiederholung eigentlich ein Automatismus. Jetzt muss mir der Physiotherapeut helfen, weil ich kaum das Gleichgewicht halten kann. Ich schaffe es sogar noch unter die Dusche. Brause mir den Schweiß und das Blut vom Körper, nur die Angst um meine Zukunft kriege ich nicht abgewaschen.

Jetzt ist alles vorbei, denke ich immer wieder und male mir meine halb blinde Zukunft aus. Kein Leistungssport mehr, kein Jubel mehr, kein Alltag mehr, der geprägt ist von Spiel- und Trainingszeiten, von Playoffs und Saisonvorbereitungen. Dazu noch entstellt. Vielleicht mit einem Glasauge. Ist das vielleicht eine Art von Strafe für meinen Lebenswandel? Karma? Die Quittung für das jahrelange Rumgeeiere von mir?

Und dann schiebt sich der schlimmste Gedanke überhaupt nach vorn: Was bleibt von mir eigentlich übrig, wenn ich kein Profisportler mehr sein kann?

Panisch stolpere ich in den Sani-Raum und lege mich auf die Liege. Ich atme ein, ich atme aus und versuche das Gedankenkarussell mit all den Katastrophen zum Stehen zu bringen. Ändern kann ich jetzt sowieso nichts mehr, und so bitter es in diesem Moment für mich ist: Damit musste ich rechnen. Als Profi-Eishockeyspieler setzt man Tag für Tag seine Gesundheit aufs Spiel. Und bis zum heutigen Tag konnte ich mich nicht beklagen. Nasenbrüche, Bänderrisse, Knochenbrüche, alles normal in diesem irrsinnig schnellen und harten Sport. Aber nichts, was ernsthaft meinen Beruf gefährdete.

Irgendwann sind die Rettungssanitäter da. Zwei junge Burschen, die routiniert und sachlich ihren Job machen.

»Können Sie uns sagen, was passiert ist?«

»Ich habe einen Schläger ins Auge bekommen.«

»Haben Sie sonst noch Schmerzen. Außer am Auge?«

»Nein.«

»Sind Sie auf den Kopf gefallen?«

»Nein.«

»Können Sie die Arme und Beine bewegen?«

»Ja.«

»Wir bringen Sie jetzt ins Krankenhaus.«

Langsam legt sich meine Panik, und ich kann wieder klar denken. Oder zumindest klarer als noch vor ein paar Minuten.

»In welches denn? Heute ist Samstag.«

»Ins Schwarzwald-Baar-Klinikum. Da sind wir am schnellsten.«

»Gibt es dort eine Abteilung für die Augen? Haben die einen Spezialisten?«

»Es ist eine Notfallambulanz. Mit guten und kompetenten Ärzten. Die schauen sich Ihr Auge an, und wenn es sein muss, verlegt man Sie nach Tuttlingen in die Augenklinik.«

»Bringen Sie mich sofort dahin. Da muss kein anderer Arzt mehr draufschauen und Zeit verschwenden. Ich brauche einen Augenspezialisten.«

»Das können wir leider nicht ...«

Noch im Liegen fasse ich einen der Rettungssanitäter am Arm.

»Fahrt. Mich. Nach. Tuttlingen. Sofort. Ist das geklärt?«

»Ja, das ist geklärt.«

Eine Stunde später sitze ich in einem Behandlungszimmer der Augenklinik in Tuttlingen und habe großes Glück: Der Chefarzt ist anwesend und kümmert sich persönlich um die Reste von meinem rechten Auge. Die Behandlung ist der pure Horror, selbst für einen so harten Hund wie mich. Der Druck in meinem verletzten Auge ist viel zu hoch und muss schnellstmöglich reduziert werden, damit ich überhaupt noch eine Chance habe. Dazu muss jede Menge genäht werden. Das alles unter gleißendem Licht, das schon unter normalen Bedingungen für gehörige Kopfschmerzen sorgen würde.

»Und wie sieht es aus, Doc?«, frage ich nervös.

»Gut, dass Sie so schnell hier waren«, sagt der Arzt nach einer gefühlten Ewigkeit. »Jede weitere Minute hätte die Sache verschlimmert und das Auge mehr und mehr geschädigt.«

»Und was bedeutet das? Werde ich auf dem Auge wieder sehen können?

»Ihre Netzhaut hat Gott sei Dank nur wenig abbekommen. Wie sehr die Sehnerven geschädigt sind, kann ich Ihnen momentan noch nicht sagen. Das wird sich erst nach und nach zeigen.«

»Das klingt so, als käme da noch ein Aber.«

Der Doc seufzt: »Aber es sind vor allen Dingen Ihre Zonulafasern, die geschädigt wurden.«

Ich schaue ihn fragend an.

»Das sind – vereinfacht gesprochen – die elastischen Bänder, an denen die Linse des Auges befestigt ist. Sie sorgen dafür, dass die Linse sich verformen kann, um sich auf Nähe oder Ferne einzustellen. Und von diesen Fasern sind viele gerissen oder zumindest gedehnt. Und das, was kaputt ist, können wir nicht reparieren.«

»Und das bedeutet?«

»Das bedeutet, dass die Motorik Ihres Auges wahrscheinlich dauerhaft geschädigt sein wird.«

»Werde ich wieder spielen können?«

»Das kann ich Ihnen zum jetzigen Zeitpunkt nicht seriös beantworten. Niemand könnte das.«

»Haben Sie wenigstens eine ganz persönliche, unseriöse Einschätzung?«, frage ich hilflos.

Der Arzt seufzt erneut, lauter jetzt. »Fifty-fifty.«

Ich sacke innerlich zusammen. Fifty-fifty bedeutet alles und nichts.

»Aber selbst wenn Sie wieder halbwegs normal werden sehen können, müssen Sie sich darüber im Klaren sein, dass jeder weitere Schlag auf dieses Auge verheerende Folgen haben könnte.«

Das ist schon eindeutiger. Aber wenn er mir damit Angst machen will, dann hat er sich die falsche Story ausgesucht. Nach siebzehn Profijahren hat es mich jetzt mal am Auge erwischt. Wie groß ist bitte schön die Wahrscheinlichkeit, dass mir das noch mal passiert?

Abends liege ich in meinem Bett und bin der einsamste Mensch der Welt. Ich habe meine Jugendliebe verloren, dann auch die zweite große Liebe, meine Kinder sehe ich seltener, als ich möchte, mein Freundeskreis hat sich aufgelöst, und jetzt bricht mir auch noch die letzte Konstante in meinem Leben unter den Füßen weg. Das Eishockey.

Es ist Samstag, der 3. September 2011. Gestern hatte mein Sohn Geburtstag. Heute Morgen hatte ich ein Scheißgefühl im Bauch, und jetzt liege ich in meinem Bett, und es besteht eine fünfzigprozentige Chance, dass ich ein Sportinvalide werde. Dem jungen Spieler mache ich übrigens keine Vorwürfe. Es war einfach ein unglücklicher Unfall. Etwas, was sehr selten, aber im Eishockey vorkommen kann. Wir spielen halt kein Schach, sondern den schnellsten Mannschaftssport der Welt. Das Risiko war mir immer bewusst. Das war es mir wert.

KAPITEL 17

Das Ende

Die folgenden Tage, Wochen und Monate sind nichts anderes als ein Abschied auf Raten. Aber ich glaube nach wie vor, dass ich an mein früheres Leistungsniveau anknüpfen kann. Dass ich wieder zum Eisen-Renz werde. Bereits zwei Wochen nach meinem Unfall stehe ich auf dem Eis und spiele in der Liga. Für viele ein kleines Wunder. Im Alltag komme ich einigermaßen klar. Okay, das Lesen von Büchern fällt mir etwas schwerer, weil mein rechtes Auge nicht mehr so funktioniert wie vor dem Unfall. Auch das dreidimensionale Sehen klappt nicht mehr so gut. Vieles, was vorher selbstverständlich war, muss ich nun mühevoll neu erlernen: Abstände einzuschätzen, die Position von Objekten im Raum exakt zu bestimmen. Siebzig Prozent meiner Sehkraft des rechten Auges habe ich verloren: Auf dem Spielfeld machen sie aus dem knallharten Eisen-Renz einen alternden Abwehrspieler, der immer wieder Fehler macht, die seiner Mannschaft schaden.

Aus Sicherheitsgründen spiele ich mit einem Gittervisier, das mein komplettes Gesicht schützt. Das bringt mir mehr Sicherheit, ist aber aus mehreren Gründen ein echter Ego-Killer. Diese Visiere sind im Jugend-Eishockey Pflicht, jeder Spieler unter achtzehn Jahren muss solch ein Gitter tragen. Für Nachwuchsspieler ist ihr achtzehnter Geburtstag somit auch ein echter Übergang in die knallharte Welt des Erwachsenen-Eishockeys. Ohne Gitter zu spielen bedeutet, dass man ab diesem Zeitpunkt zu den richtigen, echten, harten Kerlen gehört. Gitter sind etwas für Softies, heißt es. Gleichzeitig schränkt so ein Gittervisier das Sichtfeld logischerweise ein. Sicherlich nur minimal, aber wenn man wie ich seit sechzehn Jahren ohne solch ein Visier spielt, dann fällt die Umstellung extrem schwer. Und ein weiterer Punkt darf nicht vergessen werden. Man signalisiert dem Gegner, dass man Angst hat. Man zeigt einen Funken Schwäche. Und in diesem sehr körperlichen Spiel bist du damit verloren.

Ich war nie der gefährliche Torschütze oder derjenige, der die genialen Pässe spielt. Meine Aufgabe war es immer, hinten alles wegzuputzen, was da kam. Mit vollem Körpereinsatz. Nicht unfair, aber kompromisslos, mit einer Härte und Konsequenz, die den Gegner schon im Vorfeld einschüchterte. Wer mit mir an der Bande kämpft, der weiß: Jetzt wird es wehtun. Und genau diesen Respekt verlieren meine Gegenspieler nun mit jedem Fehler, mit jedem Spiel ein wenig mehr. Meine Leistungsfähigkeit ist vielleicht nur um ein paar Prozent gemindert, die Gegner merken das allerdings sofort und geben ihrerseits vielleicht ein paar Prozent mehr. Und schon verliere ich immer häufiger Zweikämpfe, komme den Bruchteil einer Sekunde zu spät, reagiere etwas langsamer als früher.

Ich werde meinen Ansprüchen nicht mehr gerecht. Und denen der Zuschauer auch nicht.

Irgendwann im Laufe der Saison passiert etwas sehr Schmerzhaftes. Während eines Heimspiels verliere ich einen Zweikampf. Die gegnerische Mannschaft bekommt den Puck, und ich höre von den Rängen am Bauchenberg Pfiffe, die mir gelten. Pfiffe von den eigenen Fans. Ich, der Local Hero, der Kapitän der Mannschaft, im letzten Jahr aus Köln zurück nach Schwenningen gekommen, um das Team an die Spitze zu führen, Fan-Liebling und Eisen-Renz, werde nun zum Gespött. Jemand, über den man den Kopf schüttelt und abwinkt. Einer, der die besten Zeiten hinter sich hat. Der früher einmal gut war und der sich längst hätte zur Ruhe setzen sollen. Das ist die Assoziationskette, die in meinem Kopf abläuft.

Ich sitze auf der Bank und blicke resigniert hoch zu den Zuschauern. Eine ungeheure Schwere breitet sich in meiner Magengegend aus. Da sind sie wieder: die Wackersteine, die mich seit meiner Jugend begleiten.

Ich sitze auf der Bank einer prall gefüllten Eishalle und fühle mich so einsam wie selten zuvor.

Für meine Teamkollegen ist es ein Spiel wie jedes andere. Für mich der schlimmste Albtraum. Ein wahr gewordener Albtraum. Natürlich hören sie auch die Pfiffe, sie sind schließlich nicht taub. Aber was sollen sie schon zu mir sagen? Fürs Aufbauen und Gut-Zureden bin ich zuständig. Ich bin der alte, erfahrene Leitwolf, der die jungen Spieler durch solche Situationen führt, dafür wurde ich eingekauft. Aber verdammt noch mal, wer redet mir denn jetzt und hier gut zu?

All diese Niederlagen verändern mich grundlegend. Ich beginne, mit meinem Leben zu hadern. Verliere meine Lebensfreude. Seit meinem Weggang aus Köln bekomme ich einen Tiefschlag nach dem anderen verpasst. Haie weg, Nationalmannschaft weg, Meisterschaft mit den Wild Wings weg, Petra weg, Augenlicht weg. Und jetzt auch noch die Gunst der Fans weg. Alles rund ums Eishockey wird für mich zur Qual. Das, was sehr viele Jahre mein Antrieb war, zieht mich nach unten. Beim Aufstehen freue ich mich nicht mehr darauf, aufs Eis zu können. Aufs Eis zu müssen wird für mich zu einer Belastung, zu etwas, vor dem ich mich gerne drücken würde. Das kenne ich so gar nicht von mir. Seit meinem elften Lebensjahr hat Eishockey mein Leben bestimmt. Alles, was ich bin, habe ich diesem Sport zu verdanken. Es stand nie zur Debatte, ob ich zu einem Training gehen wollte oder nicht. Ich wollte immer! War immer heiß! Verletzungspausen waren ein Ärgernis, das so kurz wie irgend möglich ausfallen musste. Oft genug bin ich angeschlagen und verletzt ins Training und in Spiele gegangen. Habe ich mich selbst gequält? Ja, keine Frage. Aber das war eine Qual, die ich genau so haben wollte. Ich musste aufs Eis, in der Rolle des Eisen-Renz, und alles andere wurde darüber zweitrangig. Jetzt muss ich aufs Eis, und alles andere ist so groß, kostet so viel Kraft, dass ich immer häufiger denke: Das schaffst du nicht, Andi.

Petra sehe ich weiterhin regelmäßig, schon allein wegen unseres Sohnes Otis. Nach dem allerletzten gescheiterten Versuch, auf Bali unsere Ehe zu retten, herrscht eine gewisse Klarheit. Wir haben gekämpft, wir haben verloren. Und wir haben verstanden, dass wir verloren haben. Das macht den Umgang ein wenig einfacher. Gleichzeitig schwingt aber auch bei jedem Aufeinandertreffen eine gewisse Trauer mit. Wenn man solch einen langen Weg gemeinsam gegangen ist, dann fühlt sich jeder weitere Schritt unglaublich einsam an. Der andere war halt immer da, egal, wie schmerzhaft es wurde. Jetzt ist Petra weg. Und ich vermisse sie.

»Wie geht es dir?«, fragt sie fast immer, wenn wir uns sehen. Mein Unfall, das Bangen um meine Sehkraft und die diversen anderen Verletzungen in letzter Zeit hat sie aus einer vollkommen neuen Position mitbekommen.

»Geht so«, sage ich. »Das Auge ist unverändert. Ich glaube nicht, dass es sich noch bessert. Das bleibt jetzt so. Ansonsten tut es mal hier weh und mal dort. Ich bin halt nicht mehr der Jüngste.«

»Aber wie geht es dir sonst so?«

Ich atme einmal tief ein und wieder aus. »Ich vermisse dich. Jeden Tag. Aber es war die richtige Entscheidung. Es war die einzig mögliche Entscheidung.«

»Ja. So ist es wohl.« Ein Verlegenheitslächeln huscht kurz über ihr Gesicht. Dann sagt sie: »Wir hatten keine andere Wahl.«

Mit den Wild Wings stehen wir nach einem katastrophalen Saisonstart auf dem letzten Tabellenplatz. Mit großem Kraftaufwand schaffen wir es schließlich doch noch, uns eine gute Ausgangsposition für die Playoffs zu sichern. Auf dem Eis versuche ich, der Mannschaft so gut wie möglich zu helfen, und doch bin ich nach meinem Unfall nur noch ein Schatten meiner selbst. Ich spiele bei Weitem nicht mehr das beste Eishockey meiner Karriere, aber das beste Eishockey, was mir mit meiner Verletzung noch möglich ist. Und das ist nicht gut genug. Im Halbfinale zerstören die Starbulls aus Rosenheim unsere Ambitionen. Auch mein zweiter Anlauf zur Meisterschaft hat nicht funktioniert.

Und auch wenn es nur ein Detail ist: Die Tatsache, dass ich das Team nicht einmal in die Nähe des Meisterpokals führen konnte, enttäuscht mich maßlos. Es ist, als sähe ich das Ziel immer wieder vor Augen, doch mit jedem neuen Versuch entfernt es sich weiter von mir. Der Weg dorthin wird immer länger. Und ich habe Angst, dass ich dieses Ziel nie mehr erreichen werde.

Ich bin es gewohnt, zu kämpfen und alles zu geben. Über einen langen Zeitraum habe ich gelernt, dass das ausreicht. Grenzen waren dazu da, verschoben zu werden. Meinem Körper verlangte ich alles ab, und er belohnte mich mit einer Topform und einer Extraportion Energie, wann immer ich sie brauchte. Jetzt stoße ich immer häufiger an Grenzen, die sich nicht verschieben lassen. Sie sind da. Sie begrenzen mich im wahrsten Sinne des Wortes. Sie weisen mich in die Schranken. Das ist nicht leicht für mich. Ich stecke mittendrin in einer Sinn- oder Lebenskrise. Das, was mich über viele Jahre getragen hat, das Eishockey, der Kampf und die öffentliche Figur des knallharten Eisen-Renzis, gibt mir jetzt keine Kraft mehr.

Ein Teil in mir möchte einfach nur noch weg. Weglaufen, am liebsten ans Ende der Welt. Ich zögere daher keine Sekunde, als mich mein Freund Thomas fragt, ob ich ihn auf einem Kurztrip nach Brasilien begleiten möchte. Er ist in der Medizinbranche tätig und muss zur Medical Fair Brasil, eine Fachmesse. Er wird nach fünf Tagen wieder abreisen, ich plane, noch ein paar Tage länger in Rio de Janeiro zu bleiben.

Obwohl wir noch nie über meinen seelischen Zustand gesprochen haben, merkt er wohl, dass ich mal einen Tapetenwechsel brauche. Ein paar Wochen nach dem bitteren Saisonende steige ich in den Flieger nach Rio. Da Thomas und ich nicht nebeneinandersitzen, haben ich viel Zeit nachzudenken. Vor ein paar Jahren saß ich ebenfalls alleine in einem Flugzeug. Damaliges Reiseziel: Kilimanjaro Airport. Damaliges Reiseziel für mich: meine Beziehungskrise lösen. Fünf Jahre später ist meine Beziehungskrise mit Petra vielleicht vorbei, mit Claudia geht das Wechselspiel aus Trennung und Anziehung immer noch weiter. Ich kann sie nicht loslassen, aber zeitgleich auch keine Beziehung mit ihr aufbauen. Mein Reiseziel heute: Flughafen Rio de Janeiro. Und mein Reiseziel für mich? Ich weiß es nicht so recht. Vielleicht endlich wieder glücklich sein. Die Durchsage »Please prepare for landing« reißt mich aus meinen Gedanken.

Während Thomas seine Termine abarbeitet, schaue ich mir die Stadt mit ihren Sehenswürdigkeiten an und stelle mir meinen Sommertrainingsplan zusammen. Bis zum Trainingsauftakt zur neuen Saison am 1. August habe ich noch acht Wochen. Acht Wochen, in denen ich meinen Fitnesszustand auf Topniveau bringen muss, um noch einmal angreifen zu können.

Mein Wecker klingelt mich in unserem Apartment früh aus dem Schlaf. Es ist kurz nach sechs, und die Sonne strahlt bereits munter in mein Zimmer. Ich mache mich kurz frisch, ziehe mir die Laufschuhe an, um eine Runde am Strand entlang zu joggen. Ich mache das gerne so früh am Morgen. In der Lobby der Anlage ist es um diese Uhrzeit noch sehr ruhig. Ich nicke der hübschen Frau hinter der Rezeption zur Begrüßung zu, trete ins Freie und trabe locker Richtung Strand. Der Rhythmus meiner Schritte auf dem Asphalt lullt mich ein, und ich schalte wunderbar ab. Schnell erreiche ich die berühmte Praia de Ipanema, bleibe kurz am Wasser stehen und nehme einen tiefen Atemzug der Atlantikluft. Das Rauschen der Wellen legt sich in meine Ohren, ich überlege kurz, in welche Richtung es gehen soll, und entschließe mich, auf den Arpoador zuzulaufen, ein Felsmassiv, das den Strand von Ipanema von der Copacabana trennt. Bis dorthin sind es vielleicht anderthalb Kilometer. Nicht viel für eine Morgenrunde, aber im Sand und mit entsprechendem Tempo sollte das reichen. Zumal ich heute Nachmittag eine Krafteinheit eingeplant habe.

Nach vielleicht zwei-, dreihundert Metern fällt mir auf, dass ich heute ganz schön zu kämpfen habe. Ich schiebe es auf den tiefen brasilianischen Sand, der mir die Beine schwer werden lässt. »Okay, Andi, jetzt volle Power bis zum Felsen, auf dem Rückweg dann lockeres Auslaufen«, versuche ich mich zu pushen. Ich gebe Gas und ziehe das Tempo an, laufe, renne, spurte. Sehe den Strand unter mir hinwegfegen, blicke hoch und habe das Gefühl, dass ich dem Arpoador nicht einen Meter näher gekommen bin. Ich renne weiter, mein Puls schnellt in die Höhe, ich schmecke die salzige Meeresluft auf meiner Zunge, aber nach weiteren hundert Metern muss ich das Tempo drosseln. Ich schnappe nach Luft, meine Beine sind schwer wie Beton, und in meinem Kopf kreist eine Stimme, die mit jedem Schritt lauter ruft: »Bleib einfach stehen, Andi.« Ich laufe weiter, diese Stimme kenne ich seit Jahren und denke auf einmal wieder an den Cooper-Test bei Bob Burns vor so vielen Jahren. Als wäre es ein anderes Leben. Oder ich ein anderer Mensch. Damals bin ich weitergelaufen, obwohl sich alles in mir wehrte und ich dachte, ich könnte keinen einzigen Schritt mehr machen. Bob zeigte uns, dass es immer weitergeht. Aber jetzt, hier am Strand, ist alles anders. Hier gibt es keinen Bob. Auch keinen Hans Zach. Hier sind nur ich, der Felsvorsprung, den ich erreichen will, und die Stimme in mir, die mich anbrüllt.

Ich konzentriere mich voll auf mein Ziel, laufe langsamer, aber meine Beine werden mit jedem Schritt schwerer. Als würde ich einen Schlitten voller Altlasten, Niederlagen und Problemen hinter mir herziehen. Mit jedem weiteren Meter sinkt er tiefer im Sand ein. Ich werde langsamer und langsamer. Ich will weiterlaufen, weil ich genau weiß, dass ich mit dem Sport aufhören muss, wenn ich jetzt aufgebe. Weil ich genau weiß, dass der Profispieler Eisen-Renz in dem Moment sterben wird, in dem ich stehen bleibe.

Ich habe in den vergangenen Jahren schon so viel verloren – Erfolge, Frauen, die Gunst der Fans, meine Sehkraft. Ich kann bestimmt noch ein paar gute Jahre spielen, vielleicht gelingt es mir ja doch noch, die Wild Wings zur Meisterschaft zu führen, wenn ich jetzt einfach weiterlaufe.

Ich schaue noch einmal auf den Felsen, aufs Meer, irgendwo da hinter dem Horizont liegt meine Heimat. Wieder der Felsen. So weit weg. Zu weit weg. Das schaffe ich nie.

Dann bleibe ich stehen und lasse mich in den Sand fallen.

Das war es.

Noch am selben Tag rufe ich das Management der Wild Wings an. »Ich höre auf«, sage ich mit belegter Stimme. »Ich hänge meine Ausrüstung an den Nagel. Ich packe es einfach nicht mehr.«

Vor einem Jahr noch, direkt nach meinem schweren Unfall, standen gefühlt alle Verantwortlichen und die gesamte Mannschaft hinter mir. Sie wollten, dass ich unbedingt weitermache. Jetzt höre ich zwischen den Zeilen der Verantwortlichen, dass es diese Unterstützung so nicht mehr gibt. Klar, er fragt nach, ob ich mir diesen Schritt gut überlegt habe und ob ich nicht vielleicht doch noch eine Saison dranhängen könnte. Aber ich bin wohl nicht der Einzige, der spürt, dass sich in den letzten Monaten etwas verändert hat. Wir gehen mit einer guten Energie auseinander, auch, weil ich den Verein natürlich verstehen kann. Mein Vertrag war für die zweite Liga gut dotiert, in der Mannschaft war ich wahrscheinlich der Spitzenverdiener. Ehrlich gesagt hat das Preis-Leistungs-Verhältnis seit meiner Verletzung nicht mehr gepasst, und der Verein wird einen besseren Spieler für das Geld bekommen. Vielleicht schafft er das, was mir verwehrt geblieben ist: meinen Heimatclub zur Meisterschaft zu führen.

Nach dem Gespräch fühle ich mich unendlich leer. Das ist traurig, sehr traurig sogar, aber diese Leere bringt etwas Neues in mein Leben. Die Leere ist leicht. Es fühlt sich an, als hätte ich den Schlitten mit all den Problemen, Niederlagen und Verlusten, der mir noch vor ein paar Stunden die Beine so schwer gemacht hat, wirklich an diesem sonnigen Strand gelassen. Ich bin erleichtert. Kurz nur. Dann holt mich die Traurigkeit wieder ein.

KAPITEL 18

Die Zwischenzeit

Nach meinem Brasilien-Trip komme ich in ein Leben zurück, das mir völlig neu und fremd erscheint. In den vergangenen fünfzehn, zwanzig Jahren bestimmten Trainingszeiten und der Spielplan mein Leben. Neun Monate Saison, sechs Tage in der Woche aufs Eis, neun Monate Urlaubssperre, dann vier Wochen Ausspannen im Sommer, Sommertraining und anschließend wieder alles von vorne. Und jetzt? Wie soll es weitergehen? Gefühlt kommt für mich das Karriereende ein paar Jahre zu früh, und ich habe noch keinen konkreten Plan für das Leben danach. Das Naheliegendste ist, bei dem zu bleiben, was ich kann. Wenn ich es körperlich nicht mehr packe, kann ich meine Leidenschaft und Erfahrung den Wild Wings ja als Trainer hinter der Bande zur Verfügung stellen.

In mehreren Treffen mit den Verantwortlichen des Clubs bespreche ich meine Zukunftsplanung und die Auflösung meines Spielervertrags. Dort zeigt man sich offen für meinen Wechsel auf die andere Seite der Bande. Schließlich kann es ein entscheidender Vorteil sein und dem Team eine Extraportion Motivation bringen, wenn auf der Trainerbank jemand steht, der hier in Schwenningen seine ersten Schritte auf Schlittschuhen gemacht hat. Wir einigen uns darauf, dass ich in der kommenden Saison als Co-Trainer neben dem Cheftrainer Stefan Mair fungieren werde. Ein durchaus üblicher Einstieg in diesem Bereich. Gleichzeitig werde ich mich beim Deutschen Eishockeybund als Trainer ausbilden lassen. Mein Ziel ist die A-Trainerlizenz, mit der ich dann eine Profimannschaft allein verantwortlich trainieren darf.

Der Presse muss ich zahlreiche Interviews geben, um meinen für viele dann doch überraschenden Wechsel zu erklären. »Die Augenverletzung im vergangenen September hat mich letztlich zu diesem Schritt bewogen. Mir ist diese Entscheidung sehr schwergefallen, aber jetzt freue ich mich auf meine neuen Aufgaben als Co-Trainer«, sage ich mehr als einmal. Diese Antwort habe ich mir im Vorfeld gut überlegt. Was sollte ich auch sonst sagen? Dass ich körperlich nicht mehr konnte? Dass mir die Freude am Spiel irgendwann in den letzten zwei Jahren verloren ging? Dass mein ganzes Leben mich gerade in die Knie zwingt und ich Angst habe, ohne Eishockey ins Bodenlose zu fallen? Ehrlicher wäre es, aber wer stellt schon einen Ex-Profi als Trainer ein, der sagt, dass er im Moment kurz vor einem Burnout steht?

Sportlich verläuft meine erste Saison im Traineramt anfangs wirklich gut. Wir qualifizieren uns für die Playoffs, gewinnen das Viertelfinale, gewinnen das Halbfinale und müssen uns erst im Finale gegen Bietigheim geschlagen geben. Auch als Co-Trainer erfüllt sich mein Traum von der Meisterschaft mit Schwenningen nicht. Wieder endet eine Spielzeit mit einer riesigen Enttäuschung, wieder habe ich meine Mission nicht erfüllen können. Wieder empfinde ich diese Leere. Nur eines ist dieses Mal anders. Ich spüre, dass mein Feuer für das Profi-Eishockey endgültig erloschen ist. Im Mai 2013, direkt nach der dramatischen Finalserie, gebe ich schließlich meinen Posten als Co-Trainer auf und ziehe mich komplett aus dem Profigeschäft zurück.

Für Außenstehende mag mein plötzlicher Abgang aus dem Profisport unverständlich erscheinen. Für mich selbst ist er das nicht. Nicht unverständlich. Und schon gar nicht plötzlich. Vielleicht begann mein Abschied bereits mit meinem Weggang aus Köln, vielleicht auch mit dem ersten gescheiterten Versuch, Schwenningen zur Meisterschaft zu führen. Allerspätestens mit meiner Augenverletzung wurde mir klar, dass es mit dem Eishockey bald vorbei sein würde. Alles, was danach kam, wurde mir zur Qual. Ich habe die Zeit gebraucht, um mich von dem, was mich so viele Jahre antrieb, was ich zu tun liebte, verabschieden zu können. Mein Abschied kam für mich nicht plötzlich. Er kam langsam, schleichend. Es war ein Abschied auf Raten.

Die folgenden Wochen sind für mich die wahrscheinlich schlimmste Zeit meines Lebens. Überall um mich herum genießen Menschen den sonnigen Frühsommer. Ich spüre ihn gar nicht. Ich sehe die Welt wie durch einen Nebel. Alles ist grau, und in mir ist ... Ödnis, Leere, die totale Sinnlosigkeit. Jede Menge Fragen laufen in einer Endlosschleife durch meinen Kopf. Und ich habe in diesen Tagen keine einzige Antwort. Ich weiß nicht, wie es weitergehen könnte, ich weiß nicht, was ich machen will und was mir am meisten Angst macht: Ich weiß noch nicht einmal, wer ich jetzt überhaupt noch bin. Der Eisen-Renz ist gestorben. Mit ihm seine Ehe, die Zuneigung der Fans, Ziele, auf die er hinarbeiten konnte. Auch Alltägliches ist weg: meine Arbeitsstelle, mein Einkommen, ein gewisses Gefühl von Sicherheit. Von mir ist nicht mehr viel übrig. Und warum fühle ich mich so unendlich müde und kraftlos?

Irgendwie muss ich wieder aufstehen, aber wie macht man das, wenn man keine Kraft zum Kämpfen hat? Irgendwie muss ich meinem Leben eine neue Richtung geben, aber wie macht man das, wenn man in sich nur Leere und Sinnlosigkeit spürt?

So lange habe ich nach einer Lösung für meine Beziehungskrise gesucht und gehofft, dass mein Leben dadurch wieder etwas besser werden würde. Jetzt suche ich nach einem komplett neuen Leben. Aber wieder auf dem Kilimandscharo, im Kloster, bei einer Hellseherin suchen? Nein, dazu fehlt mir zum einen die Kraft, und zum anderen hat mir das bei meiner ersten Suche auch nicht geholfen.

Es braucht einen neuen Weg. Einen anderen. Ich muss ihn finden. Wiederfinden.

Was ich stattdessen finde, ist ein Flyer an meiner Kühlschranktür, zwischen verschiedenen Speisekarten von Pizzalieferdiensten und einem Parkknöllchen, das ich noch überweisen muss. »Woche des Neubeginns« steht da drauf. Hat mir irgendwer mal zugesteckt. »Das wäre vielleicht etwas für dich, Andreas«, habe ich noch im Ohr. Ich überfliege die Beschreibung. Das passt zu dem, wonach ich mich gerade sehne: »Befreie dich von deinen

Blockaden, finde Klarheit und Stärke. Gibt deinem Leben eine neue Ausrichtung.« Ich lese die Details durch. Sechs Tage dauert diese Woche des Neubeginns, und sie findet mehrmals im Jahr in verschiedenen Tagungshotels des Landes statt. Kurz entschlossen greife ich zu meinem Handy, wähle die angegebene Kontaktnummer und buche einen Platz in einer der kommenden Wochen des Neubeginns. Ganz billig sind diese sechs Tage sicherlich nicht. Zweifel kommen auf, ob es mir das wert sein sollte. Schließlich habe ich schon an so vielen Orten und in ganz unterschiedlichen Settings nach einer Lösung für meine Krise gesucht. Gefunden habe ich sie nie.

KAPITEL 19

Zurück zum Anfang –
die »Woche des Neubeginns«

Jetzt, im Sommer 2013, sitze ich im Zimmer eines Tagungshotels und bin durcheinander, berührt und irritiert gleichermaßen. Ich habe gerade bei einer geführten Meditation mitgemacht. Ich habe etwas Dunkles in meinem Herzen gesehen. Bilder aus meiner Kindheit, die ich viele Jahre lang verdrängt habe. Mein Vater: weg. Meine Mutter: will weg. Ich unter der Bettdecke: will auch weg. Einsamkeit, Angst, Hilflosigkeit, all diese Gefühle wurden durch die Bilder nach oben gespült. Und ich habe geweint. Keine Ahnung, was in den kommenden Tagen noch passieren wird, aber eines weiß ich bereits jetzt: Ich stehe an einem Point of no Return – und ich bin den Schritt gegangen. Es gibt kein Zurück mehr. Irgendetwas endet, irgendetwas anderes beginnt.

Ich muss an Mariella denken, die schon vor Jahren das Dunkle in meinem Herzen gesehen hat. Ihre Energiearbeit konnte mir damals nicht helfen. Damals, als ich noch zwischen Petra und Claudia stand und ein Leben führte, in dem es ausschließlich um Leistung, Kampf, den nächsten Sieg und mich selbst ging. Aber ging es wirklich um mich? Oder ging es nicht vielmehr immer nur um alles andere? Ich lasse mich aufs Bett fallen. Mein Leben wirkt auf einmal wie eine Schachtel voller Puzzleteile. Alles, wodurch ich mich bisher definiert habe, liegt auf einmal in tausend Stücken vor mir. Das macht mir unglaubliche Angst. Und gleichzeitig habe ich das Gefühl, dass die Meditation vorhin mir deutlich das erste Teil des Puzzles gezeigt hat. Ich weiß, womit ich anfangen kann, habe eine Ausgangsbasis. Und vielleicht werde ich in den kommenden Tagen ein paar weitere Teile finden und zusammenfügen können.

Mit dieser Mischung aus Traurigkeit, Neugier und einer gehörigen Portion Ratlosigkeit stelle ich den Wecker und mache das Licht aus. Mal schauen, was dieses Seminar mit dem Namen »Woche des Neubeginns« für mich bereithält.

»Guten Morgen«, sagt die Trainerin von der gestrigen Abendmeditation halb im Vorbeigehen zu mir, während ich etwas lustlos und gedankenverloren in meiner Müslischale rühre. Im gut gefüllten Speisesaal erkenne ich das eine oder andere Gesicht von gestern wieder. Erneut sind die meisten Leute hier lächelnd unterwegs, gut drauf und so ... offen. Ich habe mir einen leeren Tisch am Rand gesucht, um nicht mittendrin zu sein. Danach ist mir nämlich nicht.

»Ja hi, guten Morgen«, antworte ich, sehe zu ihr hoch und versuche, mein charmantestes Lächeln aufzusetzen. Sie hat mich gestern schon nach der Meditation in einem ziemlich derangierten Zustand gesehen. Das soll mir heute nicht noch mal passieren.

»Und? Wie geht es dir heute? Konntest du gut schlafen mit dem, was da gestern Abend hochgekommen ist? Ich bin übrigens Kristina.«

Kurz frage ich mich, woher sie weiß, was sich da in meinem Inneren abgespielt hat. Hätte ja auch einfach mein Kreislauf sein können, der verrücktgespielt hat. Aber wahrscheinlich erlebt sie so etwas häufiger und hat irgendwann gelernt, wie die Menschen aussehen, wenn es ans Eingemachte geht.

»Das hat mich gestern echt aufgewühlt, und ich habe im Anschluss noch viel über mein Leben nachdenken müssen«, antworte ich für meine Verhältnisse überraschend ehrlich.

»Denke nicht zu viel nach. Manche Dinge müssen erst einmal nachklingen und sich entfalten.«

»Ich werde es versuchen. Gestern wollte ich eigentlich schon abreisen. Dann kam deine Meditation. Jetzt bin ich immer noch hier. Das ist doch schon mal was.«

»Das ist schon sehr viel«, sagt sie, legt kurz ihre Hand auf meine Schulter und geht dann weiter zu ihrem Tisch.

Vielleicht hat sie recht.

Jeder der folgenden Tage innerhalb der Woche meines Neubeginns hat ein bestimmtes Thema: das Vater-Thema, das Mutter-Thema, das Innere-Kind-Thema. Anders als bei meiner ersten Abendmeditation kann ich mich nun besser auf all das hier einlassen. Die übrigen Teilnehmer betrachte ich mit etwas mehr Wohlwollen. Es gibt kaum eine Session oder Meditation, in der nicht irgendjemand emotional kräftig durchgeschüttelt wird. Anfangs war mir das noch sehr suspekt. Aber dann habe ich ja selbst erfahren, was so alles mit einem passieren kann, wenn aus dem tiefsten Inneren etwas durchbricht. Und wie massiv einen das dann bewegen kann.

Von Tag zu Tag werde ich geselliger und komme immer häufiger mit Seminarteilnehmern ins Gespräch. Ich merke: Obwohl mir immer noch vieles hier abgehoben vorkommt, *Spiri-Spiri* halt, teile ich auf einmal auch meine Eindrücke mit den anderen.

In dieser Woche passiert etwas mit mir. Fast bei jeder Einheit offenbaren sich schmerzhafte Gefühle aus meinem Innersten. Es ist, als ob sie schon eine lange, lange Zeit darauf gewartet hätten, sich in voller Größe oder Stärke zu zeigen. Und ich kann sie jetzt auf einmal benennen. Panische Angst, allein gelassen zu werden, bei der Session, in der es um die Mutter und den Vater der Kindheit geht. Die Angst, nicht geliebt zu werden, der ganz feste Glaube, niemals gut genug zu sein, beim inneren Kind. All das wirft mich mehr als einmal aus der Bahn.

Zwischen den Vorträgen, Meditationen und Übungen sind zahlreiche Coaches vor Ort, die in Einzelgesprächen helfen, das Gefühlte, das Erlebte, all die Traurigkeit zu verarbeiten. Und dann sind da die anderen Teilnehmer. Nach jeder intensiven Einheit kommt jemand auf mich zu und fragt, ob alles okay ist. Das ist eine Nähe, eine Zuneigung von Fremden, die ich in dieser Form noch nie erlebt habe. Ich kenne es zwar, wenn zehntausend Fans mich abfeiern und meinen Namen rufen. Aber das tun sie nur, wenn die Leistung stimmt. Wenn man gewinnt, stark ist, kämpft, sich beizeiten sogar auf dem Eis prügelt und auf die Strafbank muss. Dann wird einem zugejubelt. Dann hat man sich die Zuneigung verdient.

Aber hier bin ich mehr als einmal alles andere als stark. Gefühlt auch alles andere als ein Gewinner. Ich bin ein muskelbepacktes, durchtrainiertes Häufchen Elend. Ich bin schwach. Und gerade in diesen Momenten der Schwäche sind da auf einmal Menschen, die bei mir sind. Die nachfragen, wie es mir geht, oder schweigend eine Hand auf meine Schulter legen. Das fühlt sich komplett fremd an. Fremd und zugleich schön.

Mit der Trainerin vom ersten Abend führe ich in dieser Woche noch einige intensive Gespräche. Und obwohl zu diesem Zeitpunkt vor allen Dingen ihre Attraktivität der Grund war, warum ich hiergeblieben bin, kommen wir uns jetzt auf eine andere Art und Weise näher. Sie hat solch eine offene, einladende Ausstrahlung, dass ich eigentlich rund um die Uhr mit ihr reden könnte. Das ist neu für mich. Klar, bei völlig Fremden, da konnte ich mich öffnen: in den Sessions mit Mariella oder beim Seelsorger im Kloster. Und auch klar: Bei Petra konnte ich mich bis zu unserer Krise öffnen.

Nähe ging also immer, wenn mir ein Mensch irre vertraut oder völlig fremd und anonym war. Zwischen diesen beiden Extremen habe ich kaum jemanden an mich herangelassen. Und jetzt sitze ich hier seit ein paar Tagen im Kreis von knapp zweihundert Leuten auf der Suche nach Erkenntnis, Entwicklung oder sich selbst, und ich habe keine Probleme damit, meine Schwäche zu zeigen. Ich kann sogar darüber reden.

Am vorletzten Tag schüttelt mich eine Meditation noch einmal so kräftig durch, dass ich mich völlig hilflos fühle. Mit viel Mühe schaffe ich es, eine Einzelsession bei Kristina zu bekommen. Diese

Gespräche finden in den Hotelzimmern der jeweiligen Coaches statt.

Sie bietet mir einen der beiden Sessel an, die um einen kleinen Tisch stehen, darauf brennt eine Kerze. Ich fühle mich ein klein wenig unwohl, weil ich das Gefühl habe, einen sehr privaten, intimen Raum zu betreten.

Kristinas offene, liebevolle Art lässt mich aber sehr schnell meine Zurückhaltung vergessen.

»Hallo, Andreas, was führt dich zu mir?«

»Ich habe das Gefühl, dass ich gerade feststecke. In den letzten Tagen ist viel aus meiner Kindheit hochgekommen. Trauer, Ängste und die Überzeugung, niemals genug zu sein, egal wie viel ich leiste, mache, tue. Ich weiß, dass das in der Kindheit liegt und dass es heute nicht mehr so ist. Aber trotzdem komme ich irgendwie nicht weiter. Ich werde diese ganzen negativen Gefühle einfach nicht los.«

»Das Wissen darum ist nicht der Schlüssel«, sagt sie mit ihrer Engelsstimme. »Das Wissen haben viele Menschen, und trotzdem kommen sie in ihrer Entwicklung nicht voran.«

Ich blicke auf die flackernde Kerzenflamme.

»Sieh mich an, Andreas.«

Ich lasse die Kerze Kerze sein und blicke in Kristinas Augen.

»Du musst vom Wissen ins Fühlen kommen. All den Schmerz von damals noch einmal durchleben. Die Angst, die Verzweiflung, die Trauer. Da musst du rein, musst dir das anschauen, dich völlig den Gefühlen hingeben.«

»Und dann wird diese Angst und diese – keine Ahnung –, diese Leere endlich verschwinden?«

»Das ist der Fehler, Andreas. Verschwinden werden sie nicht. Und je wilder du gegen sie ankämpfst, desto hartnäckiger setzen sie sich fest. Schließe mal die Augen, du Lieber.«

Ich mache, wie mir befohlen, und lasse mich von ihr gedanklich durch meinen Körper führen.

»Wie fühlt es sich gerade in deinem Inneren an?«

Wir gehen durch meine Empfindungen in Beinen, Bauch, Herz, Armen und Kopf. Lokalisieren so, wo sich meine Anspannung am deutlichsten zeigt. Wieder ist es mein Herz. Wieder kann ich diesen schwarzen Fleck wahrnehmen. Ich sinke immer tiefer. Und dann kommt sie, die Angst. Wie eine eisige Welle aus der Dunkelheit. Mein ganzer Körper zieht sich zusammen. Ich bin zu schwach, um gegen diese Welle, gegen dieses Gefühl, gegen meine Angst anzukämpfen. Ich gebe auf, oder gebe ich mich hin? Ich weiß es nicht.

Von Kristinas Stimme geführt, reise ich gedanklich zurück in meine Kindheit. Dorthin, wo ich diese Angst zum ersten Mal gefühlt habe. Wie aus dem Nichts heraus habe ich den Abend als Fünfjähriger vor Augen, an dem mein Vater das erste Mal ins Krankenhaus eingeliefert wurde. Alles um mich herum ist dunkel, ich halte mich an meinem Vater fest, weine, will nicht, dass er weggeht.

»Und egal, wie schmerzhaft oder angsteinflößend dir die Situation auch erscheinen mag, Andreas, du bist hier in meinem Zimmer und vollkommen sicher«, sagt Kristina. Es klingt gar nicht so, als säße sie mir direkt gegenüber. Es klingt, als wäre sie sehr weit weg.

Ich konzentriere mich wieder auf den Abend in meiner Kindheit, spüre den Stoff von Papas Kleidung, in den ich meine kleinen Hände kralle. Ich will nicht allein gelassen werden. Ich habe panische Angst, dass diese fremden Männer mir meinen Papa wegnehmen. Nein! Papa. Eine Welle der Panik flutet durch meinen Körper. Jetzt und hier in diesem Hotelzimmer. Papa, bitte bleib bei mir. Papa. Nein. Dann spüre ich zwei Erwachsenenhände auf meinen Schultern. Sie ziehen mich mit einiger Kraft von ihm weg. Völlige Starre. Leblosigkeit. Ohnmacht. Ich werde von meinem Papa weggerissen und kann nichts dagegen tun.

»Ich bin bei dir, Andreas. Dir kann nichts passieren, denn du bist nicht mehr der kleine Junge von damals«, höre ich Kristina. »Du bist sicher.«

Ich spüre der Erinnerung nach. Trauer ist da, ganz viel Angst, jemanden zu verlieren. Hilflosigkeit. Und eine mächtige Entscheidung des kleinen Andreas, nie mehr im Leben von jemandem getrennt zu werden, der mir so viel bedeutet.

»Andreas, ich zähle jetzt bis drei, und dann bist du in einer weiteren Situation in deiner Kindheit, in der du dich nochmals so fühlst. Eins. Zwei. Drei.«

Jetzt sehe ich meine Mama. Sie steht in der Wohnungstür. In ihren Augen stehen Tränen. Sie ist verzweifelt. »Ich kann das nicht mehr. Ich muss hier weg«, ruft sie halb zu sich, halb in das Treppenhaus. Blankes Entsetzen macht sich in meinem Bauch breit. Nein. Neinneinnein, das darf nicht passieren. Ich renne zu ihr, halte sie am Knie fest und drücke mein tränennasses Gesicht in den Stoff ihrer Hose. Der Geruch von Weichspüler steigt mir in die Nase. »Bitte, bitte geh nicht, Mamaaa.« Wieder fühle ich diese überwältigenden Verlustängste des kleinen Jungen am ganzen Körper.

»Öffne jetzt die Augen«, höre ich die Trainerin sagen. »Komm zurück in die Gegenwart. Hier bist du sicher.«

Verschwommen blinzele ich mit feuchtem Blick in Kristinas liebevolles Gesicht und berichte von dem kleinen Jungen und seiner Angst, verlassen zu werden.

»Und kommt dir diese Verlustangst bekannt vor? Kannst du dich an Situationen in deinem Erwachsenenleben erinnern, in denen es dir schwerfällt loszulassen?«

Auf einmal frisst sich ein Aha-Moment in meinen Kopf. Abgekämpft sehe ich Kristina an.

»Ob ich das kenne? Nicht loslassen zu können? Das ist mit der Hauptgrund, warum ich hier bin. Ich stand jahrelang zwischen zwei Frauen. Innerlich hat mich das völlig zerrissen. Ich konnte nicht mit einer der beiden, aber auch nicht ohne. Und ja, die Angst, jemanden zu verlieren, kenne ich verdammt gut. Und das Leid, das sie mit sich bringt.«

»Jetzt geht es darum, dass du, der erwachsene Andreas, dem kleinen verletzlichen Andi von damals das gibst, was er in diesem schmerzhaften Moment gebraucht hätte. Zum Beispiel Sicherheit, Nähe und das Gefühl, geliebt zu werden. Dein inneres Kind, der kleine Andi, erfährt so nachträglich eine Heilung seines Traumas. Das meinte ich vorhin damit, als ich sagte, dass diese Ängste niemals verschwinden werden, wenn du gegen sie ankämpfst. Sie weghaben möchtest. Der ängstliche kleine Junge, der warst du einmal. Er ist ein Teil von dir. Und die Erinnerung an diese tragischen Momente wird dich den Rest deines Lebens begleiten. Der Junge wird nicht verschwinden. Und je mehr du versuchst, ihn zu verdrängen, desto cleverer wird er dieses Thema des Verlusts immer wieder in dein Leben bringen. Ob du es glaubst oder nicht, aber unterbewusst steuert er dich und somit dein Leben. Bis du irgendwann dein Herz für ihn öffnest und ihm die Liebe, Sicherheit und Anerkennung schenkst, die er gebraucht hätte. Andreas, dann bist du frei!«

So, wie Kristina es erzählt, klingt es völlig logisch und unendlich naheliegend. Warum bin ich da nie draufgekommen? Ich weiß die Antwort selbst: Die Geschichte mit meinem Vater hatte ich überhaupt nicht auf dem Schirm. Das mit meiner Mutter auch nicht. Sie tauchte vor fünf Tagen in dieser Meditation auf. Nach Jahrzehnten.

»Schließ noch einmal die Augen, Andreas«, bittet mich Kristina. »Und jetzt stell dir vor, du, der große Andreas, der du heute bist, trifft diesen kleinen Andi von damals. Genau in der Situation, die du eben gesehen hast. Kannst du dir das vorstellen?«

»Ja«, sage ich. Ich kann mir das vorstellen. Und nehme innerlich den kleinen Jungen von damals wahr. Ich kann sogar erkennen, welchen Pulli ich zu dem Zeitpunkt anhatte. Und vor allem sehe ich den Gesichtsausdruck des Jungen. Ich sehe seine Panik, seine Verzweiflung, seine Hilflosigkeit. Und ich fühle, dass in diesem Moment etwas in ihm und somit in mir bricht. Es bricht das Vertrauen ins Leben. Das Vertrauen, immer sicher und geliebt zu sein. Es ziehen Dunkelheit und Angst in mir ein. Nichts ist wie vorher. Das Gefühl eines freien, verspielten Kindes verabschiedet sich in mir. Der Kampf ums Überleben und darum, Menschen zu haben, die mich lieben, bestimmt mich fortan.

Das alles kann ich spüren, wenn ich mit dem kleinen Jungen von damals in Verbindung bin. Mir wird bewusst, dass das ein Schlüsselmoment war, der die Weichen für mein weiteres Leben gestellt hat.

Unbewusst bin ich seit diesem Moment in einer inneren Verzweiflung. Und ich kämpfe darum, nie mehr verlassen zu werden.

Ich höre Kristinas Stimme liebevoll im Ohr, lasse aber meine innere Welt und den kleinen Jungen nicht los. »Andreas, kannst du auf diesen kleinen Jungen zugehen?«

»Ja«, sage ich. Und stelle mir vor, wie ich mich in dieser Situation als der große Andreas von heute dem kleinen Jungen nähere. Ich gehe just in diesem Moment zu ihm, als ihn die fremden Hände von seinem Papa wegreißen wollen. Ich sehe dem kleinen Andi in die Augen. Und dieser Moment ist unbeschreiblich. Ich nehme alles wahr, was er fühlt. Alles, was ich seitdem so oft in mir unterdrückt habe. Es ist, als würde ich mit diesem Jungen verschmelzen. Es ist, als hätte er immer auf mich gewartet. Also jetzt seit einunddreißig Jahren.

Ich stelle mir vor, wie ich die Hände der fremden Person wegschiebe. Ich sehe den kleinen Jungen fragend an und strecke ihm die Hände entgegen. Der kleine Andi begibt sich zögerlich in meine Arme. Und er schluchzt so sehr. Ich habe selbst Kinder und oft genug eines von ihnen getröstet. In mir lebt der Vater auf, der ich heute bin. Der Vater, den ich in diesem dunklen Moment gebraucht hätte. Und all meine Liebe, all meine Stärke, all mein Sein öffnet sich für diesen kleinen Jungen, der ich war. Die Menschen um uns herum spielen keine Rolle mehr. Die Situation verschwimmt, und nur noch eins zählt. Ich und der kleine Junge mit dem unendlich schnell schlagenden Herzen. Der kleine Junge, der sich von jenem Moment an so viel auf die Schultern geladen hat. Der kleine Junge, der sich irgendwie auch verantwortlich für das gefühlt hat, was damals passiert ist.

»Andreas, du bist jetzt bei ihm?«, fragt mich Kristina. »Ja«, sage ich.

»Was hätte der Junge von damals gebraucht? Kannst du das fühlen und es ihm heute geben?«

Ich weiß ganz genau, was er gebraucht hätte. Es ist das Gleiche, wonach ich mein Leben lang unbewusst gesucht habe. Ich beginne einen inneren Dialog mit ihm, und die Worte kommen wie von selbst aus mir.

»Du bist jetzt sicher, mein Kleiner«, sage ich zu ihm. »Ich verstehe dich.« Ich lege die Arme fest um den zitternden kleinen Körper. »Ich bin für dich da und werde dich nie mehr allein lassen.« Der kleine Andi sieht mich noch ein wenig ungläubig an, so als ob er sich überzeugen möchte, ob er mir wirklich glauben und vertrauen kann. Und dann spüre ich, wie er sich in meinen Armen entspannt. Wie etwas in ihm, in uns loslässt. Mir kommen die Tränen. Ich höre Musik in den Ohren. Kristina hat ein Lied angeschaltet. »Over the Rainbow« erfüllt den Raum.

Mein Herz öffnet sich gefühlt unendlich weit für diesen kleinen Jungen. Es ist, als ob er in mein Herz einziehen würde und dort die Sicherheit und Liebe fände, die er braucht. Ich bin eins mit ihm. Ich bin eins mit mir.

In mir stellt sich ein Gefühl von Freiheit, Freude und Geborgenheit ein. Ich bin berührt und lasse meinen Tränen freien Lauf. Gleichzeitig spüre ich eine tiefe Liebe zu meinen Eltern. Und ich fühle, wie sehr sie mich geliebt haben und immer noch lieben. Mein Vater wollte mich niemals verlassen. Er war krank, und dafür konnte er nichts. Meine Mutter war mit diesem schweren Schicksalsschlag und dem Druck, für ihren hilfsbedürftigen Mann und zwei kleine Kinder zu sorgen, überfordert. Mich als Kind wollte sie niemals verlassen. Als das Lied verklingt, bittet mich Kristina, die Augen wieder zu öffnen.

»Wie fühlst du dich jetzt, Andreas?«

»Verletzlich und müde.« Aber gleichzeitig auch erleichtert und befreit. Ich fühle mich irgendwie neu an. Und ich kann etwas in mir wahrnehmen, was ich am liebsten für immer behalten würde. Es ist ein noch ganz zartes und kaum wahrnehmbares Gefühl. Ich fühle mich angenommen und geliebt. Ganz aus mir heraus.

Kristina verabschiedet mich und sagt mir, es gebe jetzt nichts zu tun, als liebevoll mit mir selbst zu sein. Ruhe, gutes Essen und viel trinken, Natur genießen. Zeit für Integration.

Am nächsten Vormittag mache ich mich auf den Heimweg. Meine Stimmung ist schwankend. Ich fühle mich gleichzeitig leicht, schwer, traurig und hoffnungsvoll. Und ja, das zarte Gefühl des Angekommenseins ist immer noch da. Ich fühle mich ein bisschen wie nach einer Operation. Verletzlich beschreibt es wohl am besten.

Diese Woche des Neubeginns, das war kein Prozess, den man durchläuft, und dann ist man fertig, wird mir klar. Diese Woche war ein Beginn.

Der Beginn eines Weges zu mir selbst.

»Gut, dass du dageblieben bist«, sage ich im Auto zu mir selbst. Und starte den Motor.

KAPITEL 20

Vom Loslassen und Aufbrechen

Die Aufbruchstimmung nach der Woche des Neubeginns kann ich leider nur bedingt in meinen Alltag retten. Meine Erkenntnisse sind zwar weiterhin da, aber ich weiß nicht, was ich mit ihnen anfangen soll. Die Verbindung zu meinem inneren Kind kann ich von Tag zu Tag weniger spüren. Und im Gegensatz zur Seminarwoche ist jetzt niemand da, der mir für ein Einzelgespräch zur Verfügung steht. Außerdem muss ich ganz pragmatische Dinge in Angriff nehmen. Ich habe mir zwar durch meine Profikarriere ein gewisses finanzielles Polster erarbeitet, aber irgendwie muss ich mir überlegen, wie ich zukünftig meinen Lebensunterhalt finanzieren werde. Beruflich mit Mitte dreißig bei null anzufangen, nagt an meinem ohnehin schon lädierten Selbstwert. Ich muss endlich wieder etwas tun und eine neue Karriere starten. Also probiere ich zwischen Sommer 2013 und Sommer 2014 so einiges aus. Ich gründe ein Beratungsunternehmen für Sportler, und da ich seit vielen Jahren eine Skihütte auf dem Feldberg besitze, versuche ich mich im Management der dazugehörigen Gastronomie. Aber ich merke sehr schnell, dass diese Engagements einer gewissen Verlegenheit entspringen. Mir fehlt die Freude, und ich bin überhaupt nicht mit dem Herzen dabei. Kein Wunder, denn ich weiß doch gar nicht, was mein Herz überhaupt will.

Irgendwann ertappe ich mich dabei, wie ich eine Pro-und-Kontra-Liste schreibe. Was spricht für diese Jobs? Was spricht dagegen? Mir wird bewusst, dass ich wieder komplett im Leistungsprinzip unterwegs bin. Warum ich die Jobs mache, hat erneut viel mit der Suche nach Anerkennung, Sicherheit und Selbstwert zu tun. Gefühlt muss ich, wie schon immer in meinem Leben, erst einmal ganz viel dafür leisten.

Aber was liegt eigentlich unter diesen Mechanismen, die mich seit der Kindheit antreiben? Ich weiß es nicht.

Im Sommer 2014 treffe die vielleicht wichtigste Entscheidung der vergangenen zwölf Monate: Ich werde den Weg, der sich mir im vergangenen Sommer bei der Woche des Neubeginns ganz zart andeutete, weitergehen. Alleine schaffe ich es nicht, das hat das vergangene Jahr gezeigt. Also schaue ich mir auf der Website des Anbieters die zahlreichen anderen Angebote an. Und ich werde fündig. Es gibt einen Seminarblock, der innerhalb von fünf Monaten absolviert werden kann. In fünf Viertagesblöcken werden die Themen der Woche des Neubeginns noch einmal intensiv durchgearbeitet. Was ich im letzten Sommer an einem Tag durchlebte – also das Vater-Thema, das Mutter-Thema, das Thema des inneren Kindes –, wird dort deutlich tiefer in jeweils vier Tagen behandelt. Bei der Anmeldung merke ich, wie freudig und aufgeregt ich bin, wenn ich an dieses Seminar denke. Das fühlt sich gut an. Mein Herz scheint also doch zu wissen, was es will. Dass das jetzt nichts mit Jobs und Geldverdienen zu tun hat, nehme ich erst einmal zur Kenntnis. Ich bin in der privilegierten Position, dass ich mich ein knappes halbes Jahr mit voller Aufmerksamkeit meiner Persönlichkeitsentwicklung widmen darf, ohne in finanzielle Nöte zu geraten. Diesen Impuls zu fühlen, zu merken, in welche Richtung ich eigentlich möchte, erfüllt mich mit Glück. Seit meinem Trainingsunfall habe ich ja vor allen Dingen einfach weitergemacht. Wie ein Roboter habe ich ein Programm ablaufen lassen, das ich seit meiner Kindheit kannte: Leistung. Das gab mir Sicherheit. Jetzt weiß ich zumindest, worauf ich mich im kommenden halben Jahr fokussieren kann und will. Und das fühlt sich gerade unheimlich gut an.

Das Entwicklungsseminar selbst ist ein tiefer und herausfordernder Prozess. Und ein Stück weit auch brutal harte Arbeit. Vier Tage am Stück geht es gefühlt rund um die Uhr ans Eingemachte. Dann fahre ich für ein paar Wochen nach Hause, bevor ich zum nächsten Präsenzblock aufbreche. In der Zeit zwischen zwei Blöcken rattert es in Kopf und Herz aber weiter. Mir fallen plötzlich Gedanken auf, an denen ich hängen bleibe: »Warum denkst du das jetzt gerade so?«, frage ich mich immer wieder. »Warum nicht anders? Und was zum Teufel hat das schon wieder mit meiner Kindheit zu tun?« Immer wieder begebe ich mich in Meditationen und Übungen zu den Schlüsselstellen meiner Vergangenheit. Versuche noch einmal, so intensiv wie möglich meine damaligen Gefühle zu durchleben. Das ist ein richtig harter Kampf, und ich bemerke, dass ich mir selbst der härteste Gegner bin. Logisch, denn ich weiß genau, wo meine Schwächen sind und wie ich mich am besten austricksen kann.

Diese Wochen und Monate im Rahmen des Entwicklungsseminars sind eine emotionale Achterbahnfahrt. Nach einer Meditation habe ich ein gutes Gefühl und denke, dass ich einen Schritt in die richtige Richtung gemacht habe, nur um zwei Stunden später wieder mit vielen Fragezeichen im Kopf an allem zu zweifeln. Fünf, zehn, zwanzig Mal gehe ich mit einem speziellen Thema in Einzelsessions, durchlebe bestimmte hochemotionale Situationen immer und immer wieder. Manchmal verlasse ich die Sitzungen euphorisch, manchmal frustriert. Ich begreife, dass diese Entwicklung ein echter Prozess mit vielen Rückschlägen und kaum spürbaren Fortschritten ist. Man besucht kein Wochenendseminar und arbeitet in achtundvierzig Stunden seine typischen Handlungsmuster der vergangenen dreißig, vierzig, fünfzig Jahre auf. Man liest kein Selbsthilfebuch und kommt danach automatisch in der persönlichen Entwicklung weiter. Das funktioniert nur mit der absoluten Bereitschaft den Weg zu sich, in die Selbstliebe, durch die eigenen Schatten und Verletzungen zu gehen. Das Herz wieder zu öffnen. Zu fühlen!

Insbesondere die vier Tage, in denen es um Verlust und die Angst davor geht, lösen in mir großen Schmerz aus. Wie schon in der

Einzelsession bei Kristina eröffnet sich mir ein Zugang zu meinem inneren Kind. Dem kleinen Andi. Immer wieder sehe ich den Buben, fühle seinen Schmerz und bemerke, wie sehr er aus den Tiefen meines Herzens, versteckt und heimlich, meine Entscheidungen beeinflusst. Er will nie wieder diese alles überwältigende Verlustangst spüren. Im Gegenteil: Er will einfach nur geliebt werden. So viel, wie es nur irgend geht. Und da ich dieser Aufgabe überhaupt nicht nachgekommen bin, hat er sich die Liebe halt woanders gesucht. Bei jubelnden Fans, in sportlichen Erfolgen, bei Petra. Und bei Claudia.

In diesen vier Tagen fällt es mir wie Schuppen von den Augen: Das jahrelange Hin und Her zwischen meiner Ehe und meiner Affäre, dazu die ganzen One-Night-Stands – davon hatte vieles seinen Ursprung bei einem kleinen Jungen, der panische Angst davor hat, allein gelassen zu werden. Diese Erkenntnis ist mir ungemein wertvoll. Mir wird zum ersten Mal bewusst, wie ich wirklich ticke und welche Programme in bestimmten Situationen völlig automatisiert ablaufen. Das entschuldigt mein Rumgeeiere mit Claudia und Petra nicht, und ich fühle nach wie vor die große Last der Schuld auf meinen Schultern. Aber es erklärt mir so viel. Ich habe verstanden! Und habe jetzt die Möglichkeit, es zukünftig besser zu machen.

Kurz nach dieser Erkenntnis kann ich Claudia endgültig loslassen. Unsere gemeinsame Zeit nach Petra hätte eigentlich leicht und befreit sein können. War sie aber nicht. Ich klammerte mich an etwas und war nicht bereit, dies aufzugeben. Der Antrieb dahinter: auch wieder der kleine Junge, der nicht noch einmal dem Schmerz des Verlassenwerdens ausgesetzt werden wollte. Jetzt bekommt er diese Aufmerksamkeit und Liebe von mir. Immer öfter denke ich an ihn, frage mich bei Entscheidungen, ob da ein kindlicher Impuls von ihm dabei ist und was er sich vielleicht von dieser oder jener Option erhofft. Ganz langsam tritt eine gewisse Ruhe in mein Leben. Ich fühle mich weniger getrieben und gehetzt, suche nicht sofort nach irgendwelchen Handlungsmöglichkeiten, wenn ich mal nicht weiterweiß. Stattdessen bemerke und spüre ich ganz bewusst das Gefühl der Unsicherheit. Ich nehme es wahr und erlaube ihm, da zu sein. Mit dem Ergebnis, dass genau das Gegenteil in mir entsteht: Sicherheit. Eine Sicherheit aus mir heraus und unabhängig von den äußeren Umständen.

Im Laufe der Zeit mache ich viele weitere schöne und bewegende Erfahrungen. Da wir eine relativ kleine, geschlossene Gruppe von ungefähr fünfundzwanzig Teilnehmern sind, entwickelt sich eine besondere Beziehung unter uns. So unterschiedlich die einzelnen Charaktere auch sein mögen, alle haben wir uns auf einen lebensverändernden Prozess eingelassen. Jeder von uns kennt es, wenn negative Emotionen hochkommen, vor denen man ein Leben lang weggelaufen ist: Trauer und Angst, Minderwertigkeit und Ohnmacht, Einsamkeit und Schuld. Und so entsteht sehr schnell eine fast selbstverständliche Achtsamkeit füreinander. Die Frage »Wie geht es dir gerade?« habe ich in meinem ganzen Leben selten so ernsthaft und ehrlich beantwortet wie in dieser Zeit mit den anderen. Alles in allem sind es herausfordernde, anstrengende und unendlich bereichernde Monate, in denen ich sehr viel über mich und mein Verhalten lerne. Einige Lebensthemen konnte ich auflösen, und bei anderen bin ich noch mitten im Prozess. Mein eingeschlagener Weg, sich mit mir und meiner inneren Welt zu beschäftigen, fühlt sich nach wie vor so was von stimmig an. Es ist fast folgerichtig, dass ich nach dieser Zeit direkt weitermache und eine Ausbildung zum Coach beginne, um nach diesem Konzept zu arbeiten. Dabei geht es mir gar nicht darum, wirklich in diesem Bereich tätig zu werden. Vielmehr möchte ich in der Weiterbildung noch tiefer zu mir selbst gelangen, mich noch besser verstehen lernen. Als ich begreife, dass es mir nicht um ein neues berufliches Ziel geht, um Job und Geld und Anerkennung, sondern einzig und allein um mich, bin ich seit Langem mal wieder sehr stolz auf mich.

Es ist Ende 2014, als Petra und ich uns in einer sehr emotionalen Zeremonie energetisch voneinander trennen. Die Idee kam von Petra. Sie hat sich in den vergangenen Jahren nach unserer Trennung ebenfalls auf den Weg zu sich selbst gemacht und sieht unsere Zeit damals mit anderen Augen. Das jahrelange Hin und Her zwischen uns war nicht nur mein Thema. Auch sie hatte in der Tiefe eine große Verlustangst, die damals stärker als jegliche Vernunft war. In ihr wirkte ein kleines verletztes Mädchen, das geliebt werden wollte und nicht loslassen konnte. Petra meint, dass der schmerzhafteste Moment gleichzeitig der wichtigste Wachrüttler ihres Lebens war. Und auch wenn es verrückt klingen mag, aber sie ist mir auf einer anderen Ebene für das, was ich getan habe, dankbar, denn ansonsten hätte sie sich niemals auf den Weg zu sich und in ihre eigene Größe begeben.

Jetzt sitzen wir in einem abgedunkelten Raum, auf zwei Stühlen vor einer Schamanin, die uns energetisch scheiden soll. Vor ein paar Jahren hätte ich solch eine Idee für vollkommen verrückt gehalten. Jetzt berührt mich das, was dahintersteht, sehr. Wir haben uns vor dem Standesbeamten und in der Kirche gleich zweimal vieles geschworen: für immer zusammenzubleiben, in guten wie in schlechten Zeiten, und uns immer zu lieben. Das hat nicht funktioniert. Und deshalb wollen wir in dieser Zeremonie unsere Schwüre zurücknehmen. Symbolisch reinen Tisch machen und spüren, ob es da noch etwas gibt, was zwischen uns ausgesprochen werden sollte. Jeder von uns hat in diesem geschützten Rahmen nochmals die Möglichkeit, dem anderen zu sagen, was er im Herzen trägt: Dankbarkeit für die vielen schönen Jahre, Trauer über deren Ende, auch die Wut darf ihren Platz haben. Am Ende dieser Zeremonie blicken Petra und ich uns lange an. Wir wissen beide, dass unser Weg als Ehepaar hier und jetzt vorbei ist. Und wir sind beide im Reinen damit. Und auch mit dem jeweils anderen. Wir haben abgeschlossen. Vom Kopf her bereits vor zwei Jahren, jetzt auch auf einer emotionalen, vielleicht sogar spirituellen

Ebene. Nur vor dem Gesetz sind wir noch verheiratet. Das liegt in erster Linie daran, dass wir als Ehepaar mehrere Unternehmen gemeinsam gegründet haben, deren Abwicklung oder Umschreibung erst nach und nach erfolgen. Weder für Petra noch für mich hat es nach dieser Zeremonie gerade noch irgendeine Bedeutung. Die Scheidung an sich ist für uns nichts weiter als ein formeller Akt. Getrennt wurden wir beide gerade eben. Das war wichtig. Schön und traurig. Es war befreiend.

KAPITEL 21

Neue Wege

Das Jahr 2015 beginnt für mich mit vielen neuen Eindrücken. Die Ausbildung zum Coach eröffnet mir eine komplett neue Welt. Während ich lerne, die Herzen anderer Menschen für sich selbst wieder zu öffnen und sie in ihren Prozessen zu begleiten, nehme ich viel für meinen eigenen Weg mit. Ich war schon immer gut darin, die Stimmungen von anderen wahrzunehmen. In einem Raum voller Menschen kann ich in kürzester Zeit ziemlich genau spüren, wie sich einzelne Personen fühlen. Da ist jemand sehr nervös, dort extrem kontrolliert, da setzt sich jemand in Szene. Im Rahmen der Coaching-Ausbildung verfeinert sich diese Fähigkeit noch einmal. Gleichzeitig lerne ich immer mehr, sie auch bei mir selbst einzusetzen und zu spüren, wie es mir gerade wirklich geht. Etwas, was ich über viele Jahre nicht gemacht habe.

Den Abschluss der Ausbildung bildet im Sommer ein einwöchiger Trip nach Lesbos, wo gleich zwei Ausbildungsgruppen gemeinsam das Finale zelebrieren. Diese Fahrt dient weniger dazu, so ganz am Ende noch mal viele Inhalte zu vermitteln, vielmehr geht es darum, das Gelernte zu vertiefen, sich mit den anderen frischen Coaches zu vernetzen und natürlich auch, um nach der harten Arbeit eine gute Zeit zu erleben. Am letzten Abend machen wir eine Bootstour. Unsere Gruppe besteht aus vielleicht sechzig Menschen, und einige von ihnen sind mir in den vergangenen Monaten sehr ans Herz gewachsen. Da ist eine Nähe entstanden, die ich so bisher nicht kannte. Klar, als Eishockeyprofi bist du auch immer in ein Team eingebunden und musst mit den anderen gut auskommen, um als Mannschaft erfolgreich zu sein. Und ich kam immer gut mit meinen Mitspielern aus. Aber wenn ich ehrlich bin, so richtig tiefe Männerfreundschaften entstanden in der Zeit nur wenige. Man konnte viel Spaß mit den Jungs haben, nach einem Sieg lange um die Häuser ziehen, aber habe ich damals mit ihnen über meine Probleme sprechen können? Das war definitiv nicht der Fall und lag größtenteils an mir.

An Deck des Schiffes fällt mir eine Frau auf. Sie steht ein paar Meter entfernt mit ihrem Freund an der Reling, und ihre Augen strahlen bis zu mir herüber. Immer wieder muss ich zu ihr schauen. Ich tippe meine Sitznachbarin an und frage so beiläufig, wie es irgendwie geht: »Sag mal, die Blonde mit den langen Haaren da drüben, aus der anderen Ausbildungsgruppe, wie heißt sie noch mal?«

»Das ist doch die Veronika. Mit ihrem Freund.«

»Ach ja, stimmt, Veronika hieß sie«, spiele ich weiter den Uninteressierten und merke aber, wie sehr sie mich fasziniert. Das fühlt sich aufregend an. Oh Gott. Ich bin in den letzten Monaten super ohne Beziehungsdramen durchgekommen. Ich war bestimmt nicht abstinent, aber ein echtes Interesse an einer neuen Beziehung hatte ich nicht. Und das war gut so.

Zurück im Hotel wird das Ende der Ausbildung gebührend gefeiert. Auf der Terrasse mit Blick auf das griechische Meer gibt es leckere Cocktails, und überall flackern Kerzen. Die Lobby wurde zur Tanzfläche umfunktioniert. Ein lokaler DJ sorgt für eine ausgelassene Stimmung. Ich liebe es zu tanzen. Auch etwas ganz Neues für mich. Bis vor einem halben Jahr hätte ich an so einem Abend die ganze Zeit an der Bar gestanden und den anderen zugeschaut. Der Männer-Klassiker halt. Ein Teil in mir hätte große Lust gehabt, mit den anderen auf der Tanzfläche Spaß zu haben. Der größere Teil aber hätte sich geschämt, es peinlich gefunden und sich eingeredet, dass ich eh nicht tanzen kann. Daraufhin hätte ich wahrscheinlich versucht, mir Mut anzutrinken, um meine Hemmschwelle zu überwinden. Manchmal lief das den ganzen Abend so und endete trotzdem, ohne dass ich getanzt hätte, dafür aber mit Kopfweh am nächsten Tag. Genau in diesem Moment auf der Tanzfläche bemerke ich wieder, wie ich mich als

Mensch durch den Prozess des letzten Jahres verändert habe. Die Stimme, die mich vom Tanzen abgehalten hätte, die Stimme, die mir seit meiner Kindheit einredet, dass ich nicht gut genug und nicht liebenswert bin, ist nicht ganz weg, aber sie steuert mich zusehends weniger. Mittlerweile ist es mir möglich, mehr und mehr meiner Freude zu folgen. Ich muss niemanden beeindrucken und keinem etwas beweisen. Gefühlt erlaube ich mir selbst, einfach ich sein zu dürfen. Und das ist ein total befreiendes Gefühl.

Plötzlich endet die Musik, und zwei Teilnehmerinnen aus der anderen Ausbildungsgruppe kündigen eine kurze Comedy-Einlage an. Eine der beiden ist Veronika. Natürlich bin ich total gespannt und freue mich, zum ersten Mal ihre Stimme zu hören. Was ich jetzt erlebe, crasht jegliche Erwartung, und mein Gehirn braucht ein paar Momente, um alles zu sortieren. Im tiefsten urbayerischen Dialekt nehmen die zwei die komplette Ausbildung auf den Arm. Sie spielen eine Einzelsession zwischen Therapeutin und Klientin nach, die dann zum Exorzismus wird. Der Inhalt des Stückes ist megalustig, und die zwei werden so was von gefeiert. Was mich aber viel mehr fasziniert, ist die Tatsache, dass so eine wunderschöne, anmutige Frau wie Veronika gleichzeitig einen so urigen Dialekt und derben Humor haben kann. Ihr Lachen ist mit Abstand das lauteste, das ich jemals gehört habe.

Am nächsten Tag reise ich zurück nach Deutschland. Obwohl es keinen Blickkontakt und auch kein einziges Wort zwischen Veronika und mir gegeben hat, weiß ich, dass sie meine zukünftige Frau sein wird.

Spannend. Mal schauen, was das Leben mit mir vorhat, denke ich mir. Wieder so ein Satz, den ich vor ein, zwei Jahren garantiert nicht gedacht hätte.

Zu Hause überlege ich das erste Mal wirklich ernsthaft, ob ich als Coach arbeiten möchte. Und ich horche genau in mich hinein. Ich könnte es mir durchaus vorstellen, andere Menschen auf ihrem Weg zu begleiten, schon allein, weil es mich so begeistert, wie positiv sich mein Leben seit meiner Woche des Neubeginns verändert hat. Zwei Jahre ist das jetzt her. Aber reicht das, was ich bisher über mich, übers Denken und Fühlen gelernt habe, bereits aus, um verantwortungsvoll anderen Menschen, die sich teilweise in großer seelischer Not befinden, helfen zu können? Ich bin skeptisch und fühle mich noch etwas unsicher. Müsste ich allein ins kalte Wasser springen, ich würde es wahrscheinlich tun. Aber andere aus dem kalten Wasser zu retten? Auf jeden Fall herausfordernd! Ich werde mich erst einmal noch etwas fortbilden, Aufbauseminare besuchen und den Kontakt zu den anderen aus meiner Ausbildungsgruppe halten.

Im Herbst 2015 sitze ich in solch einer Fortbildung und warte auf den Beginn einer Meditation. Das Thema lautet: »Begegne deinem inneren Dämon«, und ich bin sehr gespannt. In einem rappelvollen Saal sitzen vor der Bühne locker zweihundertvierzig Personen. Ich halte den Stuhl neben mir für einen anderen Teilnehmer frei, der sich etwas verspäten wird. »Sorry, hier ist schon besetzt«, sage ich mehr als einmal, wenn sich jemand hinsetzen möchte. Wann kommt der denn endlich? Langsam wird es nervig, den leeren Platz zu verteidigen.

»Entschuldigung, ist der Platz hier noch frei?«, höre ich eine Frauenstimme fragen. Ich drehe mich um, will erneut meinen Spruch aufsagen und blicke in zwei leuchtende Augen, die mir die Sprache verschlagen. Das ist Veronika von der Abschlussfahrt nach Lesbos. Ich würde am liebsten vor Freude aufspringen und sie umarmen. Aber ich kenne sie ja gar nicht, das wäre dann wohl doch etwas unangemessen. Sie blickt mich fragend an, weil ich in meiner Freude vergessen habe, ihr zu antworten. Mein Bekannter? Egal. Der wird schon einen anderen Platz finden.

»Äh, ja klar, hier ist noch frei. Setz dich.«

Sie lächelt mich an und lässt sich auf den Stuhl fallen.

»Puh, ich wollte gar nicht so spät da sein. Da habe ich ja Glück gehabt.«

Und ich erst, denke ich.

Auf der Bühne erscheint der Ausbildungsleiter, die Gespräche im Saal verstummen langsam. Veronika neben mir, die ja noch gar nicht weiß, dass ich weiß, wie sie heißt, beugt sich zu mir rüber. Gott, sie sieht nicht nur fantastisch aus, sie riecht auch noch unglaublich gut.

»Viel Spaß bei der Medi«, flüstert sie mir ins Ohr. Eine Gänsehaut zieht sich über meinen Rücken. Wow. Was für eine Frau. Auf die Anweisungen des Leiters kann ich mich anschließend überhaupt nicht mehr konzentrieren. Meine Gedanken schweifen laufend ab. Egal.

Nach der Einheit tippt mich Veronika an. »Und, wie fandest du die Meditation?«

Da hat sie mich jetzt aber schön auf dem falschen Fuß erwischt. Ich sauge mir ein paar Assoziationen zum Thema aus den Fingern und konstruiere schnell irgendetwas, was eine Meditation zum eigenen Dämon mit mir gemacht haben könnte, wenn ich denn aufgepasst hätte. Ich glaube, Veronika spürt, dass ich gerade ganz großen Schmarrn erzähle, aber das lächelt sie charmant weg.

Am Abend sehe ich Veronika in der Hotellobby. Trotz meiner Nervosität trete ich aus meiner Komfortzone. Ich spreche sie an. Und dann wird es geradezu magisch. Schon nach wenigen Sätzen befinden wir uns in einem sehr tiefen Gespräch. Ich weiß nicht, was da gerade passiert, aber ich kann gar nicht anders und erzähle ihr von meinem Leben. Und vor allen Dingen von den schweren Zeiten. Ich erzähle von zwei Kindern, von zwei Frauen, zwischen denen ich viele Jahre stand, erwähne die Niederlagen und berichte von meinen Ängsten. Super, Andi, die Frau ist sechs Jahre jünger als du, megahübsch und ist die Markenbotschafterin eines großen Sponsors beim FC Bayern. Du lernst sie gerade kennen, und das Erste, was du ihr auftischst, sind deine tiefsten Lebensmomente und Schwächen. Wie blöd kann man eigentlich sein?

Doch sie schaut mich nur mit ihren wunderschönen Augen an. »Danke, Andreas! Danke, dass du das so ehrlich mit mir teilst. Das bewundere ich sehr.« Wie vor ein paar Monaten bei ihrer Comedy-Nummer schafft es Veronika mit ihrer Aussage schon wieder, dass sich mein Gehirn gefühlt neu sortieren muss. Ich lege ihr meine ganzen Fehler und Schwächen auf den Bartresen, und sie findet es bewundernswert? Ich darf einfach ich sein und werde von dieser wundervollen Frau dafür gesehen. Für mich ist das eine sehr heilsame Erfahrung, und ich bin zutiefst dankbar für diese besondere Begegnung.

In den folgenden Wochen sehen wir uns häufiger und sprechen, sprechen, sprechen. Mir ist sehr schnell klar, dass das hier etwas Besonderes werden könnte. Mit ihrem Partner vom vergangenen Sommer war sie schon vor unserem ersten Kennenlernen nicht mehr zusammen. Wir sind beide frei. Und ich fühle mich auch zum ersten Mal seit Jahrzehnten wirklich so. Es ist, als hätte uns irgendetwas auf wundersame Weise zum genau richtigen Zeitpunkt zueinandergeführt. Beide sind wir in den vergangenen Monaten unsere persönlichen Themen angegangen, und jeder ist für sich glücklich. Jetzt stehen wir an einem ähnlichen Punkt, und vor uns liegt ein Weg, den wir gemeinsam gehen können. Wenn wir wollen.

Und wir wollen. Ich will, Vroni will, und selbst meine beiden Kids, die ich oft bei mir habe, sind geradezu vernarrt in sie. Schnell entwickelt sich eine sehr tiefe, intensive Beziehung, die auf einem anderen Fundament steht als meine Beziehungen davor. Mit Petra gab es einen unerfüllten Anteil in mir, der immer wieder ausgebrochen ist. Für Claudia war ich in der Tiefe nie richtig frei. Jetzt bin ich ein zufriedener Mann, der gespürt hat, dass er gut allein sein kann, und der keine Partnerin braucht, um ein Defizit an Liebe auszugleichen. Wir lieben uns um unserer selbst willen. Dazu kommt eine Ehrlichkeit, die es uns leicht macht, über unsere Gefühle zu sprechen.

Mit Veronika 2017

Herrschen bei uns deswegen rund um die Uhr Harmonie und Friede, Freude, Sonnenschein? Bestimmt nicht. Insbesondere unsere ersten Schritte auf dem Weg zu einer funktionierenden, achtsamen Patchworkfamilie sind nicht immer leicht. Meine beiden Kinder sind zu diesem Zeitpunkt acht und fünf Jahre alt. Ich liebe sie und freue mich, wenn ich sie um mich habe. Aber zwei Kids in dem Alter sind natürlich brutal trubelig und anstrengend. Ich bin in die Vaterrolle über die Jahre hineingewachsen; für Vroni, die noch keine eigenen Kinder hat, muss es aber noch mal viel kräftezehrender sein als für mich. Zumal die beiden Kleinen sie vergöttern und sie förmlich belagern, wenn sie bei mir sind. Also gebe ich noch mehr Gas und werde jedes Mal zum Superheldenpapa, damit Vroni etwas entlastet wird. Das ist megaherausfordernd, aber ich lasse mir gegenüber Vroni nichts anmerken.

Nach solch actionreichen Tagen falle ich abends k.o. ins Bett, tue aber natürlich selbst dann noch so, als wäre das alles komplett easy für mich.

Eines Nachts wache ich auf. Vroni sitzt neben mir im Bett. Ich höre sie laut schluchzen.

»Hey, was ist los? Geht es dir nicht gut? Hast du Schmerzen?«, frage ich besorgt.

»Andi, ich glaube, ich packe das alles nicht.«

Ich schrecke hoch. Shit, denke ich, jetzt hat diese Traumfrau genug von mir und den Kindern.

»Ich packe das nicht«, wiederholt sie. »Ich gebe mir wirklich Mühe, aber wenn ich sehe, mit welcher Leichtigkeit du mit den Kindern umgehst, löst das in mir einen riesigen Druck aus.«

»Wie meinst du das?«

»Na ja, ich fühle mich überfordert. Du weißt, dass ich die beiden von Herzen liebe, als wären es meine eigenen Kinder. Aber ich schaffe das nicht wie du. Alles sieht bei dir so leicht aus. Dich bringt nichts aus der Ruhe. Seit Wochen versuche ich mitzuhalten und gehe dabei so oft über meine Grenzen.«

Meine Angst verpufft schlagartig. Ich setze mich auf, nehme Vroni in den Arm und beginne zu lachen. Sie guckt irritiert.

»Ich meine das ernst, Andreas.«

»Ich lache nicht über dich. Ich lache über den Quatsch, den ich oder wir in den vergangenen Wochen verzapft haben.«

»Was meinst du?«

»Ja, denkst du denn wirklich, ich würde das alles total easy hinbekommen? Wenn die Kinder abends im Bett sind, dann bin ich fertig. Komplett.«

»Das schaut aber ganz anders aus.«

»Ja, weil ich wollte, dass es so wirkt. Ich wollte den Stress, so gut es eben ging, von dir fernhalten. Ich wollte nicht, dass du irgendwann deine Koffer packst und gehst, weil dir alles zu viel wird.«

Ich spüre, wie sich Vroni in meinen Armen entspannt. »Aber warum hast du denn nichts gesagt?«

»Weil ich Angst hatte, dich zu verlieren. Und dann habe ich es, glaube ich, wie früher gemacht. Zähne zusammenbeißen, Augen zu und alles tun, dass du mich nicht verlässt.«

Wir reden in dieser Nacht noch lange über unsere Ängste, über Ehrlichkeit in der Beziehung und über Gefühle, die immer ihre Berechtigung haben sollten, egal, wie unangenehm sie uns auch sein mögen. In dieser Nacht wird auch die Idee unseres Beziehungscoachings geboren. Es ist erst einmal nicht viel mehr als der Gedanke, unser Wissen, unsere Lebenserfahrung und unseren Alltag als Paar in den Ring zu werfen und anderen Paaren dabei zu helfen, eine erfüllende, liebevolle und lebendige Beziehung zu führen.

In den kommenden Tagen und Wochen arbeiten wir unsere Idee des Coachings weiter aus. Den anfänglichen Gedanken, uns auf Paare zu fokussieren, lassen wir wieder fallen und fassen stattdessen den Begriff der Beziehung weiter. Beziehung bedeutet für uns auch immer die Beziehung zu sich selbst. Sie ist die Grundlage von allem und das Fundament für ein glückliches Leben. Erst wenn man mit sich selbst im Reinen ist, kann man eine ehrliche und tiefe Beziehung zu anderen aufbauen. Und weil es solch ein großes Thema in dieser Zeit für uns beide ist, wird unsere eigene Beziehung auch noch einmal deutlich intensiver und tiefer. Zusammen genießen wir eine wundervolle Leichtigkeit, auch wenn wir zeitgleich große Herausforderungen zu meistern haben, denn da sind ja nicht nur meine beiden Kinder, sondern eben auch noch zwei Ex-Partnerinnen von mir. Und auch wenn ich mich mit Petra und Claudia gut verstehe und die Verletzungen der Vergangenheit langsam heilen, bleibt es doch ein großes Patchwork, das organisiert werden muss: Wer hat wann Ferien? Wie sieht es an Weihnachten aus? Ist unser Kind in dieser oder jener Woche bei dir? Smartphone oder nicht? Diese ganz alltäglichen Herausforderungen stellen sich uns genauso wie jeder anderen Patchworkfamilie. Und das ist manchmal einfach anstrengend – egal, wie viele Seminare, Meditationen und Fortbildungen du in deinem Leben schon gemacht hast.

Wenn Vroni und ich uns streiten, versuchen wir ziemlich schnell zu erkennen, was eigentlich der Grund für diesen Streit war. Und der hat meistens viel mehr mit einem selbst zu tun, als es auf den ersten Blick scheinen mag. Wir glauben nicht an die berühmte offene Zahnpastatube, die einen Streit auslöst. Wir glauben, dass sich hinter der Zahnpastatube eher verletzte Gefühle und unerfüllte Bedürfnisse verbergen. Der eine lässt sie nach jedem Zähneputzen offen liegen und denkt sich nichts dabei, für den anderen wird so etwas aber vielleicht zu einem großen Thema. Nicht wegen der Zahnpastatube an sich, die ist ja nun mal wirklich Kinderkram. Aber derjenige, der davon genervt ist, fühlt sich eventuell nicht gesehen, nicht respektiert und hat das Gefühl, nach jedem Zähneputzen den Kram des anderen wegräumen zu müssen. Und das ist ein berechtigtes Gefühl. Aber um dahin zu kommen, brauchen manche Menschen Unterstützung. Sie sehen die offensichtlichen Auslöser von Streitigkeiten und Beziehungsproblemen. Aber sie schaffen es nicht, eine Ebene tiefer zu schauen und zu checken, warum sie so reagieren, wie sie reagieren.

Wir geben erste Seminare und fangen an, wirklich als Coaches zu arbeiten. Für Paare, für Einzelpersonen, Männer und Frauen. Ich habe endlich wieder das Gefühl, etwas zu machen, worauf ich wirklich Bock habe. Mehr noch, ich habe das Gefühl, meine Berufung gefunden zu haben. Ich liebe es, Menschen einen sicheren Raum zu öffnen, in dem sie ihren Schatten begegnen, um sich von ihren Traumata befreien zu können. In manchen Sessions braucht es dazu meine Energie des starken Eishockeyspielers, in anderen Momenten die des verletzlichen, hochsensiblen Mannes und wieder ein anderes Mal meine liebevolle väterliche Energie. Mir wird bewusst, dass ich Menschen nur deshalb so tief in ihre Themen begleiten kann, weil ich selbst während meiner schweren Jahre in diesen Tiefen gewesen bin. Von diesem Standpunkt aus entwickelt sich eine ehrliche Dankbarkeit für die schmerzhaften

Momente meines Lebens. Vielleicht beschreibt es der Frieden mit meiner Vergangenheit besser.

Natürlich bin ich weiterhin sehr ehrgeizig und fleißig. Manchmal verfalle ich auch wieder in meinen Leistungsmodus, und ich bin mir sicher, das wird sich für den Rest meines Lebens auch nicht mehr ändern. Manche Dinge bleiben. Und das ist total okay. Ich glaube, nichts wäre langweiliger als ein Mensch ohne Macken, Schatten und Narben. Aber nach den ganzen wertvollen Erfahrungen, die ich auf meinem Weg der persönlichen Bewusstseinsentwicklung der letzten Jahre machen durfte, kann ich mit vermeintlichen Schwächen viel besser umgehen. Ich ignoriere sie nicht länger. Ich arbeite auch nicht gegen sie. Ich nehme sie als Teil von mir an und lerne jeden Tag aufs Neue, mit ihnen zu leben. Mehr noch, mir gelingt es mehr und mehr, sie als Stärken von mir zu sehen. Als besondere Qualitäten, die sich in den dunkelsten Momenten meines Lebens entwickelt haben. Ein Phänomen, welches mir auch bei der Arbeit mit meinen Klienten auffällt. Oft fordert uns das Leben durch schwierige Situationen heraus, die Stärke zu entwickeln, die es braucht, um ebendiese Situationen zu meistern. So habe ich als Kind, welches unter seinem Gefühl gelitten hat, nicht gut genug zu sein, eine außergewöhnliche Leistungsfähigkeit entwickelt, um den eigenen Minderwert zu kompensieren.

Nachdem wir unser Coaching Angebot aufgrund der guten Nachfrage kontinuierlich ausgebaut, einen Podcast ins Leben gerufen haben und uns auch in den sozialen Medien immer mehr Menschen folgen, erfüllen Veronika und ich uns 2018 einen riesigen Traum. Mitten in der bayerischen Natur kaufen wir einen denkmalgeschützten Vierseithof mit jeder Menge Land drum herum. Unsere Vision: ein Ort zum Leben und Arbeiten. Einerseits unser Heim, mit jeder Menge Platz, damit die Kids frei und mitten in der Natur aufwachsen können, andererseits Seminargebäude mit zahlreichen Gästezimmern, in denen wir unsere Coachings anbieten können. Ein paar Tiere in den alten Ställen. All das sehe ich bereits bei der ersten Besichtigung vor meinem inneren Auge.

Finanziell sind der Kauf des Anwesens und die anschließende Modernisierung eine Hausnummer. Und zugegeben auch ein gewagter Schritt. Aber nachdem Petra und ich vor einiger Zeit laut unserem Anwalt die friedlichste Scheidung seines Berufslebens durchgezogen haben, sind nun auch alle Unternehmen, die wir noch gemeinsam hatten, aufgelöst. Das gibt mir etwas Spielraum. Außerdem habe ich es während meiner Profizeit vermieden, das gute Geld, das ich damals verdiente, mit vollen Händen aus dem Fenster zu werfen.

Die Modernisierung des jahrhundertealten Anwesens kostet mich jede Menge Kraft. Zeitgleich macht es mega Spaß, mich handwerklich austoben zu können, mit Holz und Steinen zu arbeiten, mit Putz und Farbe, mit Bauerngarten und Wald. Dieses körperliche Auspowern, das ich früher täglich beim Training hatte, fehlt mir in meinem neuen Leben manchmal. Deswegen stürze ich mich mit vollem Einsatz in das Projekt Seminarhof.

Und doch ist irgendwie von Anfang an der Wurm drin: Schon während der Einweihungsparty kollabiert das Abwassersystem. Die alten Ölöfen fallen im Winter regelmäßig aus. Das Wasser aus der Quelle, die den Hof versorgen soll, ist durch die Überdüngung der umliegenden Felder mit Nitrat verseucht. Die laufenden Kosten für das Anwesen sind um ein Vielfaches höher als erwartet. Und im Haus kommt es dann auch noch zu einer Mäuseplage.

»Ja, mei, a Maus hots do schomoi in da Speis oder im Keller«, sagt mir ein Nachbar, als ich ihn um Rat bitte. »Ich spreche nicht von einer Maus«, antworte ich ihm. »Wenn wir mal eine Woche nicht im Haus sind, ist unser komplettes Bett voller Mäusekot. Die kleinen Biester sind überall. Und es müssen Hunderte sein.«

»Ah geh, so was hob i ja no nie gherd«, sagt er kopfschüttelnd. Tipps hat er auch keine.

Aber es gibt auch Gutes vom Hof zu berichten. Im Mai 2019 kommt unser Sohn Silas in einem traumhaften Geburtshaus auf die Welt. Für Veronika und mich geht ein Wunsch in Erfüllung. Selbst Miu und Otis haben immer wieder um ein kleines Geschwisterchen gebettelt. Unsere kleine, große Patchworkfamilie wächst und gedeiht. Auch der Umgang zwischen Petra, Claudia, Veronika und mir wird immer vertrauter. Vor allem Claudia fühlt sich bei uns pudelwohl und begleitet Miu immer öfter bei ihren Reisen von Köln nach Bayern. Es könnte alles so schön sein, wären da nicht die ständigen Probleme durch unseren Hof.

Obwohl ich es mir nur schwer eingestehen kann, wird mir mit der Zeit bewusst, dass ich wieder an meine Grenzen komme. Wenn wir Seminare geben, bin ich rund um die Uhr im Einsatz. Vroni und ich sind nicht nur Coaches, wir sind auch Köche, Zimmermädchen und Putzmann, erledigen die Büroarbeit, planen neue Angebote und haben dann noch drei Kinder – davon ein Neugeborenes – zu versorgen. Ich kämpfe in dieser Zeit wieder viel mit mir und den Bedingungen. Und erst ziemlich spät merke ich, wie ich ganz langsam, aber doch stetig wieder in diesen Leistungszwang gerate.

Vroni ist da viel schneller: »Andi, so schön dieses Haus ist und so groß unser Traum auch war, bist du dir sicher, dass es das wert ist? Du schuftest viel zu viel. Wir schuften viel zu viel. Das muss nicht so sein. Wir müssen nicht hier sein. Wir können überall sein.« Mehrfach bringt sie diese Einwände vor, und mehrfach winke ich ab. Kämpfe weiter, werde härter zu mir selbst, vielleicht verliere ich sogar wieder etwas den Kontakt zu mir. Bis zu diesem einen Abend: Ich schnappe mir einen alten Staubsauger, um den wahrscheinlich seit Jahrzehnten angesammelten Ruß und Dreck aus einem der alten Ölöfen zu holen. Ich schalte den Sauger an, halte das Rohr in den Ofen und freue mich über das lautstarke Rascheln im Rohr, das mir zeigt, wie der Dreck langsam im Sauger landet. Das war längst überfällig.

Nur wenige Augenblicke später wird es finster in der Küche. Ich drehe mich um, weil ich vermute, dass die Glühbirne den Geist aufgegeben hat, und blicke in eine schwarze Staubwolke, die sich vom Staubsauger aus im ganzen Raum verteilt. Vielleicht fehlt der Beutel im Gerät, vielleicht ist er nicht richtig eingesetzt, egal. Die Katastrophe ist da.

»Fuuuuuuck«, schreie ich so laut, dass Veronika besorgt aus der ersten Etage in die Küche stürmt. Ich blicke mich im Raum um, sehe, wie sich der Ruß ganz langsam auf wirklich alles legt. Auf die antike Küchenzeile, auf die frisch geweißten Putzwände, auf die Lebensmittel, auf Geschirr, Stühle, Tisch. Mit dem Finger wische ich über die Wand und ziehe eine Linie durch den schmierigen Film. Das war's!

Am nächsten Tag rufe ich den Makler an, und wir verkaufen den Hof. Und obwohl wir hohe Gebühren für die vorzeitige Ablösung unserer langfristigen Darlehen bezahlen müssen, gehen wir mit einem tollen Gewinn aus unserem Abenteuer Seminarhof.

Im Jahr 2020 folgen Vroni und ich einem Herzensimpuls und ziehen an den Bodensee. Noch vor ein paar Jahren hätte mich der geplatzte Traum vom idyllischen bayerischen Hof in eine tiefe Krise gestürzt. Du hast es wieder nicht geschafft!, hätte irgendeine Stimme in mir gerufen und mir eingeredet, dass ich einfach nicht gut genug war.

Mit etwas Abstand habe ich jedoch einen völlig anderen Blick auf diese herausfordernde Zeit. Der Hof hat mir etwas gezeigt: Vom ersten Tag an hat sich das Leben dort schwer angefühlt. Aus dem Traum wurde für mich mehr und mehr ein Albtraum. Wahrhaben wollte ich das nicht und habe dagegen angekämpft. Wie früher. Auf die Rückschläge habe ich mit Leistung reagiert. Noch mehr getan. Bis hin zur Erschöpfung. Doch je mehr ich gekämpft habe, desto größer wurden die imaginären Knüppel zwischen meinen Beinen. Ich habe mich völlig in meinem alten Fahrwasser, dem Leistungsprinzip, verloren. Bis mich dieses riesige Anwesen in die Knie gezwungen hat. Als ob das Leben mir eindringlich hätte sagen wollen: Andreas, hör endlich auf zu kämpfen. Gegen dich und das Leben. Lass los.

Und das habe ich getan. Am Ende kann ich unseren Vierseithof mit einem guten Gefühl loslassen. Für mich ein Akt der Selbstliebe.

Ein Jahr später kommt im September in einer wunderschönen Hausgeburt schließlich unser zweiter gemeinsamer Sohn Mattis zur Welt. Ich weiß nicht, wieso, aber am Tag seiner Geburt muss ich an Mariella denken, die mir seinerzeit in Köln die Zukunft voraussagte. Hatte sie nicht von vier Kindern und drei Frauen gesprochen? Und hatte sie nicht auch gesagt, dass da noch ein langer Weg vor mir läge, den ich zu gehen hätte? Wie es ihr jetzt wohl geht? Ich würde gerne noch einmal mit ihr sprechen und ihr sagen, wie recht sie mit ihren Worten hatte. Aber andererseits – sie weiß es wahrscheinlich ganz genau.

Und jetzt? Jetzt neigt sich das Jahr 2022 seinem Ende entgegen. Ich sitze an meinem Laptop und habe das große Privileg, meinen Lebensweg mit allen Höhen und Tiefen aufschreiben zu können. In den vergangenen Jahren durfte ich viel lernen. Und lerne jeden Tag aufs Neue. Ich bin mir selbst der wichtigste Mensch geworden. Nicht im Egoismus, sondern mit dem Wissen, dass ich nur ein wacher, liebevoller und achtsamer Mensch, Partner und Vater sein kann, wenn es mir selbst gut geht. Wenn ich glücklich bin. Glücklich zu sein, ist mein eigener Job. Aus diesem Grund sorge ich mittlerweile gut für mich. Etwas, was ich aus meinem früheren Leben nicht kannte. Da ging es immer nur um Leistung, darum, etwas zu erreichen, zu bekommen oder jemand zu sein. Mein Glück war von äußeren Umständen abhängig. Inzwischen habe ich gelernt, das Glück in mir zu finden.

Doch dieses Glück ist nicht einfach da. Ich muss ihm immer wieder auf die Sprünge helfen. Und mir selbst auch. Ich meditiere regelmäßig und versuche, immer wieder ganz bewusst Zeit für mich in den Alltag einzuplanen. Damit ich die Verbindung zu mir nicht verliere. Damit ich in der Selbstliebe bleiben kann.

Was mich auf meinem Weg unglaublich unterstützt, sind wahrhaftige Begegnungen, Gemeinschaft und Verbindung mit Menschen, die mir guttun, die mich nähren. Außerdem versuche ich, mir mehrmals im Jahr bewusste Auszeiten zu schenken. Als vierfacher Vater ist das nicht immer einfach. Und ich bin den Mamis von Miu, Otis, Silas und Mattis unendlich dankbar, dass sie mir dafür den Rücken freihalten. Das können Männer-Retreats, schamanische Workshops, Breathwork- oder Trance-Tanz-Trainings sein. Und davon profitiere ich nicht nur als Mensch, es sind auch meist Angebote, die mich in meiner Arbeit als Coach weiterbringen. Ich lerne neue Methoden kennen, erfahre am eigenen Leib, über welche Wege Bewusstseinserweiterung passieren kann.

Wenn ich in mich hineinfühle, sind da immer noch der kleine ängstliche Andreas und der leistungsfixierte Kämpfer. Aber ich kann mit diesen beiden Anteilen gut leben. Und mit all den anderen Anteilen auch. Sie sind Teile von mir. Sie alle zusammen machen mich zu dem Menschen, der ich bin. Und ich wende mich ihnen zu, gebe ihnen das, was sie in schmerzhaften Momenten meines Lebens vermisst haben: Anerkennung, Sicherheit, Liebe. Dafür braucht es kein Stadion voller Fans mehr. Dafür brauche ich nur mich und die Verbindung zu meinem Herzen.

Und ja, es gibt immer wieder Phasen, da bricht mein leistungs- und erfolgsorientierter Anteil durch. Dann will ich meine Vision, ganz viele Menschen auf dem Weg in die (Selbst)-Liebe zu begleiten, weiter vorantreiben. Dann will ich machen, machen, machen, um diesen Traum zu verwirklichen, weil es mir so unendlich wichtig ist, Menschen wieder mit ihrem Herzen zu verbinden. Und weil es mir solch eine Herzensangelegenheit ist und ich wirklich liebe, was ich tue, fühlt es sich auch nie nach Arbeit an.

Trotzdem entsteht dadurch ein Konflikt, weil ich gleichzeitig möglichst viel Zeit mit meiner Familie verbringen möchte. Was mir dann hilft, ist, mich und mein Leben aus der Vogelperspektive zu betrachten. Die unterschiedlichen Anteile von mir zu sehen. Den Visionär zu sehen. Den Umsetzer. Den Leistungsmenschen.

Und auf der anderen Seite den Vater, den Familienmenschen. Zu wissen, dass ich mich nicht für einen Anteil entscheiden muss, entspannt mich. Zu wissen, dass ich all das bin, gibt mir ein gutes Gefühl. Und dann gehe ich mit dem Leben. Mit dem, was gerade da ist und was gerade dran ist. Im Moment ist es hauptsächlich meine Rolle als Vater. Dazu sage ich Ja. Nehme es an, statt dagegen zu kämpfen und mich innerlich selbst zu zerreißen. Ich vertraue dem Leben und weiß, dass andere Zeiten mit anderen Themen und Schwerpunkten kommen werden. Der Visionär und Umsetzer in mir fühlen sich auf jeden Fall von mir gesehen und integriert.

Bei mir ist also auch heute nicht immer alles supergut, und es ist viel in Bewegung. Aber ich versuche, meine Energie auf ein Ja zu richten und auf das, was ich möchte, statt mich in einem Nein und dem Kampf gegen etwas zu verlieren. Das funktioniert, und ich merke, dass sich trotz meiner zeitintensiven Vaterrolle, in der ich den halben Tag mit meinen Kindern verbringe, auch die beruflichen Erfolge einstellen. Ich komme meiner Vision jeden Tag ein wenig näher. Ich gebe Einzelsessions, biete Retreats an und erreiche mit Vroni gemeinsam inzwischen viele, viele Herzen mit unserem erfolgreichen Podcast WE ARE.

Ich bin glücklich in meinem neuen Leben ohne Eishockey. Und wenn ich doch mal wieder für einen TV-Sender als Experte eingeladen werde, freue ich mich, diesen ganz typischen Eishockey-Geruch in der Nase zu haben. Aber ich bin nicht mehr der Eisen-Renz. Ich bin jetzt ich – Andreas Renz, Mensch, Vater, Coach und mit diesem Buch auch Autor, der anderen hilft, zu sich selbst zu finden. Dafür brenne ich und tue es mit voller Hingabe und Leidenschaft. Weil ich weiß, dass ich das will. Ich bin nicht mehr auf der Suche. Muss nicht auf Berge steigen oder in Klöster fahren, um herauszufinden, was mit mir los ist. Ich weiß es jetzt. Und ich bin okay, so wie ich bin. Ich bin angekommen! In mir. Mit Veronika an meiner Seite, die nicht nur eine liebende Partnerin und eine hingebungsvolle Mutter ist, sondern viel mehr als das. Sie ist meine Gefährtin, mein Spiegel, meine Lehrerin.

Herrscht bei uns deswegen das fortwährende harmonische Glück? Laufen wir den ganzen Tag beseelt lächelnd durch die Welt, weil uns Alltagsprobleme gar nicht mehr berühren?

Natürlich nicht!

Wir haben die gleichen Herausforderungen wie jeder andere auch. Als Frau, als Mann, als Paar, als Eltern und als Selbstständige.

Aktuell stehen wir beispielsweise vor der Herausforderung, unsere verschiedenen Rollen in ein Gleichgewicht zu bringen. Da sind zum Beispiel die müden und teilweise überforderten Eltern mit ihren vier Kids. Und da sind zwei sich Liebende, denen Zweisamkeit und die Begegnungen zwischen Mann und Frau seit Jahren fehlen. Diese Anteile von uns, die Frau, der Mann, sind zu Recht frustriert. Und der Frust entlädt sich ungerechterweise oft beim Partner. Das kennt wahrscheinlich jedes Elternpaar auf dieser Welt.

Und wie gehen wir damit um? Wir sprechen miteinander. Wir halten unsere Herzen ganz bewusst für den anderen offen. Für jede Emotion. Alles darf da sein. Manchmal hilft es uns, die jeweils andere Perspektive einzunehmen. Es entsteht dadurch eine Verbindung, ein Verständnis für den anderen. Und ich habe das Gefühl, dass unsere Beziehung nach jeder dieser Herausforderungen ein wenig stärker wird.

Gemeinsam mit Petra, Claudia und den vier Kindern leben wir täglich aufs Neue das Geschenk eines riesigen Patchworks mit all seinem Trubel. Insbesondere die Kids lieben diese ungewöhnliche Großfamilie. Auch, weil wir alles in einer großen Klarheit leben. Die Kinder spüren ganz genau, dass zwischen uns Erwachsenen ein geklärtes Verhältnis besteht. Und für die vier ist diese Situation ein riesiger Bonus. »Voll schön, wir haben mit Vroni eine zusätzliche Mami bekommen, die uns lieb hat«, sagen Miu und Otis gelegentlich, wenn die beiden etwas mit Vroni unternehmen. Bei ihren beiden Mamis erfahren sie jeweils, wie es ist, als Einzelkind aufzuwachsen. Mit allem, was dazugehört: hundert Prozent Aufmerksamkeit, weniger Kompromisse und eine ganz enge Bindung zwischen Kind und Mutter. Bei uns bekommen sie dann das komplette Gegenprogramm: das Leben mit Geschwistern. Sie müssen teilen, Rücksicht nehmen, Kompromisse finden und die eigenen Bedürfnisse mit denen der anderen in Einklang bringen.

Kuschelzeit mit meinen vier Kindern Miu,
Otis, Silas und Mattis im Mai 2022

Petra und Claudia sind für die nicht eigenen drei Kids wie zwei liebevolle Tanten. Es ist eine riesige Freude, sie zu sehen. Und für mich fühlt es sich nach mehr als nur Patchwork an. Eher wie eine große Familie. Wie das möglich ist? Ich glaube, weil jeder von uns vier Erwachsenen die Bedürfnisse der Kinder in den Vordergrund stellt. Und weil jeder von uns die eigenen Themen im Blick hat und Werkzeuge nutzt, die persönlichen Gefühle nicht auf andere zu projizieren. Das klappt meistens richtig gut: Wir leben die gemeinsame Vision eines friedlichen Miteinanders. Wo ein Wille ist, ist auch ein Weg. Darauf sind wir stolz.

Treffe ich Menschen von früher, die meine lange Beziehungskrise mitbekommen haben, schauen sie im ersten Moment oft skeptisch, wenn ich von meinem neuen Leben schwärme. Und sie gucken noch skeptischer, wenn ich erzähle, dass ich anderen helfe, eine liebevolle Beziehung zu sich und anderen aufzubauen. Aber sind diese Menschen dann ein wenig mit Vroni und mir zusammen und erleben hautnah unser Miteinander, höre ich oft Folgendes: »Andreas, wenn einer über so viele Jahre die Sache mit einer Beziehung überhaupt nicht hinbekommen hat, so viel Mist gebaut hat, dann bist das du. Wenn einer also weiß, wie man es nicht macht, dann du. Wenn einer mittlerweile einen wundervollen Weg gefunden hat, wie es geht, und das lebt, dann bist das auch du.«

Meine schmerzhaften Krisen haben mich als Mensch reifen lassen. Der Weg zu mir, zur Selbstliebe, mein Weg der Bewusstseinsentwicklung ist nichts, was irgendwann abgeschlossen sein wird. Es ist eher eine Haltung zum Leben und ein lebenslanger Prozess. Krisen und anspruchsvolle Zeiten sehe ich mittlerweile als Chancen, um mich zu entwickeln, zu wachsen.

Was, wenn wir dafür auf der Welt sind? Um zu wachsen. Zu lieben. Und glücklich zu sein.

Vielleicht bist auch du dir selbst der größte Gegner. Noch!

Du wirst erst gewinnen, wenn du aufhörst zu kämpfen. Das ist eine wichtige Essenz dessen, was ich in den vergangenen Jahren gelernt habe.

Ich wünsche dir aus tiefstem Herzen den Mut, die Kraft und die Ausdauer, den Kampf gegen dich selbst aufzugeben. Und so vielleicht von deinem härtesten Gegner zu deinem besten Freund zu werden.

KAPITEL 22

Werde zu deiner besten Freundin, deinem besten Freund

Du Liebe, du Lieber.

Jetzt kennst du meine Geschichte. Mit vielen Details, die bisher nur wenige Menschen gehört haben. Von Herzen möchte ich mich bei dir für das Lesen meines Buches bedanken. Für mich ist es etwas sehr Kostbares, dass du mir so viele Stunden deiner Lebenszeit geschenkt hast.

Danke für deine Aufmerksamkeit.

Vielleicht hast du dich gefragt, warum ich meine Geschichte mit all ihren Höhen und Tiefen, mit den Siegen und Niederlagen und all den vermeintlichen Fehlern mit dir teilen möchte. Braucht die Welt wirklich solch ein Buch?

Ich glaube aus vollster Überzeugung: ja! Meine Vision ist es, dich mit diesem Buch auf deinem Weg in die (Selbst-)Liebe zu begleiten.

Letztendlich braucht es nur dein JA. Dein JA zum Leben. Dein JA zu dir. Und das läuft über deine Annahme dessen, was gerade in deinem Leben ist. Der liebevollen Annahme deiner Gefühle. Jetzt in diesem Augenblick.

Das liest sich viel zu einfach? Und gerade darin liegt für mich die Magie. In der Einfachheit. Wir Menschen tendieren dazu, für komplizierte Probleme nach komplizierten Lösungen zu suchen. Das habe ich auch gemacht. Und mich darin immer wieder verloren. Was mir schlussendlich geholfen hat, meine Krisen zu meistern und ein glücklicher Mensch zu sein, ist die Verbindung mit mir selbst. In mir zu finden, wonach ich im Außen verzweifelt gesucht habe.

Das ist alles. Nicht mehr, nicht weniger.

Du, ich, wir tragen alles in uns. Alle Antworten, alle Lösungen – genauso wie alle Sicherheit, Liebe und Selbstwert. Wir kommen als glückliche Wesen auf diese Welt. Mit offenem Herzen und im tiefsten Vertrauen ins Leben. Pure Liebe. Das ist unsere Essenz. Unser Ursprung.

Egal wie und egal durch was, aber fast jeder von uns hat irgendwann einmal auf seiner individuellen menschlichen Reise dieses Urgefühl verloren. Durch emotionale Verletzungen und in schmerzhaften Momenten. Meistens schon in der Kindheit.

Nicht selten entwickeln Kinder dann Strategien, um erneute Verletzungen zu vermeiden: Das Kind macht, bildlich gesprochen, das Herz zu. Es trennt die zu schmerzhaften und überfordernden Gefühle ab. Es hört in gewisser Weise auf zu fühlen. Oder es entwickelt ein Vermeidungsverhalten, um sich zukünftig bereits im Vorfeld vor schmerzhaften Gefühlen zu schützen.

Jedes Kind entwickelt eine individuelle und teilweise komplexe Strategie im Verhalten. Die einen sind lieb, brav und nett, um nicht abgelehnt zu werden. Andere werden zum Rebellen, um dadurch Aufmerksamkeit zu bekommen. Wieder andere sind ständig krank und vermeiden so den Schmerz des Alleinseins, weil die Bezugspersonen sich jetzt mehr kümmern müssen.

Diese Schutzmechanismen sind keine Überreaktion des Kindes und kein Fehler. Sie sind eine völlig normale Reaktion der Psyche auf gänzlich unnormale Situationen. Dabei spielt es keine Rolle, ob diese Situation aus vermeintlich objektiver Erwachsenensicht wirklich schlimm war oder nicht. Das Kind empfindet es so. Punkt. Und es ist die Aufgabe der Eltern und Bezugspersonen, diese Erlebnisse gemeinsam mit dem Kind zu verarbeiten. Geschieht dies nicht, verfestigen sich die Strategien und führen zu einem negativen Grundlebensgefühl. Überzeugungen verankern sich, negative Glaubenssätze brennen sich tief in die Zellen ein.

Es braucht eine Rück-Erinnerung oder, noch besser, eine Rück-Verbindung zu unserem Urgefühl. Zu unserer Essenz. Zu unserem wahren Sein, welches in der Tiefe darauf wartet, aus dem Schatten ins Licht treten zu dürfen. Der Weg dahin geht über die Verbindung zu unserem eigenen Herzen.

Ich durfte selbst erfahren, dass wir uns ohne diese Verbindung früher oder später im eigenen Leben verlieren. In Rollen, hinter Masken, in Mustern und Strategien. Ich zum Beispiel versuchte durch außergewöhnlich gute Leistungen, von anderen gemocht zu werden, Anerkennung und Liebe zu bekommen. Um dazuzugehören und den Schmerz des Minderwertes zu vermeiden. Und ich klammerte mich an bestehende Beziehungen, um meiner Verlustangst aus dem Weg zu gehen.

Wenn wir das tiefere Bedürfnis hinter all unseren Taten, gesetzten Zielen und dem Streben nach höher, weiter, besser nicht kennen, werden sich unsere Taten sinnlos anfühlen, uns die erreichten Ziele nicht erfüllen, und wir werden unser Leben nicht zufrieden und glücklich gestalten können. Wir werden unsere Beziehungen, die Liebe und die Fülle des Lebens nicht fühlen.

Angenommen, dass du es selbst warst, der sein Herz verschlossen hat? Nicht das, was mit dir passiert ist, nicht die Menschen oder Situationen, sondern du. Du selbst hast dich für das »Nicht-Fühlen« und die Trennung von deinem Kern entschieden. Als Schutz, weil es irgendwann einmal zu sehr wehgetan hat. Du überfordert warst. Im Heute, im Hier und Jetzt hast du die Möglichkeit, neu zu wählen. Neu zu entscheiden!

Entscheiden wir uns für den Weg nach innen, kommen wir zwangsläufig an die Gefühle, die wir ein Leben lang meist unbewusst vermieden haben und vor denen wir weggelaufen sind. Diese Gefühle, die da ans Licht kommen, können düster sein. Bedrohliche Schatten. Unsere finstersten Dämonen.

Und es braucht Wachheit, um auf dem Weg zu bleiben. Denn das eigene System, welches uns schützen möchte, wird alles versuchen, um den Schmerz zu vermeiden. Viele Menschen, die sich auf den »Weg der Transformation« begeben, brechen ihn genau an diesem Punkt ab. Wenden sich vielleicht anderen Methoden zu, die »eher zu ihnen passen«. Letztendlich suchen sie sich aber lediglich einen Weg, der ihnen einfacher erscheint. »Spiritual Bypassing« nennen Experten dieses Phänomen. Und es ist natürlich auch nur eine Vermeidungsstrategie. Es mag wie eine Binsenweisheit klingen, aber eine echte Veränderung zum Besseren braucht fast zwangsläufig die Auseinandersetzung mit den eigenen ungeliebten Gefühlen. Und die Beschäftigung damit fühlt sich zu Beginn nicht nach Verbesserung an. Im Gegenteil, es ist ein angsteinflößendes, dunkles Tal, durch das man geht. Die Belohnung ist die Rück-Verbindung zum wahren Ich. Zur Essenz. Zur Liebe, die wir sind. Sie kommt erst nach dem dunklen Tal. Aber mit Ausdauer, Zuversicht und einem liebevollen Umgang mit sich selbst schafft man auch das. An dieser Stelle möchte ich allerdings ausdrücklich betonen, dass bei schweren Traumata, wie zum Beispiel Vergewaltigung, Missbrauch oder schlimmen Gewalterfahrungen, eine professionelle und traumasensible Begleitung ratsam ist. Die Gefahr von Retraumatisierung ist einfach viel zu groß. Grundsätzlich lautet meine Empfehlung: Hol dir Hilfe. Hol dir so viel Hilfe wie möglich. Du musst diesen Weg nicht alleine gehen.

Und doch wirst du Mut brauchen. Jede Menge Mut. Aber diese Arbeit an dir selbst wird dir eine komplett neue Lebensqualität eröffnen. Oft können wir uns gar nicht vorstellen, was für ein großartiges Leben auf uns wartet.

Bitte sei auf deinem neuen Weg nicht zu streng mit dir. Es ist ungemein hilfreich und heilsam, wenn du nachsichtig und liebevoll mit dir umzugehen lernst. Und das beinhaltet eben auch Nachsichtigkeit gegenüber deinen Schatten. All die unbewussten Vermeidungsstrategien und Verhaltensmuster, die dir in deinem Leben aktuell Probleme bereiten und dich vielleicht auch nerven, hatten irgendwann einmal eine ganz wichtige und richtige Funktion! Es mag jetzt vielleicht etwas platt oder drastisch formuliert sein, aber sie haben dir mal den Arsch gerettet. Und dem solltest du mit Dankbarkeit und Anerkennung begegnen.

Trifft man auf diese begrenzenden Schutzmechanismen und kommt ihrem Ursprung auf die Schliche, ist der erste Reflex natürlich: Wegmachen! Löschen! Dann muss man sich damit nicht mehr auseinandersetzen. Wer macht das schon gerne, sich mit den darunterliegenden Unsicherheiten, Minderwertigkeitsgefühlen und Ängsten zu beschäftigen? Ja, es sind nur Gefühle. Nicht mehr, nicht weniger. Und wir sind nicht dieses Gefühl. Wir sind größer.

Aber ich kann aus eigener Erfahrung sagen: Du wirst diese Gefühle niemals los, indem du sie ignorierst oder verdrängst. Oder dagegen ankämpfst. Sie werden sich weiterhin in deinen Alltag schleichen. Auf Umwegen notfalls. Sie einfach weghaben zu wollen, das wird nicht funktionieren. Erst wenn du sie annimmst, hast du die Möglichkeit, sie in dein Leben zu integrieren. Nimm deine Ängste an. Deine Wut, Trauer, Schuld, Scham und Ohnmacht. Sage Ja zu ihnen. Der Weg geht über das Annehmen. Das Ja. Und gib dich dann ganz dem Gefühl hin, das hochkommen möchte.

Mein härtester Gegner auf genau diesem Weg war ich selbst. Aus heutiger Sicht ist mir bewusst, dass ich gefühlt mein halbes Leben vor mir selbst weggelaufen bin. Vor meiner Verletzlichkeit, meinem Minderwert und dem Gefühl, nicht geliebt zu werden. Selbst während meiner Lebenskrisen, als diese unterdrückten Gefühle in mir stark spürbar waren, habe ich mich wieder und wieder von ihnen abgelenkt. Antworten und Lösungen im Außen gesucht. Irgendwo, bei irgendwem und bei irgendwas – nur nicht in mir. Anstatt einfach stehen zu bleiben. Aufzuhören, gegen mich selbst anzukämpfen. Zu fühlen. Mich selbst. Radikal alles. Ich durfte zuerst die Krise in mir/mit mir lösen, um meine Krisen im Außen zu meistern. Mir wurde zum Beispiel klar, dass ich die beiden Frauen nicht loslassen kann, solange ich riesige Verlustängste habe. Ich musste – ich durfte – mich zuallererst um diese Gefühle kümmern. Anschließend konnte ich mit dem Loslassen beginnen.

Vielleicht berührt dich meine Lebensgeschichte, weil du dich in ihr wiedererkennst. Vielleicht, weil du dich auch ein Stück weit im Leben verloren hast und auf der Suche nach dir selbst bist. Was ich dir von Herzen mit auf deinen Weg geben möchte, ist, dass egal wie tief der Fall und wie ausweglos deine Situation erscheinen mögen, die Lösung nicht in der Ferne, im Außen, in dem Moment der riesigen Erleuchtung liegt. Die Lösung liegt in der Milde und dem Mitgefühl dir selbst gegenüber. Die Lösung liegt in dir. Schlussendlich wird die Liebe zu dir selbst die alten Verletzungen heilen und zu einem tragfähigen Fundament deines Lebens werden. Die Medizin, die du benötigst und nur du dir geben kannst, ist die *Selbstliebe.*

Und damit meine ich nicht eine gewisse Form von Eitelkeit, weil man sich für besonders klug, hübsch, sportlich oder talentiert hält. Das, was ich meine, ist viel fundamentaler und braucht auch keine außergewöhnlichen Talente. Es geht darum, grundsätzlich mit sich selbst im Reinen zu sein. Sich okay zu finden, wie man ist. Die eigenen Schwächen zu kennen und nachsichtig mit sich zu sein. Einfach: sich so zu behandeln, wie man seinen besten Freund oder seine große Liebe behandeln würde. Das ist Selbstliebe für mich.

Von meinem härtesten Gegner bin ich zu meinem besten Freund geworden. Und das Gleiche wünsche ich mir für dich.

Ich hoffe, mein Buch hat dazu beigetragen, dass du dir selbst nähergekommen bist. Denn das ist letztendlich das Wichtigste: dass du dein Herz aufmachst. Für dich und deine Geschichte. Und dass du es schaffst, dir die Liebe zu geben, die du brauchst!

Wenn du Lust hast, dich mit mir und gleichgesinnten Menschen zu vernetzen, dann lade ich dich in meine kostenfreie Facebook-Gruppe ein. Wenn du den Impuls spürst, dich von mir auf deinem Weg begleiten zu lassen, dann gibt es drei Möglichkeiten zu Auswahl. Einen Onlinekurs, ein persönliches Mentoring oder die Teilnahme an einem Retreat. Für mehr Informationen nutze gerne den QR-Code oder folgenden Link:

www.revolution-now/andreas

Es ist schön, dass es dich gibt.

HigherLOVE

Dein Andreas

Danksagung

Wenn ich heute auf meine Vergangenheit zurückblicke, erfüllt mich eine tiefe Dankbarkeit. Für alle Menschen, denen ich begegnen durfte. Für alles, was ich erfahren und erleben durfte. Und auch für die schweren Phasen meines Lebens, denn sie haben mich geprägt und zu dem Menschen werden lassen, der ich heute bin.

Tiefste Dankbarkeit spüre ich meinen Eltern gegenüber. Mama, Papa, ihr seid zwei wundervolle Menschen. Danke für euer Geschenk meines Lebens. Auch wenn ich in diesem Buch die schweren Momente beleuchte, möchte ich euch sagen, dass es in mir unzählige wunderschöne Erinnerungen an unsere gemeinsame Zeit gibt. Ich bin stolz, euer Sohn zu sein. Ich liebe euch.

Petra, Claudia, Veronika, ihr habt mir mit Miu, Otis, Silas und Mattis das wundervollste Geschenk meines Lebens gemacht. Danke von Herzen.

Ich hatte das Glück, im Zuge der Entstehung dieses Buches von vielen großartigen Menschen unterstützt worden zu sein. Aus tiefstem Herzen: danke, ihr Lieben.

Christine Proske, als Literaturagentin waren Sie die Türöffnerin zu diesem Buch. Am 11. November 2021 erreichte mich Ihre Mail mit der Einladung, meine Geschichte in einem Buch zu veröffentlichen. Danke für das Sehen, das Vertrauen und Ihre so angenehm professionelle Art der Begleitung.

Mirko Kussin, danke für die unzähligen Stunden, in denen wir gemeinsam gelacht, geweint und tief im Prozess des Buches verbracht haben. Ich durfte mit dir in einer Zeitmaschine durch mein Leben reisen und kann mir keinen achtsameren Weggefährten vorstellen. Danke, du Lieber. Jedem Menschen, der eine Begleitung für seinen Schreibprozess möchte, kann ich die Zusammenarbeit mit Mirko so was von empfehlen.

Von der Penguin Random House Verlagsgruppe möchte ich mich ganz besonders bei Caroline Colsman bedanken. Caroline, danke für dein Vertrauen und die Geduld, die du mir entgegengebracht hast. Auf diesem für mich ganz neuem »Eis« habe ich mich mit deiner Unterstützung super sicher gefühlt. Danke auch an das ganze Team. Ihr seid toll.

Angela Kuepper, danke für deine weisen und wertvollen Impulse. Als meine Lektorin hast du dem Buch den letzten Feinschliff gegeben.

Während des gesamten Schreibprozesses gab es einen Menschen, der unermüdlich an meiner Seite stand: Veronika. Ohne dich wäre das alles nicht möglich gewesen. Danke für jedes aufmunternde Wort, danke für jeden liebevollen Arschtritt und danke, dass du mir unzählige Stunden den Rücken freigehalten hast. Ich liebe dich.

Abschließend an dich:

Vielleicht hast du dein Herz für mich geöffnet, während du meine Geschichte gelesen hast. Dann danke ich dir dafür. Sehr! Und ich wünsche mir für dich, dass du dein Herz aufmachst, für das Kind in dir, das du einmal warst. Für dich, mit all deinen Herausforderungen, die du bis zum heutigen Tag gemeistert hast. Du bist großartig, wie du bist. Wahnsinn, dass du all die großen und kleinen Hürden deines Lebens gemeistert hast. Vielleicht mit ein paar Wunden oder Narben. Aber du hast überlebt.

Und wie schön, dass wir uns hier begegnet sind. Dass du mein Buch gelesen hast. Wir haben nun eine Verbindung miteinander.

Ich sende dir einen Gruß von Herz zu Herz.

Infos und Kontaktdaten

Dieses Buch ist gleichzeitig eine Eintrittskarte für einen exklusiven Onlinekurs. Dort erwarten dich drei spannende Impulsvideos von mir, die dir Halt und Orientierung schenken, deinen Weg zu dir selbst finden. Nutze den QR-Code oder folgenden Link für deinen kostenfreien Zugang zum Onlinekurs:

www.revolution-now.de/kurs

Wenn du derzeit nach Freude, Liebe, Anerkennung, Glück, Sinn oder Klarheit suchst, dann lade ich dich von Herzen in meine Facebook-Gruppe ein. Dies ist ein Heimathafen, in dem du dich mit mir sowie gleichgesinnten Menschen vernetzen kannst. Folge gerne dem QR-Code oder dem Link:

www.revolution-now.de/gruppe

Wenn du den Impuls spürst, dich von mir auf deinem Weg begleiten zu lassen, dann gibt es drei Möglichkeiten zu Auswahl. Einen
Onlinekurs, ein persönliches Mentoring oder die Teilnahme an
einem Retreat. Für mehr Informationen kannst du gerne den QR-
Code oder folgenden Link nutzen:

www.revolution-now.de/andreas

Wenn du mehr über mich und meine Arbeit erfahren möchtest,
dann schau gerne auf meiner Homepage vorbei oder schreibe mir
eine E-Mail:

www.revolution-now.de

post@revolution-now.de

**Ich freue mich auf dich und wünsche dir ein wundervolles
Leben.**

Bildnachweis

Seite 28: Mit freundlicher Genehmigung von Peter Schützelhofer
Seite 49: Bob Burns
Seite 79, 94: Mit freundlicher Genehmigung der City-Press GmbH
    Berlin
Seite 129, 150: Privatarchiv
Seite 152: Claudia Pischel
Seite 235: Marina Ungerer
Seite 247: Veronika Volke

Register